无人机警务实战应用研究

李　宁　著

东南大学出版社
SOUTHEAST UNIVERSITY PRESS
·南京·

内容简介

本书以无人机为研究对象，对无人机在警务领域的应用进行探索，并结合实例向读者展示了警用无人机实战应用。全书分为八章，分别介绍了民用无人机的种类和性能特点，警用无人机在交通执法、侦查取证、大型安保活动、反恐处突事件、搜索救援等情形下的应用，总结警用无人机实战应用优劣以及技术更新措施等。本书具有客观性和系统性，为读者全面展示公安工作与无人机的紧密联系，具有一定实用性和学术性。

本书语言朴实，便于理解，适于公安警务指挥专业教学以及大众了解相关基本知识。

图书在版编目(CIP)数据

无人机警务实战应用研究 / 李宁著. —南京：东南大学出版社，2020.9（2025.1 重印）

ISBN 978-7-5641-8804-7

Ⅰ.①无… Ⅱ.①李… Ⅲ.①无人驾驶飞机—应用—公安工作 Ⅳ.①D631

中国版本图书馆 CIP 数据核字(2019)第 300814 号

无人机警务实战应用研究

著　　者：李　宁
出版发行：东南大学出版社
社　　址：南京市四牌楼 2 号　　**邮编**：210096
出 版 人：江建中
网　　址：http://www.seupress.com
电子邮箱：press@seupress.com
经　　销：全国各地新华书店
印　　刷：广东虎彩云印刷有限公司
开　　本：700 mm×1000 mm　1/16
印　　张：13
字　　数：240 千字
版　　次：2020 年 9 月第 1 版
印　　次：2025 年 1 月第 5 次印刷
书　　号：ISBN 978-7-5641-8804-7
定　　价：58.00 元

本社图书若有印装质量问题，请直接与营销部联系。电话(传真)：025-83791830

前　言

智能化时代，机器人存在的意义不是取代人类，而是帮助我们高效快速地解决问题。作为"空中机器人"的无人机在我国的研究历史已有60多年。近几年随着轻型材料的大量应用、信号图像处理与通信技术的发展、自动驾驶和导航设备的小型化，无人机在犯罪侦查、指挥调度、大型活动安保、交通管理等警务领域的应用也逐渐普及，警用无人机这一高新技术产物的便利性与实用性在警务实践中得到充分体现。

警用无人机作为公安机关的一种警务保障，具有其鲜明的实战应用特点，在提升警务装备科学化、提高执法工作效能、保障执法人员生命安全方面具有显著优势，已成为各地公安机关深化科技强警战略的重要举措。在空中全视景侦查、图像传输、应急救援、交通事故处理、疑似爆炸物转移等过程中，警方搭载夜视仪或红外热像仪进行夜间作业，实现全天候快速出警、快速处置，节省了警力，提高了效能。对机载设备接口端实行模块化处理，已成为巡逻跟踪、空中震慑、搜寻救援、反恐侦查、防爆搜捕、毒品稽查等集多用途于一体的现代化公安利器。2020年7月，公安部警航工作座谈会上传达了许甘露副部长就警航工作的批示，专门指出"警航是警务革命的一个新的突破口，警航工作是推动公安工作高质量发展的一个非常重要的方面，警航的发展将是体现公安现代化、提升公安机关履职能力、提升公安机关战斗力的重要标志"。

在公安实战中，大型活动安保人流、车流的及时预警；群体性事件的实时指挥调度；执行跟踪、搜索、抓捕等侦查任务，都存在民警安全的问题，要求快速反应、快速处置，不可轻易暴露目标。警用无人机作为强警装备，具有多种任务平台、多种任务挂载，具有模块化、集成化、通用化的特点，可以满足多警种、多任务的基本需求。警用无人机发展迅速，呈现三个趋势：一是向"实战化装备"发展，实战单位的配备数量迅速增加；二是向"专业化建设"发展，同步筹划专业队伍、信息化培训基地建设，配套保障体系逐步完善；三是向"智慧化应用"发展，由"单机侦查"向大数据应用方向发展。

无人机在警务实战中的应用，可以极大地推动公安工作向高科技领域迈进，提升警用装备的技术含量，形成了特有的战斗力。我们已经看到，无人机技术正在伴随着警务工作在公共安全领域大放异彩。警用无人机已成为创新升级警务模式和创新完善立体化、信息化社会治安防控体系的重要内容和重要抓手。实施警用无人机发展战略，加强警用无人机装备建设、人才培养、实战训练刻不容缓。本书全方位介绍了无人机的发展历程、组成配件、飞行原理、技术基础、操控技能、使用规范、相关法律法规、无人机警务应用等基础知识和基本技能，既可作为公安院校学生专业选修课的指导教材，也可作为在职公安民警能力提升的培训教材。新技术的使用不仅仅是社会生产活动的必然趋势，也是加强警方战斗力的根本保证。

向科技要警力，向装备要警力。近年来，作者在公安院校的教学、科研及公安实战工作中，对包括警用无人机在内的警务保障类课题一直保持着持续关注和研究，并到基层公安机关开展调研，虚心听取一线实战民警的经验和意见，不断进行补充修改和完善。在 2013 年“首届全国公安机关现场处置指挥战术理论与实践研讨会”，2014 年“社会治理视域下深化公安警务机制改革研讨会”“国家治理与公安改革学术论坛”“公安学一级学科建设研讨会”上，都有这方面的观点表述。特别是全程参与筹备、组织了 2017 年全国首届警用无人驾驶航空器战法演练工作，接触到全国警用无人机应用的前沿，从中受益匪浅。2017 年我院（江苏警官学院）在警务指挥与战术专业率先开设了“警用无人驾驶航空器实训”课程，开创了公安院校设置无人机课程的先河。当前，我们正在围绕应用型警务人才培养目标，充分利用校局深度共建平台，吸纳公安一线业务部门深度参与，共同构建警用无人机课程培训体系，培养尖端的警务高科技人才，推动“互联网＋”时代公安工作的深刻变革。本书创作过程中，得到公安部警航办、江苏省公安厅情报指挥中心、江苏警官学院、东南大学出版社领导的大力支持，得到有关专家与行家的指导，特别是一线实战民警提出了很多宝贵意见，在此表示深深的感谢。由于本人水平有限，书中难免存在欠缺之处，恳请大家给予指正。

李　宁

2020 年 8 月

目 录

第一章

无人机及其警务实战应用

无人机，全称“无人驾驶航空器”（Unmanned Aerial Vehicle），英文缩写为“UAV”，是没有飞行员的飞机。它是利用无线电遥控设备和自备的程序控制装置操纵的不载人飞机，或者由机载计算机完全地或间歇地自主操作，机上无驾驶舱，但安装有程序控制装置设备，操作人员可通过 GPS（全球定位系统）及无线遥控等设备，对其进行导航、遥控和数字传输，由遥控站管理的航空器。无人机系统包含无人机与地面控制器以及两者之间的通信系统。这个系统是由无人机机体、相关遥控站和其他功能模块以及接收无人机情况反馈的地面站所组成的，其优点多，突出的是成本低、用途广泛、效费比高、无人员伤亡风险、生存能力强、机动性能好、使用方便等。

第一节　无人机的发展

一说到无人机，人们就会想到美军使用的“全球鹰”无人侦察机，实际上无人机的种类很多，并不局限于此，无人直升机和旋翼机等飞行器也属于无人机的范畴。无人机，简单理解就是指不需要飞行员驾驶的各种飞行器，包括军用的、民用的，有翼的、无翼的。无人机最早应用于军事领域，第一次世界大战后，无人机的雏形成功问世，用于完成战场侦查和监视、定位校射、毁伤评估、电子战等，靶机可作为火炮、导弹的靶标，在现代战争中有极其重要的作用。近年来，广泛应用于商业、科学、娱乐、农业等方面，例如警务和监视、产品交付、航空摄影、农业和无人驾驶赛车等。20 世纪 20 年代，英国的阿奇博尔德研制了世界上第一架名为“空中目标”的动力无人机。20 世纪 60 年代开始，无人机开始在战争中被频繁使用。越南战争中，美国军队首次把无人机用于对军事目标的侦查。1982 年，以色列研发了第一架实时监控无人机并在之后的黎巴嫩战争期间将其用于侦查、情报收集、跟踪和通信等任务。科技的进步让无人机技术日益成熟，近年来无人机在影视业、广告业、测绘业等领域已得到普遍应用，“航拍”成为人们耳熟能详的流行词汇。无人机给各行业、各领域带来了革命性的突破，比如无人机在航拍、农业、植保、微型自拍、快递运输、灾难救援、观察野生动物、监控传染病、测绘、新闻报道、电力巡检、救灾、影视拍摄、制造浪漫等领域的应用，大大地拓展了无人机本身的用途。有些国家还在积极扩展行业应用与发展无人机技术，使无人机在边境巡逻、核辐射探测、航空摄影、航空探矿、灾情监视、交通巡逻、治安监控中发挥作用。警用无人机能够完成空中监控、日常巡逻、搜索跟踪等任务，尤其在发生突发事件或灾难性暴力事件时，可实时进行现场视频画面传输，为指挥者进行科学决策和判断提供依据。

在我国，10 多年前就有公安实战部门开始着手研究无人机。2008 年，新疆生产建设兵团公安局对固定翼无人机进行了研究，四川省成都市龙泉公安分局对单旋翼直升机进行研究并试飞和参加实战演练。北京、河北、广东、湖北、江苏、新疆等地警方自 2011 年起开始探索警用无人机执法模式。其中，河北省承德市公安局研制的“鹰眼”系列无人机，经过不断改进，成为本地禁种铲毒工作的利器。2012 年以来，江苏省南京市公安局、吉林省通化市公安局和湖北省武汉市公安局也相继将无人机应用到警务实战中，在提升实战应用能力和工作效率方面做了大量的工作。2013 年，广东省公安厅在广东陆丰博社村的“雷霆行动”中，无人机为案件侦办起到了关键性作用。同时，天津市滨海新区公安局结合无人机等新技术的发展做了大量的工作，他们利用搭载数字图传系统、可进行半径 1～2 km 超视距飞行的多旋翼垂直起降无人机，扩展现场整体态势的图像采集功能，利用其噪声低、隐蔽性高、便于对突发事件的隐蔽监控等特性，执行资料搜集、测量、检测、侦查等空中任务。2015 年，随着消费级无人机的出现与应用，无人机逐渐走入各地公安实战部门。在 2015 年 11 月，公安部第一研究所、《警察技术》杂志社和中国无人系统产业联盟在深圳举办“首届警用无人机警务应用技能竞赛暨首届警用无人机管理管控与实战应用高峰论坛”，来自全国各地公安机关、公安院校共 20 多支队伍参加了此次活动。据当时统计，全国公安系统已装备各种型号的无人机并投入实战应用的有 300 多架。据《无人机采购中标情况统计报告》统计，仅 2016 年一年，全国就有 247 个警务实战单位配备了 762 架无人机，警用无人机在公共安全、空中侦查、消防救援、抢险救灾、交通管理等方面得到了广泛应用。随后，全国各地公安机关也都相继对无

人机的应用不断加大投入，并对各种功能需求、技术战法进行积极探索。在装备的型号中绝大多数都是多旋翼、固定翼机型，在深圳大疆创新科技公司推出性能优越的“精灵”系列无人机后，各地装备的品牌中，大疆创新四旋翼、多旋翼无人机成为众多设备中占有一定比例的机型。现在，公安部已经统一采购无人机作为空中监视的装备，用来辅助一线人员获取地面的信息。无人机数量在进一步增加，无人机在现代警务工作中的作用越来越重要。它不仅是新的装备技术，也是公安信息化水平的局部升级，能够增强公安勤务指挥系统整体实力，推动警务工作方式的变革。

第二节　无人机的特点

今天的无人机技术，已经能够满足公共安全领域对无人机的使用需求。随着复合材料的广泛应用，无人机所用的电子操控设备，包括舵机、接收机、飞控主板等航电装置，经过市场验证，稳定性好，安全可靠。无人机可被看作一个空中图像信息搜集平台，借助它我们可以获得路面监控不具备的独特、广阔、移动的观测视角，在不需要载人的情况下可发挥和直升机等同的作用，对于提升公安指挥调度系统的整体实力具有重要作用。无人机凭借着自身安全可靠、多样化装配机载设备、滞空时间长、制造成本低、操作简便、训练与维修成本低、无须考虑生命维持系统等优点，在侦查目标、攻击任务、战场情报搜集、破坏网络节点通信中继等诸多军事领域得到成功运用，已经在世界各国得到大力发展。与外太空的侦查卫星比较，无人机具有高解析度、更短的响应时间、灵活的侦查方式、更低的制造成本等优势。与有人驾驶航空飞行器相比，无人机则具有以下特点：因无须考虑生命维持系统，可以灵活设计无人机，空间利用率高，这就使无人机具有更小更轻的机身，增加了续航时间，加强了负载能力；因为无人机的机身小，所以它具有更强大的战场生存能力，不容易被雷达发现，可被重复使用。此外，无人机的造价相比于有人驾驶航空飞行器可以说是低廉，而且后期维护、相关人员培训的费用也很低。

一、体小轻便，飞行能力良好

航拍飞行器以无人机和航拍摄影设备为基础，具有体积小、质量轻、携带较为方便等特点，设备安装拆卸简单，对起降场所的要求较低，可满足公安机关在各类现场的使用要求。同时，航拍飞行器具有良好的飞行能力，灵巧度高，常规使用的航拍飞行器飞行高度在100～400 m之间，单次作业时间可达30 min，可满足日常警务工作对现场全局及低空的定点、定向航拍。无人机中，有66.9%的起飞质量不超过200 kg，77.4%的起飞质量在500 kg以内，起飞质量大于2 000 kg的不到10%，没有超过10 000 kg的。而有人驾驶飞机起飞质量均在10 000 kg以上，有的甚至超过60 000 kg。无人机的最大尺寸(除了长续航时间飞行器之外)一般不会超过10 m，一半以上的无人机最大尺寸在5 m以下，而有人驾驶飞机的最大尺寸一般在12 m以上。无人机由于不载人，体积小，即使发生事故，除了一定的地面撞击损伤，不存在机载成员的伤亡。警用无人机质量轻，方便携带，能随时起降，对突发事件能快速做出反应。无人机系统是各种先进技术的集大成者，可将优势资源集中到数量有限的无人机上，搭载可变焦的高清摄像头、高性能的热成像摄像头及相应自稳云台。无人机可以根据实际情况出现在指定地点上空，不仅可以从高空鸟瞰现场态势，还可以根据需要对目标进行连续不断的跟随侦查。无人机在执行空中侦查、监视、搜索和跟踪等任务时，具有“居高临下”的空中优势，配备图像传输设备后可全天候执行巡逻监控任务，其监控范围是地面机动监控手段无法比拟的。无人机系统与广泛分布于大街小巷的各种摄像头所组成的“天网”监控系统相比，其优势在于视角的灵活可移动以及对整体的把握能力。

二、成本降低，应用前景广泛

无人机设计结构简单、尺寸小、质量轻、使用方便、易于操作和维护，它的研制费用、生产成本、维修保障费用和有人驾驶飞机相比要低得多，可以节省大量的人员培训费用。一架直升机的成本不仅包括购买这架直升机的成本，还包括专门的飞行员、燃油、保养维修、机库等附加成本，其完全可能超过直升机自身，只有大型城市才能负担且有必要。无人机驾驶员更像是设备操作员，与直升机驾驶员相比，对身体素质要求低得多，可以从警察队伍中现有人员中进行选拔培训，训练成本费用都很低，另外其起飞降落所需场地要求都很低，不仅省去了建设和租用起降场地的费用，还提高了反应时间和执法效率，并且不存在警察伤亡和被控制的危险，可以使犯罪嫌疑人产生一种与机器人对抗的无处遁逃的无奈感，从而降低其侥幸心理和抵抗意志。当前市场上航拍飞行器技术已经较

为成熟，生产成本大幅降低。目前，市场上较为顶尖的TOP-810PRO警用无人机价格近9 000元，大疆的“精灵”、零度的EXPLORER、亿航的GHOST、3DR的SOLO等型号，价格在2 000～8 000元之间，已能满足公安机关空中侦查、监视、喊话、紧急救援等日常勤务活动需求。中小型无人机价格范围都在1万～100万美元之间，其中有24%的无人机在10万美元以下，65%的无人机在10万～40万美元之间，而且有不少小型无人机在1万美元以下。相比之下，价值几百万到几千万美元的有人驾驶飞机的价格要高很多。另外，在驾驶员培训和燃料消耗方面，无人机也比有人机低很多。在地面警力无法迅速抵达和反应的地区，无人机都能快速到达现场，执行对现场警情的侦查、拍摄、识别、跟踪和一定程度的犯罪慑阻、抓捕任务，同时也能快速到达现场执行救助任务，比如空投急需的药物和补给、绳索和救生圈等。能独立进行作业，快速恢复通信网络，在突发情况如自然灾害导致公共网络出现阻断的情况下，可利用无人机携带的传输设备和通信设备，获取或向现场群众传递有关消息，引导群众配合警察做出动作。能够跟踪事态发展趋势，可导航到地点，定点巡航，保证能不间断地跟进事态的发展。无人机可最大限度不受地形、障碍物和交通拥挤等情况的制约，在第一时间到达任务现场，对不同目标实施跟踪，其机动灵活的优势十分明显。比如，警用无人机采集的现场数据，可实时传至公安指挥中心，为正确判断事件发展态势和领导决策提供及时有效的信息。又如，在大型群体骚乱事件出现时，可利用无人机广播政府声音，表达警方意图，传达正确导向等。目前使用的大疆系列无人机，从准备调试到起飞执行任务最慢需要10 min，在区域范围内，可以通过平时的多点数据采集，对地理环境信息进行记忆，以便更快到达任务点执行任务，通过先前调试准备以及地理环境信息记忆，最快可在5 min内起飞。

三、快速度，高效率

在维稳处突中，是否出动载人直升机是要再三斟酌的，一旦使用载人直升机，在产生高压震慑的同时无疑会扩大影响，使事态升级；而无人机完全可在这种情况下替代载人直升机，从空中实时记录和回传现场态势，辅助决策。无人机的起降和发射比较简单、灵便、机动，可由地面、舰艇起降或母机携带至空中发射。无人机的回收也较简单，可以用降落伞或拦截网回收，这为灵活机动地执行飞行任务创造了有利条件。无人机多采用电力驱动，飞行时的噪声远远小于载人直升机，使得无人机能够以更低的高度飞行而不会对地面人员造成影响，同时光电设备对地面目标的观测精度更高，可用于空中巡逻和对地面车辆进行追踪。其优势主要体现为以下几个方面：一是具备全天候执行任务能力。目前使用的多旋翼无人机，每块电池能够执行任务的时间在 30～55 min 之间，两架同款无人机组成无人机编队，配备足够电池，交替飞行，当一架无人机起飞后到达任务地点执行任务时，再有另一架无人机做好准备进行交替，在电源充足情况下可实现全天无间断飞行，保证执行任务时长。二是快速飞行与高精度悬停。现有无人机技术，通过卫星定位等高科技功能，可以实现无人机在直径 0.5 m 范围内的高精度悬停，可用于对某一特定地域进行稳定观测搜索，也可近距离对建筑内部情况进行探摸，而无人机目前可高速飞行，就多旋翼无人机而言飞行时的速度能达到 30 km/h，在追击人员和车辆的过程中，完全可以胜任图像采集和跟踪工作，更有专门高速无人机，可以与普通跑车速度相媲美。三是自然环境因素影响低。在一般的自然环境和气象条件下，飞机均可自由飞行，可最大限度地调至适合其特点的速度、高度、航程等。无人机可以非常有效地进入危险地区上空，长时间实施监视与侦查，以获取各种情报信息，并能实时传输目标图像，夺取情报信息优势，从而掌握主动权。甚至在极端情况下可以采用自毁的方法来完成攻击或者其他特殊任务。目前无人机技术已经实现防水防雨，并且抗风等级可达到 8 级左右，能够保证完成大多数条件下的任务。在火灾、爆炸、有毒气体泄漏等紧急案件现场勘查中，无人机能够有效应对环境恶劣、区域广阔、能见度低、人员安全没有保障等问题。2016 年 2 月 28 日，某县国能生物发电白山储料厂发生失火案件，通过使用无人机，直接、快速获取现场数据资料并有效避免了人员伤亡。无人机不需要考虑人的承载能力，过载可以大于 $\pm 4g$（g 为重力加速度），目前有的无人机机动过载已经达到 $\pm 12g$。但载人直升机必须考虑人的承载能力，致使机动性受到限制。

四、能采集，能传输

与人力实地拍摄相比较，航拍飞行器能够代替民警在对人身威胁大的危险区域执行任务，代替人力在复杂恶劣的气候条件下或在山坡、事故现场中心等困难区域工作，并能随时起降，而较大的飞行范围使得航拍飞行器在执行任务时能够自由选择最佳的拍摄位置与拍摄角度，全面获取影像信息。无人机能够实时采集到现场的信息，配置图像采集和传输系统，可实现空中存储和实时回传两种模式。前者通过无人机在空中采集地面现场信息，待无人机返航后下载

视频进行分析，后者直接通过无线传输装置，把视频数据传输到指挥中心，能够使决策者掌握最新消息，进而做出准确分析和决策。作为一种飞行器，它不受路面交通状况的影响，可以最短的直线距离到达城市任意一点的上空，进行观测并实时回传数据。一架速度 100 km/h 的无人机 1 min 便可直线飞行 1.6 km，以半径 1.6 km 在城市地图上画圆，覆盖范围约 8 km^2。根据城市的地理情况，只需在城市上空部署数架无人机便可实现在 1 min 以内观测到城区任意一点的地面情况，其作用不言而喻。对于高层建筑、棚户区、城郊、山区、水面等边远疑难地区亦可实现有效观测，在当今道路交通压力逐年上升的背景下更显重要。

五、安全性高，避免人员伤亡

目前，无人机遥控范围均在 1.5～3 km 范围内，经过改造可以达到 5 km 范围，而无人机超视距飞行，风险系数将有所增加，因此我们不提倡超视距飞行，即使是在特殊情况下超视距飞行也应当在保障安全性前提下进行。加大飞行范围，就需要配备瞭望辅助设备以及人员，保障飞机所在地域方位能够及时被无人机操控员（简称“飞手”）掌握，确保安全和飞行任务顺利完成。无人机能在对人威胁力强的危险区执行任务，能在复杂恶劣气候条件下或在有核、生物、化学作用的危害区工作，能昼夜长时间连续飞行。目前，无人机平台已经日趋成熟，而相关任务载荷也越来越丰富，在执行警务支援任务的时候，除了普通的光电探测设备，还有远程喊话器、警笛警灯、探照灯、强光炫目装置、催泪弹发射吊舱、烟幕弹、网枪、麻醉发射器、轻型武器吊舱、震爆弹等威慑和杀伤载荷。这些挂载装置大大丰富和强化了无人机适应各种警情环境的能力，使无人机先锋抵达案发地的同时具有一定的犯罪慑阻和打击能力。在与歹徒的暴力对抗或者武力挟持过程中，可以零风险地了解歹徒的具体实际情况。在一些恶性暴力冲突中，直接用无人机进入混乱区域进行监控，避免人员伤亡。使用警用微型攻击无人机可以极大地减少民警伤亡，还可以协助警察对犯罪嫌疑人的抓捕、反袭击、反劫持、处置暴力突发事件以及反恐作战等工作。警用微型攻击无人机可以直接利用自身的机械性能进行干扰和撞击或者以自身为武器进行自杀式攻击，还可以利用搭载的武器进行攻击，例如催泪瓦斯、辣椒炸弹、闪光弹等。

六、拍摄条件更佳，空中全景侦查

民警操控无人机在固定标志点上空拍摄全景图，起落规范，拍摄清晰，成像迅速。无人机空中拍摄的全景图的3D效果，对执法办案中摸清路面状况和主干道分布情况有着重要作用，对辖区布局也具有立体的直观效果，为取证固证提供了有效途径。空中全景侦查，就是将多张空中拍摄的平面照片，通过专用软件形成立体的三维图，此图能够从任意角度观察地表建筑、地形分布等情况，为决策和部署提供有力的支撑。

第三节　无人机的种类

高技术的发展和信息技术的革命，使得高技术武器层出不穷。作为高技术武器装备之一的无人机，正在朝着信息化、精确化、科技化的方向发展。近年来，无人机在我国发展比较快，除军事用途外，在航空拍照、地质测量、高压输电线路巡视、油田管路检查、高速公路管理、森林防火巡查、毒气勘查、缉毒和应急救援、救护等民用领域应用前景极为广阔。当下，无人机产业发展迅速，“无人机+”时代已然来临。我国从事无人机行业的企事业单位有数百家之多，深圳市得益于地理位置好、无人机产业起步早、商业资讯发达、政府对企业服务式的帮助等，国内九成以上的无人机出口厂家都集中在深圳。海关数据显示，仅2017年1至5月，深圳无人机出口达到16万台，货值7.5亿元，分别是上个年度同期的69倍和55倍。由于小型无人机对控制芯片有很高要求，深圳拥有良好的电子信息技术产业环境，特别是芯片处理具有雄厚基础，因此无人机硬件成本的不断下降，更加速了深圳的无人机产业集聚。无人机的发展速度大大超出人们的预期，越来越多之前不曾设想过的领域已经开始出现无人机的应用，各界资本也开始疯狂追逐无人机。无人机和一些新兴技术出现了跨界融合的趋势，作为一个空中的平台，想具备什么功能取决于携带的机载设备，这是无人机与互联网的相通之处。随着电子技术的发展，无人机在性能上得到了迅速的发展，在我们警用领域发挥着重大的作用。从全球无人机运用上看，无人机应用于警务工作中已经取得了明显的实战效果。无人机“查得准、盯得住、传得快”的优势，无疑是在信息化条件下完成打击犯罪、维护稳定、服务人民等警务工作的撒手锏。目前无人机主要分为：固定翼无人机、无人直升机、多旋翼无人机、倾转旋翼无人机和垂直起降固定翼无人机等。

一、按照功能类别来区分

按照功能类别来区分，无人机通常分为以下六类。

1. 目标与诱饵类

无人机模拟敌方飞机或导弹作为己方空中或地面射击目标。

2. 侦查类

无人机提供战场情报并执行监视任务。

3. 战斗类

无人机为高风险任务提供战斗能力。

4. 物流后勤

无人机交付货物。

5. 研究与开发类

用于改进无人机技术。

6. 民用及商用类

无人机用于农业、航空摄影、数据收集等。

伴随着多角色机身平台的发展，这种按功能分类，区分无人机的界限变得越来越模糊。

二、按照应用领域来区分

按照应用领域来区分通常可分为军用、警用、民用三类。

1. 军用

早期军用无人机大部分用作飞行靶机辅助射击训练。后来加上传感器的军用无人机以战场监视和侦查为主要任务，为部队的作战行动和后方决策提供战斗情报。随着无人机能力的增长，军用无人机的作用已扩展到电子攻击，打击目标任务，压制或破坏敌人防空、国家骨干网络、通信中继系统，以及战斗搜索和救援等领域。

2. 警用

警用无人机采用工业级无人机，在应用层面上介于军用无人机与民用无人机之间。利用高清晰画面传感器进行持续拍摄，搜集现场情报传回指挥部。当发生反恐缉毒、群体性事件等突发事件时，公安机关能利用警用无人机快速抵达现场，将现场数据实时传回指挥部，辅助决策者做出正确的决断。

3. 民用

近几年，无人机的技术从军用慢慢转化为民用，无人机在消费级无人机领域大显身手。它广泛应用于电力巡检工作、农业保险工作、环保工作、灾后救援、遥感测绘工作、影视拍摄、新闻采集及快递等工作。

三、按照飞行平台构型区分

按照飞行平台构型区分，分为无人直升机、多旋翼无人机、倾转旋翼和垂直起降固定翼无人机、无人伞翼机和无人飞艇等。应用在警务工作中的主要为多旋翼无人机、固定翼无人机。其中，多旋翼无人机依靠多个旋翼产生的升力来平衡机体重力，可改变每个旋翼转速控制机体平衡和状态，所以具有可悬停、操作简单、半智能化、机动灵活、稳定性强等特点，而其缺陷是有高度和距离限制、续航能力弱。固定翼无人机依靠螺旋桨或涡轮发动机产生的推力作为动力，主要升力来源于机翼与空气的相对运动，所以具备飞行速度快、运载能力强、续航能力强等特点，其缺陷是不够灵活、无法悬停。

1. 无人直升机

目前，无人直升机(图 1.1)按使用动力的不同分为油动、电动和油电混合动力。油动和油电混合动力直升机噪声和震动大，采购和维护成本都比较高，结构复杂，使用寿命短，在低温和高海拔地区点火困难，操控性较差；电动直升机，操控性和机动性都很好，适应各种海拔和低温环境，维护简单，体积适中，使用寿命长，飞行安静，更换电池简单，抗风能力强，反应速度快。不难看出电动直升机具有更强的综合能力和成本、运用优势。面向警用行业的无人机发展方向应该是工业级飞行器，具备较高的载荷、抗风能力、续航时间、飞行速度、机动能力和快速反应时间，另外还应具有在高海拔、低温高盐等极端地理气象环境中的高适应性，才能真正具备实战能力，才能更加灵活地挂载不同任务载荷，方便执行不同的任务。综合看来，无人直升机可以较好地在上述恶劣环境中完成任务。

(a)

(b)

图 1.1　用于军事的无人直升机

2. 多旋翼无人机

多旋翼无人机(图 1.2),因其造价低廉、易于操控而以消费级航拍飞行器的

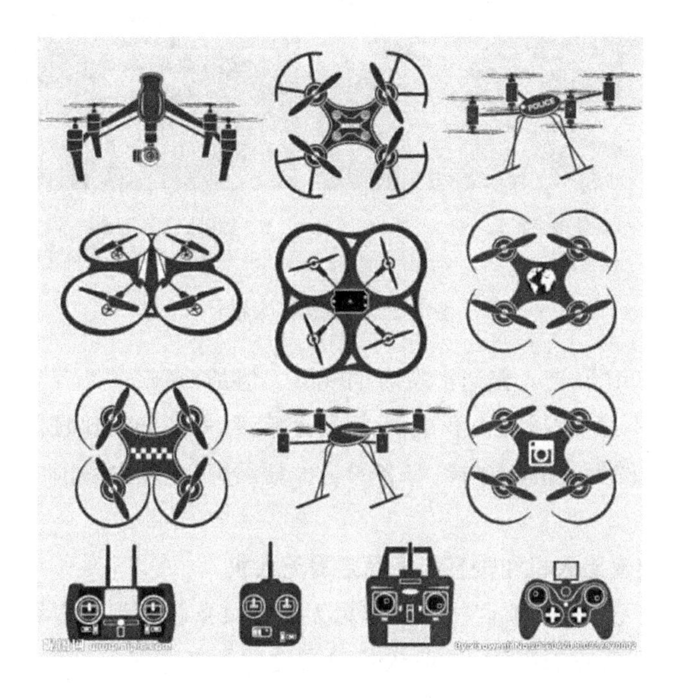

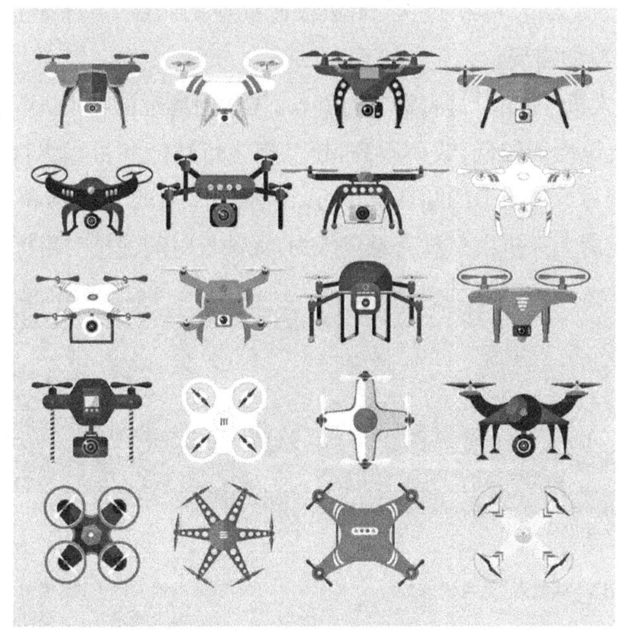

(a) 各种旋翼无人机外观模型

(b) 可折叠多旋翼无人机

(c) 带保护飞行器扇叶的特殊结构多旋翼无人机，此类无人机多为燃料电池型

图 1.2　多旋翼无人机

身份迅速占领市场，进入普通消费者的视野。但是，多旋翼具有与生俱来的缺陷，就是风场不稳，抗风能力和载荷、飞行速度、续航时间都比较低。民用和警用使用最普遍的无人机，国内最有名的是大疆品牌，此款也是国内执法机构使用最多的机型。

3. 倾转旋翼无人机和垂直起降固定翼无人机

倾转旋翼无人机和垂直起降固定翼无人机只是解决了固定翼依赖起降场地的问题，有了垂直起降能力，但依然没有良好的低空飞行性能和悬停性能。此外，也存在载荷太低、体积过大、无法快速反应的问题，并不适应各地公安机关处理突发情况的需要。

固定翼无人机(图 1.3)具有滞空时间长、飞行距离远的特点，需要跑道和宽敞的降落场地，抗风性能较低、载荷不高，超低空飞行性能和可操纵性不高，不适应城镇和山地、森林等障碍多的超低空飞行。在处置需要抵近目标和详细侦查的警务行动时，固定翼无人机由于没有悬停能力，无法长时间保持对目标的跟踪监视。

(a) 美国空军“捕食者”无人机外观

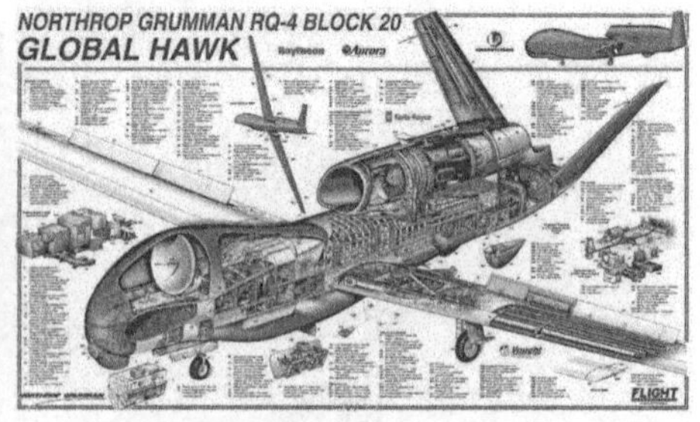

(b) 高精尖的美国“捕食者”无人机属于固定翼机，燃油喷气式

图 1.3　固定翼无人机

4. 无人伞翼机

无人伞翼机(图 1.4)是无人机的一个种类,也是警用无人机的一种。以北京天翔航宇科技有限公司的伞翼无人机为例,只需要 38 L 97 号汽油就可以飞行 2.5 h。飞行员在地面全程控制,遥控系统安全可靠。最大任务负载可达 150 kg,完全满足航拍、通信中继、巡逻、空投等任务的要求。

图 1.4　用于军用短距离侦查的无人伞翼机

5. 无人飞艇

无人飞艇(图 1.5)是对现有无人机的补充。它依靠艇囊内充以氦气克服自重升空,具有天然的悬停能力、长时间滞空能力以及大载重能力,同时具有垂直起降、长航时、安全平稳、低速等特点,价格低廉、环保、能耗低、操作方便、安全可靠,依靠艇上测控系统将飞行数据实时传回地面,其最大的优点是滞空时间长。

(a) 国外无人飞艇

(b) 用于国内警务实战的无人飞艇

图 1.5　无人飞艇

第四节　无人机的管理

最近几年，特别是2014年以来，我国的无人机产业发展迅猛，目前我国已经成为世界主要的民用无人机研发和生产国，尤其是消费级无人机已走在世界前列。随着无人机制造成本的不断降低，性能不断提升，智能化程度越来越高，操作越来越简便，无人机从最初应用于军事领域已逐步走向大众市场，民用无人机销量急速增长。无人机逐步走入人们的日常生活之中，并在遥感、测绘、防灾减灾、应急处突、侦查破案等专业应用领域发挥出重要作用，已经从少数人的爱好发展成为一个新兴行业，无论在城市上空、各大景区、影视基地、重大新闻现场还是在农业、公安、电力等行业应用场景都可以很频繁地看到各类无人机“忙碌的身影”。在无人机技术日渐成熟、应用越来越广泛的同时，也呈现出严重的安全隐患，对公安机关维护国家安全、社会稳定和公共秩序构成潜在的威胁，针对无人机进行有效管控的法律依据、执法部门、管控措施急需明确和完善。我国无人机管理工作起步较晚，管理机制的发展相对滞后。无人机也会给我国空中、地面以及国家安全造成一定威胁，比如在禁飞区私自放飞，对敏感目标跟踪、拍摄，携带危险品升空等行为，会对国家安全造成威胁。如何加强无人机管理，确保安全、规范应用，使之更好地为我国经济发展和社会进步发挥作用，是无人机应用领域所面临的一个重要问题。国务院、中央军委《关于深化我国低空空域管理改革的意见》中已明确了公安机关的执法地位和作用，我们必须勇于作为、敢于担当，加快公安无人机管理系统及管控设备的研制开发，防止发生无人机危害公共安全事件，在建立健全有针对性的法律法规基础上，切实加强这一领域的管理和管控措施，防止出现监管空白。

一、无人机存在的安全隐患

近年来，由于我国科学技术水平的不断进步，国民收入水平的不断提高，价格亲民、智能化程度较高、操作简单上手即飞、具有良好的飞行能力、可获取高清影像的民用无人机受到大众的青睐。数以百计的科技公司把大量的精力投入到无人机的研制开发与大批量生产销售中，已掀起一股比肩智能手机的新热潮。在全球民用无人机市场中，我国大疆创新科技有限公司占有70%的份额，我国其他几家科技公司也都拥有一席之地。民用无人机的市场潜力巨大，必将

向更广阔的领域推广普及。但在民用无人机广泛推广应用的同时，如果使用不当或为不法分子所利用，必然会造成严重的公共安全隐患。

1. 危害航空安全

无人机危害航空安全，一系列数字触目惊心。有的无人机爱好者无视航空运输安全，随意在机场附近或民航航线附近飞行无人机，给航空运输安全造成极大隐患。据统计2013年到2015年间，全球范围内无人机与民航飞机共发生了327起危险接近事件，28次改变航班航线。2016年5月28日，四川成都双流国际机场遭遇无人机阻碍，55个航班不能正常起降。2017年1月15日，浙江杭州萧山机场附近，一架无人机空中近距离航拍民航飞机降落，一旦相撞后果不堪设想。随后连续多日，各地类似报道连续不断。2017年2月3日，广东深圳3个机组受无人机影响导致多个航班延误；同日，揭阳潮汕国际机场受无人机影响导致一架飞机临时更换跑道降落。2017年2月5日，云南昆明长水机场也出现类似飞行事件。总之，无人机飞速发展的这些年，每年都有无人机不按照安全操作要求出现的事故，其中包括对航空安全的影响、地面人身安全的影响、建筑物安全的影响等方面。一方面是无人机事故频发，另一方面是无人机相关管理滞后。这种情况表明，目前市场上质量在7 kg以下的、数量很庞大的无人机处在监管盲区，存在极大的安全隐患，这里有一个数据可以说明问题。无人机载荷均在5 kg以上，美军现役的M26A2型手榴弹，全重不超过500 g。也就是说，无人机带上10个这样的手榴弹是没问题的。同样的质量，一个5 kg的TNT炸药的爆炸是非常具有杀伤性的。如果无人机上不挂载爆炸物品，挂上5 kg的汽油，那么也足以造成一个直径几米的大火球。如果挂载着放射性物质，将放射性污染传播得到处都是，这比一次恐怖袭击严重得多。

2. 危害公共安全

无人机危害公共安全，这也是不争的事实。当然航空安全也是公共安全的一部分，无人机不守规则的飞行除了危害航空安全以外，在远离机场和民航航线的条件下飞行，因设备故障或操作问题坠机也极有可能对地面人员造成较大伤害，对财产造成较大损失。事实上无论是消费级无人机还是工业级无人机，无论是专业飞手还是初学“小白”，只要无人机升空，那么对地面人员人身和财产安全存在潜在的安全隐患就无法杜绝。尤其是一些无知无畏的飞手，无视飞行安全规则，在密集的人群头顶、在交通繁忙的高架桥上空都可以随心所欲地飞行，一旦发生坠机事故极易造成地面人员的伤亡或引起交通事故。某市举办一个大型户外活动，市领导在台上讲话，台下站着密密麻麻的人，电视台一架大型六旋翼无人机几乎是擦着领导和群众的头顶来回飞了好几次。试想，当时如果稍有闪失，飞机的螺旋桨就可以对人造成损害。其实，无人机无论多么智能化，都要求飞手具备一定的操作技术，同时无人机的飞行还受到周边电磁环境及天气等客观因素的制约，如果任由无人机在人群密集场所“自由飞翔”，一旦出现操作失误或无人机失控等情况导致坠机事件，那么将对公民的生命和财产安全造成严重的危害。

3. 危害国家安全

无人机危害国家安全，无数事实已经说明。无论是消费级无人机还是工业级无人机都可以利用自身携带的各类摄像器材进行图像采集和传输。无人机具有高清航拍功能、实时图传系统，与地理信息相结合，能够对军事要地、敏感地域、政府机关、重要设施等进行侦查，窃取机密信息。如果敌对势力利用无人机在我国的军事禁区、敏感地带、核设施附近飞行，就有可能窥探我国的国家秘密和重要的军事秘密，也许只是一架小小的消费级无人机，这时候就会变成一个流动的间谍。美国白宫、韩国青瓦台、日本首相官邸等安保要地都曾发生无人机侵入事件；我国空军某导弹旅在训练时曾遭遇无人机偷拍，后用步枪将其击落。事实证明，无人机正在成为不法分子窃取秘密情报、危害国家安全的新工具。2014 年 10 月起，法国核设施上空发生 20 余起无人机事件。2014 年末，比利时一座遭破坏的核反应堆重新启用后，次日遭微型无人机探访。2015 年 1 月 28 日，一些轻型无人机曾飞到布雷斯特军港锚地附近，该锚地是法国核军事基地，驻有 4 艘可潜射核导弹的核潜艇。2015 年 2 月 24 日晚，巴黎上空至少 5 架来路不明的轻型无人机飞越美国大使馆、埃菲尔铁塔、协和广场等地。警察紧急动员，却未能抓到幕后遥控飞行的“黑手”。根据 2015 年初新加坡《联合早报》报道，欧洲国家核电厂上空，频频出现来历不明的无人机。

4. 容易作为犯罪工具

无人机容易作为犯罪工具，现实中防不胜防。几乎所有的无人机都具有挂载投放的功能，这个功能极易被犯罪分子用来实施恐怖袭击、贩毒、走私等犯罪活动。叙利亚和伊拉克境内的恐怖分子就曾将我国生产的四旋翼航拍无人机改造后挂载一颗枪榴弹进行对地攻击，国内的恐怖分子或极端人员如果用无人机挂载炸药或汽油对特定目标或不特定人群进行攻击将会造成极其严重后果且防不胜防。2015 年 1 月 27 日，一架小型无人机摔在白宫的草坪上，让美国特

勤局饱受质疑。同年8月，美国总统奥巴马在佛罗里达国家高尔夫俱乐部打球时，一架无人机闯入安保区，引发安保担忧。奥巴马强调，民用无人机的使用亟待进一步规范。2015年4月22日，日本首相官邸发生小型无人机坠落事件。针对首相官邸“无人机事件”，日本政府于4月24日紧急召集会议探讨完善相关法规，以限制小型无人机在重要设施上空飞行。无独有偶，2015年7月，深圳市福田区沙尾村发生无人机坠落砸坏汽车事件，引起深圳无人机行业极大关注。无人机一旦被恐怖分子利用，后果不堪设想。以深圳大疆八轴无人机为例分析：该飞行器有效滞空时间约20 min，可有效搭载3 kg重物，飞行高度500 m，严控距离最大支持2 km，空中进行高速飞行（速度达到10 m/s以上）时的姿态相当轻松。这样的参数体现出三个重要的能力：能够携带一定有效载荷，能够将载荷投送到一定距离之外，还可以让使用者进行一定程度的飞行路线控制。假定，某恐怖分子合法购买到了这架无人机，并打算在公共场合搞一起群死群伤的恐怖袭击，携带3 kg炸药或汽油，足以造成极大威胁。在引爆方面，已有相当成熟的技术，很多恐怖袭击案中都使用了手机来遥控引爆；无人机的操纵也不是什么难事，对照说明书摸索几天就能学会，这两件事上都没有高的技术门槛。因此，恐怖分子要做的，就是选择一个人口稠密的公共场合，然后将无人机和“载荷”藏在背包中带到附近百米开外人较少的地方，再操纵无人机带着爆炸物冲向人群然后引爆，从而导致人员伤亡；何况这种技术的成本并不算高，两三名恐怖分子各自操纵一架无人机也不难实现——轰隆隆几声巨响之后，人群还可能因为惊慌失措而发生踩踏事件，那样的后果简直不敢想象。而恐怖分子们却可以将遥控器一扔，开车溜之大吉，其作案风险比昆明火车站暴恐案那样的袭击小得多。据悉，深圳的大疆公司将无人机和GPS技术结合起来，只要把目的地的坐标和城市地图输入系统，无人机即可自动飞行，完全无须遥控，属于“起飞后不用管”的类型。倘若这一技术实现，则等到爆炸响起时，恐怖分子已经逃到几千米之外，想要追查凶手就会更加困难。

二、从“新型犯罪工具”的角度认识无人机

当前无人机技术平台已经基本成熟，无人机操纵平台随着无人机系统的开发也趋于简单化，训练平台更多地依靠电脑模拟器，节省飞行器使用寿命的同时，也提供了一个有效地培养飞手的平台，而就无人机本身而言，具备出色悬停能力的多旋翼无人机，稳定的续航和加载能力的固定翼无人机，以及灵活度颇

高且具有一定的悬停功能的单旋翼直升机，均可以根据所需任务不同为我们提供多种选择。无人机技术在给我们工作、生活带来方便的同时，也极易被犯罪分子利用，成为一种新型的犯罪工具。大量无人机无序飞行，引发一系列治安、安全问题，给公安机关治安工作带来巨大压力。现今，以无人机为主的"低慢小"飞行器管理和防范仍是世界性难题。近年来，国内外各种无人机造成危害案例的报道层出不穷，主要有以下几个方面：

1. 骚扰政要、重大活动、重点场所

在国外，此类情况屡见不鲜。2014 年 9 月，德国总理默克尔参加基督教民主联盟竞选活动时，德国反对派人员操作一架微型无人机对她进行近距离骚扰，最后在她身旁坠毁。2015 年 1 月，一架多旋翼无人机突破"全球最严密的防卫区域"后坠毁在美国白宫前的草坪。经调查，系爱好者操作失误。2015 年 4 月，日本一架装有火焰筒和放射性尘土的多旋翼无人机坠毁在安倍的首相官邸楼顶。案犯山本泰雄 15 日后自首，供称抗议安倍核政策。警方调查，该案犯原计划用无人机直接袭击核电站，并曾计划投送"沙林毒气的液体"以及"炭疽杆菌的粉末"。2014 年 7 月至 2015 年 5 月之间，美国白宫附近多次发生无人机坠落事件，因为没有相应的侦控手段，无人机想来就来，想走就走，让白宫安保人员头疼不已。2015 年印度孟买警方逮捕一名房地产网站员工，该员工涉嫌使用无人机航拍印度高度敏感的原子能研究中心。此外印度情报部门曾多次发出警告：恐怖组织将使用民用无人机袭击印度高级官员，印度总理莫迪是其中一个目标。根据 2017 年 1 月 18 日安防网讯：伊拉克安全部队在摩苏尔与 ISIS（"伊拉克和大叙利亚伊斯兰国"）恐怖分子的战斗中，ISIS 将大疆无人机改装成自爆武器，更进一步改装成可以投掷爆炸物的武器装备，已经导致无辜平民伤亡及重要设施的损坏。韩国青瓦台，法国爱丽舍宫、核电站、总统府，英国核潜艇基地等也都有过发生无人机骚扰的报道。在国内，这个问题也比较突出。2015 年 7 月一架航拍无人机意外撞上台北 101 大楼，视频曝光后，引发台湾"恐怖袭击"的联想。台北 101 大楼管理人员称这不是该大楼第一次被无人机撞击，从 6 月底至 7 月已发生 3 次，6 月底那次尤其危险，游客距离飞机坠落处仅 2 m。2016 年初，中央电视台春节晚会西安分会场录制时，遭到无人机骚扰，西安警方紧急进行干扰处置，并实施临时空中管制。2016 年 4 月，福建福州市一些监狱上空深夜常有无人机出没，并在监舍区、教学楼、行政办公楼和驻监武警营区等敏感区域上空绕飞和悬停。2016 年 5 月深圳警方破获一电信诈骗团伙，

赃物中有 2 架微型无人机，据案犯交代该无人机系香港反对派人士购买，并企图用于在中央代表团赴港期间进行滋扰活动。2016 年 8 月 20 日，在广州天河体育场，中超联赛广州恒大淘宝对阵杭州绿城，两名男子在广州地铁林和西站某出口附近各操控一架无人机，飞越天河体育中心体育场足球比赛现场上空进行拍摄。两名嫌疑男子因扰乱公共秩序被天河警方依法查处。一架民用的无人机具备一定的载重能力及精准的卫星定位功能，若为恐怖分子所利用，通过输入航线数据，设置好飞行路线，机上装载炸药或其他危险物品，就可以在政要出现地点进行引爆或投放危险物品，这将给警卫安保工作带来前所未有的挑战。

2. 挂载武器、危爆物品、生化化学品进行恐怖袭击，悬挂政治标语

日本首相官邸无人机坠落事件，挂载核放射性尘土；英国情报组织曾经多次发布警告，ISIS 将利用民用无人机或黑市的军用无人机在重大体育赛事中进行恐怖袭击，并加强调查监控和防范措施；2015 年 10 月欧洲杯预选赛期间，赛场出现无人机悬挂旗帜和政治标语，引发现场球迷骚乱，甚至引发球员互殴，比赛被迫终止；美国 18 岁少年改装无人机挂载武器视频，挂载半自动手枪，挂载喷火器，引发民众担忧。

3. 影响其他航空器运行，引发航空事故

2015 年，德国汉莎航空一架航班在波兰华沙上空与一架无人机擦肩而过。波兰航空安全部门急令随后的 20 架飞机立即改变飞行路线。世界上最繁忙机场之一的英国伦敦希斯罗国际机场，饱受无人机干扰。英国民航局统计，仅 2015 年下半年就发生 23 起无人机与载人飞机危险接近，其中最严重的一次一架无人机盘旋于一架起飞中的空客飞机上方 6 m 处，险酿惨剧。2013 年底，北京一家航空科技公司人员操纵一架无人机在附近机场航拍测绘，未办理任何手续，造成数十架航班延误，空军出动两架直升机升空拦截将其迫降，操作者因以危险方法危害公共安全罪判刑 3 年。2017 年 5 月，成都双流国际机场发现有无人机在活动，东跑道被迫停航关闭达 1 h 20 min，直接导致 55 个进出港航班延误。2017 年 7 月，上海浦东机场一航班在降落过程中发现一架无人机在侧面近距离飞过，所幸未造成惨剧。2017 年 8 月，成都机场再次发生类似事件，导致 3 个航班延误。无人机违规在净空区内飞行，扰乱了民航客运的正常飞行秩序。据有关媒体报道，北京首都机场 2016 年就发生了 19 起异常升空物事件，其中 6 起是由无人机引发的，给机场的安全运行带来了隐患。2017 年 1～2 月，深圳机场、四川绵阳机场、浙江萧山机场等各地先后发生了十余起无人机飞入净空区，对民航客机造成起降障碍的事件。各类无人机在低空的无序使用，以及无人机自身或发射的无线电信号都会给载人飞行航空器带来巨大的安全隐患。

4. 窥探机密、隐私

无人机对国外以及我国政府、军事机构、能源机构、监狱机构等重点场所的骚扰往往带有窥探性质，也有人操作无人机窥视公民隐私。由于无人机自身的“优越条件”，它能轻而易举地跨越地面障碍物、窥探千家万户的私生活，其精准、清晰程度最高可展现一颗衬衣纽扣的所有细枝末节，或地面人员使用手机的型号。可以说无人机在偷窥者手中成了“偷窥神器”。这样发展下去，公民的隐私权只是一张被捅破了的白纸。

5. 运输毒品等违禁物品

亚马逊、谷歌等科技公司正在开发无人机快递业务，与此同时，哥伦比亚、墨西哥等地毒贩已经开始使用无人机进行跨境毒品运输，一次性使用，不回收无人机。据了解，我国边防部门也在考虑部署一些“低慢小”防卫系统，防止有人利用无人机进行跨境毒品运输。

6. 旋翼伤害，机体坠落造成地面伤害

无人机高速旋转的旋翼有强破坏性，特别是碳纤维桨叶，类似“高速切割机”。由于各种原因造成机体坠落，在重力加速度的作用下，对地面人员、物体的破坏力也不可小视，特别是一些较大型的无人机，部分无人机还载有燃油，坠落后可能引发爆炸、火灾，除坠落外，还有故意操作俯冲撞击伤人的可能。

三、我国无人机管控存在的问题

无人机在禁飞区私自放飞，对敏感目标跟踪、拍摄，携带危险品升空等行为，反映出其现实威胁较大。我国无人机整体产业尚不成熟，而飞手数量剧增，存在着管理不规范化、监管缺位、法律与现实脱节、政策配套不完善、行业发展隐患多、立法滞后等多方面的问题。

1. 现实威胁较大，无人机整体产业尚不成熟

现阶段，无人机面临最大的挑战是安全管制和成本控制。无人机坠毁，可能对地面人员的人身安全造成伤害，对财产造成损失；空中飞行的无人机将对空中交通、线路等造成安全隐患；民用无人机坠入军事地带等敏感区域也将带来较大的安全风险。无人机整体产业的真正成熟还有很长的路要走。根据《北

京青年报》报道，2013 年底，北京一家航空科技公司的工作人员在公司不具备航空摄影测绘资质且未申请空域的情况下，操作无人机“黑飞”进行航拍测绘，致使多架民航飞机避让、延误，造成中国国际航空股份有限公司经济损失达数万元。直到原北京军区两架歼击机待命升空，并出动两架直升机才将其迫降。该公司工作人员事后被检方以“过失以危险方法危害公共安全罪”起诉。

2. 驾驶员数量剧增，管理亟待规范化

2013 年 11 月，中国民用航空局(简称民航局)飞行标准司颁布的《民用无人驾驶航空器系统驾驶员管理暂行规定》指出，质量小于 7 kg 的微型无人机，飞行范围在目视视距内半径 500 m、相对高度低于 120 m 范围内，无须证照管理，但应尽可能避免遥控飞机进入过高空域；2014 年 4 月 29 日，民航局将在视距内运行、空机质量大于 7 kg，在隔离空域超视距运行的无人机驾驶员资质管理，授权给了中国 AOPA(航空器拥有者及驾驶员协会)。中国 AOPA 相当于车管所，训练机构相当于驾校，所有驾驶员都在培训机构里进行培训考试，考核通过后由中国 AOPA 颁发执照。截至 2015 年 8 月，全国无人机训练机构有 31 家，根据粗略统计，目前我国专门从事无人机飞手职业的有 3 万多人，而持有中国 AOPA 无人机驾驶员资格证的全国不到 1 000 人。

3. 监管屡屡缺位，法律与现实脱节严重

随着无人机的广泛应用，近几年民航局陆续出台了《关于民用无人机管理有关问题的暂行规定》《民用无人驾驶航空器系统空中交通管理办法》《民用无人驾驶航空器系统驾驶员管理暂行规定》等文件，但法律法规和监管执行尚未完善和正规化，实际操作方面模糊不清。国内对微型无人机还没有完善的法律及细则，现有的多是部门规章，造成查处难度大，处罚过于笼统。很多公安民警也坦言，现实中微型无人机随时随地可以飞，“完全管不过来”。此外，无人机在飞行前需向当地民航局或当地空军航空管制室申报飞行计划。但控制微型多旋翼无人机的个人，不向管制部门申报飞行计划便擅自操控无人机飞行的行为十分常见。

4. 政策配套不完善，行业发展隐患颇多

现阶段，大部分民用无人机驾驶员是从航模飞手转过来的，普遍存在理论水平偏低、法律法规意识淡薄等问题，由于操控无人机不当，致使民航飞机避让、延误的情况时有发生，甚至还出现民用无人机撞击建筑物，或伤及无辜百姓的事故。因而，亟待行业科学管理，有力遏制“黑飞”现象，确保航空安全和公众利益，才能使我国无人机产业安全、健康发展。同时，无人机商业应用的市场需求非常大，但我国与此相关的审批制度、管理规章却非常松散，以至于实施无人机飞行的单位和个人容易面临没人管、审批难的局面。面对来自国际的竞争，国内无人机政策配套落后、监管缺位，低空空域开放步伐缓慢，缺乏相应的产业标准，民用无人机真正腾飞尚待政策创新破局。

5. 立法滞后对无人机的管控基本处于无法可依状态

我国目前实施的关于航空管理方面的法律法规仅有《中华人民共和国民用航空法》《通用航空飞行管制条例》，这两个法律法规的条款主要是针对有人驾驶飞机的，都没有明确提到对无人机的管理。有人把无人机归于通用航空的范畴，但如果无人机属于通用航空，那就意味着所有的无人机都必须要有适航许可，这显然是不可能的。除非无人机的飞行造成比较严重的后果，公安机关才可以依据《中华人民共和国刑法》《中华人民共和国治安管理处罚法》的相关规定追究无人机使用者的法律责任。虽然 2016 年民航局飞行标准司下发了《轻小型无人机运行规定(试行)》《民用无人机驾驶员管理规定》两个文件，但民航飞行标准司是民航局下属机构，飞行标准司下发的这两个文件仅仅只能作为内部文件，连部门规章都不是，不具有任何法律约束力。

6. 多头管理

目前民航、军方、各级公安机关都想对无人机进行管理管控，甚至一些行业协会也打着无人机管理的旗号进行所谓的无人机驾驶员发证工作。但由于缺少相关的法律依据、管理细则和分工规定，再加上执法力量的薄弱、管控措施的缺乏，使得目前我国无人机管控的现实情况是几个部门都想管理却又都无法管理。

7. 措施简单

目前我国对无人机的管控基本上都是利用技术手段对比较狭小范围内的空域进行临时管理，比如在大型活动现场附近配置反无人机设备，也有个别的无人机厂家在飞机出厂的时候就设置禁飞区，在禁飞区域内无人机无法起飞。但总的说来这些管控措施都存在管控措施单一、管控区域有限、管控效率低下等不足，可以说治标不治本，无人机的安全隐患依然大量存在。尤其是对大量存在的消费级无人机根本无法做到有效管控。目前，我国对小型无人机没有做出太多的管理规定，2016 年在《治安管理处罚法》(意见修订版)中仅仅是对无人机使用征询了一些管理意见，并不能有效地解决无人机带来的安全隐患。虽然

无人机潜在的危险性较大，但是可以采取行之有效的方法降低这种危险性，在危险爆发的事前、事中做到快速有效的处理。第一，在技术上应对小型无人机袭击。在政府、学校、医院等重点部位采用飞行围栏技术，目标飞行物受制于技术影响飞不进该区域。目前禁飞技术主要在无人机厂家自带软件设置的禁飞区域，不能适用在工作要求的每一个场所。另外的技术限制手段是信号干扰设备，主要应用在事后发现无人机的处理。第二，对无人机的购买、使用进行监管，实现购买、使用实名制登记，事先报备飞行包括身份认证、用途、路线、时间等方面进行规范。截至目前，虽然还没有使用无人机进行自爆袭击的案例发生，但是这种威胁却是实际存在的，未雨绸缪做好应对之策，才能在危机到来的时候做到处乱不惊，快速处置，也符合公安机关打击违法犯罪、保护社会安定和谐的职能要求。

四、应对无人机恐怖袭击的对策思考

鉴于现代无人机在社会中的运用越来越广泛，无人机行业发展越来越迅猛，加之现在无人机管理法规相对滞后，出现了大量“黑飞”“乱飞”的问题，隐藏了大量安全隐患，结合近几年全国各地出现的无人机飞进政治中心、逼停航班、拍摄国家涉密单位影像、在大型活动现场坠落伤人等现象的发生，从国家和城市安全角度出发，对无人机的管控势在必行。第一，作为维护国家和人民安全的公安机关，我们应该做到，联合国家空管委、民航局、工信部、工商总局、体育总局、AOPA 和军方等管理部门，联合制定明确的公安机关关于对民用无人机的管理与处罚法规或规定，从法律着手进行管理；第二，在源头上对无人机的生产销售进行标准化体系管理和公安机关备案管理，建立专业管理电子数据系统，实名登记在案；第三，建立实时监控网络系统，对无人机的实时飞行进行严密实时监测；第四，加强无人机反制拦截技术建设，特别是对现有的微型快速穿越无人机进行管控，防止其利用自身体积小、高灵活、速度快的特点进行自爆、侦查等违法犯罪活动；第五，建立公安机关对民用无人机驾驶员管理系统，进行安全制度化管理，严格完善无人机报备和驾驶员持证上岗制度；第六，建立无人机改装标准规定和规范无人机回收报废制度。严格防范由无人机“黑飞”“乱飞”而产生的威胁民航飞行安全、泄露国家机密、危害人民安全等现象的发生。伴随着反恐怖斗争的严峻趋势，无人机的特殊性能极易被暴恐分子所利用，给管理部门带来前所未有的挑战。对于公安机关来说，在无人机管控上应与时俱进，尽快结合相关法律调整和完善自身业务性管理法规条例，将无人机纳入特种行业管控，规范管理，落实责任，形成打防管控一体化长效机制。同时，公安机关在挑战面前也应抓住机遇，加大反无人机及警用无人机技术研发力度，将无人机装备于公安队伍，应用于公安反恐实战领域，为维护国家安全和社会稳定做出应有的贡献。

1. 建立反无人机防御系统

英国研发出新一代“无人机杀手”——AUDS（反无人机防御系统），该系统有“死亡射线”之称，它拥有雷达探测元件和先进的跟踪能力，并搭载一个能让无人机无法靠近的无线电干扰系统。AUDS的操控者可以让无人机在一段距离之外盘旋，直到电量耗尽并坠毁。AUDS最远可以发现约8 km外的无人机，对目标瞄准后，AUDS可以使用无线电和热成像软件确保无人机保持在视野内。同时，可利用无线电波干扰甚至击落最远1.6 km外的无人机，以阻止其从事监视、袭击等恶意行为。针对无人机管理和管控的需要，公安机关应迅速组织研发公安无人机管理系统，与公安情报指挥体系相融合；在建立公安无人机管理系统的基础上，研发“敌我识别”设备对无人机进行身份审查，从而达到对无人机管理与管控的目的。首先，研发公安无人机管理系统，应以数据整合作为基础，将所有无人机生产厂商的后台飞行数据、拥有无人机的个人、行业单位的注册信息全部整合起来。同时，以大数据和云计算技术为核心，研制开发公安机关自己的无人机管理系统。其次，研发智能芯片及配套的地面无线信号发射装置。对发现的正在飞行的无人机进行地面“敌我识别”，它的工作原理借鉴于军用敌我识别设备，地面无线信号发射装置对发现的无人机发送一组询问信号，已安装智能芯片的无人机对询问信号进行解码并发回应答信号，若地面发射装置无法收到应答信号，则认为是未在公安机关注册备案且未安装智能芯片的无人机“黑飞”行为，公安机关可快速进行处置。在重要目标（政府机关、军事要地等）、敏感场所及安保重点部位都可装设“敌我识别”装置，设定预警覆盖半径，当未经允许的无人机飞至预警区域时，系统第一时间会在公安无人机管理系统中报警，并通过短信方式告知无人机拥有者或行业单位及公安机关管理人员。公安机关可以迅速采取相应的措施进行应对（例如使用无人机反制枪对无人机进行遥控信号干扰，强制其迫降或直接返航离开）。所以，要求无人机拥有者或行业单位在购买无人机设备后，完成无人机厂家规定要求注册的同时，还必须要到公安管理部门进行报备，实名注册（详细的个人身份信息、行业单位的

相关信息、无人机的相关信息等），公安机关将报备的信息及时录入公安无人机管理系统中或通过网页、APP实现信息登记报备，同时强行为无人机安装智能芯片，这就等于给无人机装上了“黑匣子”。

2. 使用万瓦级激光拦截武器

2014年，中国第一套万瓦级无人机目标激光拦截系统就已经成功完成演示试验。该系统只有两个集装箱大小，可进行地面部署或车载部署，可在5 s内有效拦截2 km以内的无人机目标，可对固定翼、多旋翼等多种小型无人机实施360°全空域精确打击拦截，具有快速、准确、无声无息、无附带损伤的特点，能有效护卫12 km^2内的低空安全。据官方报道，在集成调试和演示验证试验阶段，曾先后击落多种小型无人机30余架次，击落率为100%。

3. 实行区域无线电管制

所谓无线电管制，是指在特定时间和特定区域内，依法对无线电台（站）、无线电发射设备和遥控遥测无线电设备进行限制或禁止使用，对特定的无线电频率采取技术阻断等措施。由于大部分无人机使用无线电遥控，国内无线电管理部门平时会针对其用频特点，侦测记录其频谱特征，在特定时间和特定区域对其无线电信号进行干扰、阻断。失去控制信号，无人机自然就会像断了线的风筝一样失控。

4. 形成多方联动模式

加强对无人机生产、销售、租赁企业及飞行俱乐部、个人爱好者的摸底登记，对本地区无人机保有量做到底数清、情况明；将无人机制售纳入特殊行业管理的范畴，严格审批资质，加强流向监控，定期复查制售、外借、库存以及放飞等情况，掌握动态信息；加强对无人机相关论坛、网站、QQ、微信群的监督，及时发现核查涉嫌利用无人机实施违法犯罪活动的可疑信息。加大对无人机管理相关法律法规的宣传力度，通过新闻媒体、自媒体平台向社会广而告之，警示无人机持有人自觉接受监管，守规安全飞行。重点加强对已知无人机持有人的教育管理，落实必要的告知程序，督促其办理相关证照、报批飞行手续，对敏感时期、大型活动、重点场所禁飞、限飞进行通告。在北京地区对于个别利用无人机进行“黑飞”的个人和单位，军方、公安和民航已基本形成联动处置模式。对于“黑飞”，军方主要以直升机拦截、迫降和狙击为主。近期，有报道称某单位未经许可使用“大白Ⅱ型”无人机进行土地勘测，军方迅速出动空中与地面部队进行查处，这说明军方雷达对无人机的探测能力有了很大的提高。对于无人机来源和销售渠道，警方也采取了更为严格的措施。在一些特殊时期，会禁止销售、邮寄和快递无人机，在平时也会严格管控。目前，国内各大电商网站已经对“无人机”“四轴”等关键词进行了屏蔽，相关商品也已下架；同时，警方采用无人机拦截技术，用大型无人机携带抓捕网，以最小的代价消灭具有潜在威胁的无人机。

5. 使用无人机反恐

无人机能利用承载的高灵敏度照相机进行不间断的画面拍摄，获取影像资料，并将所获得信息和图像传送回地面，可迅速进行实时现场视频画面传输，帮助指挥者进行科学决策和判断，进一步提高公安民警的响应、决策、评估效率，推动公安的信息化建设进程。在反恐维稳中，如遇到突发事件、灾难性暴力事件，警用无人机可以对特定地域进行监管和搜索。2014 年新疆喀什地区莎车县严重暴力恐怖案件发生后，警方利用无人机对莎车县艾力西湖镇、荒地镇等地的多处重点目标进行了地毯式搜索。甘肃省兰州市城关区政府引进的 5 架无人机，成为空中“天眼”，被应用于公安、消防、交通、安监、执法等城市管理领域，极大地提升了城市防范能力。天津港“8・12”特别重大火灾爆炸事故发生后，参与救援的北京消防总队在救援期间利用无人机共拍摄视频 68 段，拍下照片 1 532张，为现场指挥提供了大量现场视频图像，为指挥部应急决策提供了有力依据。2013 年 12 月，广东省公安厅指挥 8 个地市公安局联合开展打击银行卡犯罪“海燕 11・12”专案收网行动，共打掉 8 个犯罪团伙。此次抓捕行动前，广东省公安厅派出无人机对涉案地区进行航拍，并绘制出警用作战图和抓捕对象移动导航图，提供了精确的情报信息。无人机作为一种新型的警用装备，具有起降简单、使用灵活、人员伤亡风险低、费用不高等优势，在警务工作中发挥了重要作用，逐渐成为一种新型利器，为侦查破案打下了良好基础。

6. 从反恐角度呼吁无人机行业完善立法

随着我国民用无人机市场的日益火爆，这种民用无人机所带来的安全风险再也不能视而不见，制度与监管的短板亟待补齐。有业内人士推测，到 2020 年国内民用无人机的市场规模将达到 60 亿元。航空装备的无人化、小型化和智能化已成为未来航空业的发展方向。2013 年 1 月，深圳市发布了《深圳市航空航天产业发展规划(2013—2020 年)》将无人机作为发展的重点。应该说，无论是在国家层面还是深圳市层面，都力图在政策上为民用无人机市场的发展注入强心剂。然而，民用无人机市场不可能在“黑飞”的制度与监管真空中得到健康发展。数目可观的民用无人机进入普通人的生活空间，并在市区一些敏感空域

放任而飞，显然是高危举动。一旦民用无人机进入或误入航线、机场和军事管制区域，所导致的严重后果不堪想象，“黑飞”的乱象必须终结。未来，对无人机只能通过“两手策略”双管齐下：一方面，开放低空空域，为民用无人机的发展提供开阔空间和政策帮扶；另一方面，尽快建章立制，为民用无人机的飞行建立法治边界。民航局已就《无人机空域管理规定》广泛征求意见，为民用无人机市场的发展厘定规则、构建秩序，促其健康稳健发展。尽管从 2009 年开始，民航局陆续颁布《民用无人驾驶航空器系统空中交通管理办法》《关于民用无人机管理有关问题的暂行规定》《民用无人机适航管理工作会议纪要》《民用无人驾驶航空器系统驾驶员管理暂行规定》等，但都属于咨询通告和规范性文件，比部门规章层级还低，这些规定的内容也比较笼统，而且缺乏强制执行效力和可操作性，申请流程也不明确。因此要尽快建立相应的分类管理标准、飞行管理法律法规，针对民用无人机的飞行计划如何申报，申报应具备哪些条件，以及在哪些空域里可以飞行，违规现象如何查处等内容做更进一步的详细规范。

7. 整合资源组建反无人机恐怖袭击的专业队伍

目前，我们正在从技术上寻找应对小型无人机袭击的措施，但收效不明显。因为即便我们在特定区域安装干扰或阻截无人机飞行的设备，也不可能在每个人员密集的公共场合都进行布设。另外，对大载荷量的无人机的购买、使用进行管制，至少要做到实名制登记，发生恐怖袭击之后还能有线索可以追查，但这些措施势必对无人机行业的快速发展造成影响。深圳市拥有数量巨大的无人机超级玩家，在一定程度上这些技艺娴熟的民用无人机飞手是一个非常紧俏的应用型人才群体。根据反恐工作需要，在充分调研的基础上，进一步整合深圳无人机优秀飞手、深圳市航空航海车辆模型运动协会代表、无线电管理行业专家以及无人机研发机构科研人员等资源，组建深圳市反恐怖工作第 14 支专业队伍——“深圳市反无人机恐怖袭击专业队伍”，是当前反无人机恐怖袭击的重要抓手。组建专业团队，定期开展装备的维护保养工作以及飞手的专业培训，建立会商机制，探索适用于反恐实战的模式。一是成立民用无人机飞行管制队伍。受低空逐步开放的利好影响，国内民用无人机发展非常迅猛，无人机给人民生产生活带来诸多便利的同时也带来一系列问题和麻烦，无人机“黑飞”不但严重影响人民的日常生活，而且存在严重安全隐患，严重扰乱空中交通管制和空中交通安全。民用无人机轻的两三千克，重的几十千克，千元级别无人机也能轻松飞到数百米高空，一旦在飞行中影响民航航班或发生故障坠落在人员密集处，后果不堪设想。作为平台，无人机不仅可以加装照相摄像设备，还能携载生化物品或装上炸药变身“微型炸弹”。这些“武装”无人机都有可能被敌对势力、恐怖分子、间谍利用。民用小型、微型无人机，飞得低、飞得慢、目标小，属于典型难防的“低慢小”目标，部分无人机机体还大量采用聚碳酸酯材质，雷达难以发现跟踪。因此，建立一支专业的无人机飞行管理队伍刻不容缓。目前，我们有良好的无人机管控基础，2015 年底，江苏省徐州市成立彭鹰空中巡查大队(由公安、城管人员组成)，购置了 4 台工业级无人机，10 名队员经过正规飞行培训，取得飞手证书，部分队员拿到航空协会颁发的“机长”证书。彭鹰空中巡查大队日常开展严格的训练培训，多次参与实战，积累了丰富的经验。民用无人机管控队伍可在现有空中巡查大队的基础上，增加部分从事无人机行业的专业人员(可兼职)，定期组织相关业务知识培训，进行无人机日常管理，承担无人机突发事件的处置工作。二是强化民用无人机飞行动态管控。首先建立无人机监管体系。建议政府从无人机生产厂家和经销商入手，严格落实购买实名登记制度，建立从研制生产到销售使用全程注册制，还可运用物联网技术，对无人机的研制生产、销售使用、飞行轨迹等进行实时监控。其次建立无人机备案机制。规定无人机购买后要到当地公安机关登记备案，加强对无人机拥有者的审核，尤其是对其是否具有飞行资质和技能的审核，要随时掌握谁有无人机、无人机在哪等信息。三是制定无人机飞行的规定，进一步完善法律法规。我国已经制定了一系列有关无人机生产使用的法律法规，如《关于民用无人机管理有关问题的暂行规定》《民用无人驾驶航空器系统空中交通管理办法》《民用无人驾驶航空器系统驾驶员管理暂行规定》等，但相关法律法规原则性指导多、可操作性不强，应尽快补充完善法律法规体系。一方面以更加开放的理念，进一步开放低空超低空领域，以满足民用无人机飞行不断增长的需求；另一方面应尽快出台类似交通法规的可量化执行的民用无人机飞行管理细则，保证无人机所有者能清楚地知道怎样操控无人机，“黑飞”将承担什么样的法律责任，保证无人机的研制生产、销售使用完全运行在法治的轨道上。四是加强民用无人机“黑飞”干扰拦截。加强无人机管控必须配备反无人机专用设备，通过专用装备的应用控制无人机无序飞行。具体措施有：①使用固定的反无人机装置。在重要场所、重点部位安装配备干扰装置的电子干扰器，确保无人机无法靠近。英国在各种基础设施建筑物上装配反无人机装置，它结合了雷达、摄像头和电子干扰器，只需 15 s 就能发现并干扰约6.44 km范围内缓慢飞行的小型无人机。英国

在各类重要场所安装了几十万台这样的装置。②使用便携式无人机干扰设备。这类设备主要是反无人机系统干扰枪、无人机电磁炮等，可对无人机控制信号频段、导航信号 GPS 频段进行压制，使无人机失去控制。③使用无人机捕捉机。现场利用设备发射网枪或利用较大无人机挂网捕捉小型无人机。法国生产“无人机拦截者”无人机，是用普通无人机挂载一张大网，大网由坚韧的材料制成，可以缠住无人机，使其无法飞行，最终把无人机捕获。目前，这几类装备国内生产厂家已有较为成熟的产品。五是加强对无人机“黑飞”执法力度。我国民用无人机产业发展日益蓬勃，无人机研发生产企业都在积极寻求更大的发展机遇，无人机产业已成为我国经济发展的新的增长点。但针对各地不断出现的民用无人机“黑飞”事件，管控队伍、水平、力度等还未跟上。在国家尚未出台无人机空域管理规定，未明确相关管理细则情况下，应明确无人机监管队伍职责和权力，做到有人管，建立军警联防联控机制，保证法律法规落地。在无人机飞行管控上，必须严格执行现有法规，无人机飞手必须有合法有效的飞行执照，必须申请飞行区域，必须申请飞行计划，三个“必须”缺一不可。无人机监管队伍应加大对无人机“黑飞”的惩罚力度，加大管理力度，对违规者实施处罚，让违规者受到教育，对其他人予以警示，时刻牢记不乱飞、不“黑飞”、安全飞。

第五节　警用无人机应用概况

参照无人机特点，结合警务活动的特殊性，不难看出无人机在日常警务活动和特殊警务任务中具有很多优势。例如：快速反应，迅速抵达现场；空中观测，寻找最佳角度进行录像；实时传输画面，为决策人员提供现场情报。2005 年 4 月，公安部正式成立“警用航空管理办公室”。目前，国内已有 15 个省、市的公安机关建立了 22 个警航机队，公安部希望 17 个未建警用航空专业部门的省、市也能逐步建立警航机队和实现管理职能。从各地警务实战应用来看，警用无人机（图 1.6）在相关案（事）件中发挥的突出作用日渐被公安机关瞩目，并开展了相关探索。一是在 2013 年 12 月，广东省公安厅成功围剿广东陆丰“第一大毒村”博社村。此次行动中，“鹰眼”无人机为公安机关提供 84 个疑似制贩毒窝点的精确地理位置数据，在案件侦办中起到了关键性作用。二是在 2015 年 3 月 24 日，江西省高速交警直属一支队四大队自筹资金引进的小型无人机。在当日发生的一起交通事故中，作用突显。当时，高速路的车辆拥堵，无人机率先抵达事故现场，将现场拍摄的图片传回指挥中心，为现场疏导和救援提供了清晰准确的图传信息。三是在 2015 年 4 月，广东省河源市多处商铺突发火灾，商铺楼上数十户人家被困。河源市消防部门立即展开灭火救援工作，并运用无人机对现场火势进行侦查，通过无人机航拍技术，及时掌握火势动态，有效避免了人工侦查带来的危险。警用无人机在现场勘查、定点搜捕、抢险救援、图测图侦等方面发挥作用，正日渐成为警务工作中的重要工具。

图 1.6　警用无人机(图来源于网络)

每种类型的无人机都有自身优缺点，最重要的还是分析使用地域的整体环境和任务指向性选择更合适的无人机。不同警种出警任务的偏重不同，对无人机的应用情况也有区别。比如航运警察、缉私警察、森林警察、铁路警察、交通警察等管辖服务范围广，且对机动性有较高要求，经常需要大范围巡逻和出警，搜索和跟踪监视嫌疑人目标，并及时取证。无人机能针对不同警种警务，衔接其应用侧重点，产生巨大作用。警用无人机具有站得高、看得准、盯得住、传得快等特点，能够解决很多警务工作难题。鉴于无人机在警务工作中的应用优势，根据警务工作的特点，大力研发适用于不同警务工作的无人机以及挂载功能设备是发展的必然趋势。作为警用航空的重要组成部分，警用无人机已经受到我国公安机关的高度重视。2015 年的全国警用航空建设推进会明确提出，将其纳入警用航空管理范畴，建立管理、运行和安全工作规章制度，统筹发展规划。警用无人机展示大会隆重推出了业内首款集“察、打、管、控、救、通”等多种功能于一体的警用无人机系统，其强大的平台性能、前联后通的通信指挥控制系统、丰富的模块化功能以及与公安实战的完美结合，可以说开创了警用无人机实战应用的一个新的领域。随着无人机应用的不断普及，警用无人机得到了广泛应用，尤其在发生突发事件或灾难性暴力事件时，可实时进行现场视频画面传输，为指挥者进行科学决策和判断提供依据，国内一些无人机企业也投身

到了警用无人机的研发当中。

一、湖北易瓦特科技股份有限公司

（一）主要机型

1. EWG-Ⅱ型固定翼无人机

EWG-Ⅱ型固定翼无人机（图 1.7）是具有自主知识产权的固定翼无人机系统，该系统为航空作业提供一个安全、稳定、高效的飞行平台，通过集成专业任务设备，轻松胜任航空测绘、电力巡线、城市规划和石油管线巡查等作业。

图 1.7　EWG-Ⅱ型固定翼无人机（图来源于网络）

2. EWZ-S8Mini 型八旋翼智能无人机

EWZ-S8Mini 型八旋翼智能无人机（图 1.8）具有体积更小、方便携带、可收

图 1.8　EWZ-S8Mini 型八旋翼智能无人机（图来源于网络）

放起落架等特点。机身轻巧，可在极小的场地进行垂直起降，使用成本低。采用自动驾驶装置，飞控稳定性大大提高，可携带多种任务载荷进行空中作业，可用于执行资料收集、测量、检测、侦查等多种空中任务。

3. EWZ-IB 型大型载荷无人直升机

EWZ-IB 型大型载荷无人直升机（图 1.9）引进美国先进的设计理念，增强了发动机性能，提高了冷却系统效率，对机身材料也进行了改进提升，具有高稳定性、高可靠性和高安全性的特点，可搭载多种空中遥感监测平台，受工况环境限制较小，能适应各种飞行任务。

图 1.9　EWZ-IB 型大型载荷无人直升机（图来源于网络）

（二）应用实例

2013 年 4 月 20 日四川省雅安市地震发生后，正在成都进行无人机电力巡检展示的易瓦特科技股份有限公司员工立即携带一架八旋翼无人机和一架螺旋翼无人直升机赶赴芦山县，将受灾现场航拍第一时间提供给抗震救援指挥部，为灾后救援提供了一手资料。2013 年 7 月甘肃省天水市突发特大山洪泥石流，90％房屋被冲垮，桥梁受损，道路中断，多处塌方、阻塞，电力、通信设施被摧毁。易瓦特抢险救灾小组第一时间启动无人机赴灾区应急抢险，为抢险救灾提供了翔实准确的资料。2014 年 7 月 19 日，超强台风“威马逊”重创海南和广东，易瓦特无人机对灾情进行实时的报道和监控，极大地提高了救援现场的效率，在争分夺秒中挽救生命。2015 年 6 月 1 日，“东方之星”号游轮因遭遇龙卷风在长江中游湖北监利水域沉没，易瓦特无人机救援队迅速赶赴现场，传回现场实时画面，在救援中起了重要作用。2015 年“8・12”天津滨海新区爆炸案发生后，

易瓦特无人机在灾后事故现场进行详细勘测，并对事故现场的危化品储罐进行搜寻，为抢险中心的现场指挥、调度提供了真实的数据信息。

二、深圳市艾特航空科技股份有限公司

(一) 主要机型

1. 艾特航空油电混合动力无人机 AT-1290

艾特航空油电混合动力无人机 AT-1290(图 1.10)采用油电混合动力，续航时间可达到 120 min，此外它还采用“8+2”的结构，也就是共轴双桨和多旋翼结构结合，极大地增加了无人机的载重，最大达 10 kg。

图 1.10　艾特航空油电混合动力无人机 AT-1290(图来源于网络)

2. A8-H 多旋翼无人机

A8-H 多旋翼无人机(图 1.11)采用机体一体化和主框架镂空设计，取消传统多旋翼内倾角设计，并对多旋翼气动布局进行优化，使得飞行器的操控性、抗风性、巡航能力得到提升。它具备 GPS 和北斗定位导航、一键返航等功能，机身采用防水设计且抗风性强，可全天候作业。

(二) 应用实例

2014 年 11 月，艾特航空将研发出的第一台油电混合动力无人机捐赠给新疆喀什地区特警支队，服役至今。AT-1290 无人机项目助力深圳市宝安区松岗街道城市管理执法，并获得 GJB9001B—2009 国家军工质量体系认证。

图 1.11　A8-H 多旋翼无人机(图来源于网络)

三、鹰眼电子科技有限公司

(一) 主要机型

1. “鹰眼一号”侦查型固定翼无人机

“鹰眼一号”侦查型固定翼无人机(图 1.12)采用常规式固定翼布局,采用模块化快速接口设计,最大航时达 135 min,可搭载高清实时视频传输系统,最大传输距离达 22 km,通过车载弹射系统起飞,伞降回收,不受场地限制。

图 1.12　“鹰眼一号”侦查型固定翼无人机(图来源于网络)

2. “鹰眼二号”系留型四旋翼无人机

“鹰眼二号”系留型四旋翼无人机(图 1.13)采用组合式折叠结构,配合系留

模块可实现对特定目标区域长时间监控，脱离系留索后自主飞行时间达55 min，并搭载超大载重。

图 1.13　“鹰眼二号”系留型四旋翼无人机(图来源于网络)

3. “鹰眼三号”机动型六旋翼无人机

“鹰眼三号”机动型六旋翼无人机(图 1.14)可根据任务需要搭载各种警务模块，可实现 12 km 内实时图像传输，其车载系统可实现对侦查对象的全方位、多角度不间断监控。

图 1.14　“鹰眼三号”机动型六旋翼无人机(图来源于网络)

(二) 应用实例

2011 年以来鹰眼警用无人机在河北省禁种铲毒重点县进行了航查，并于承德市隆化县查获了毒品原植物种植点。2012 年 5 月，河北省承德市公安机关利用鹰眼警用无人机对“FLG”邪教组织非法聚会进行秘密侦查取证，并成功摧毁犯罪窝点。2013 年鹰眼警用无人机参与“雷霆”扫毒行动，根据军用热感成像侦查技术拍摄了大量清晰准确的热成像图，为指挥部提供了精准的信息，一举摧毁 18 个特大制贩毒团伙，抓捕成员 182 名，捣毁制毒工场 77 个和 1 个炸药制造窝点，缴获大量毒品和制贩毒工具。2013 年承德市警方利用鹰眼警用无人机对承德县兴隆山大型庙会进行空中监控，实时掌握现场动态，防止踩踏事故的发生。2014 年 9 月，为保障 APEC(亚太经济合作组织)会议期间北京周边高速安保工作，鹰眼警用无人机配合河北省高速公路管理局对主要进京路线进行无人机空中巡逻、空中定点监控等工作，出色完成了空中巡查和安保备勤工作。2014 年 8 月鹰眼警用无人机飞行侦查小组远赴新疆参加新疆反恐搜捕工作，连续对目标区域进行夜间航查，有效地缩小包围圈 170 余平方千米，排查青纱帐等茂密农作物 1.13 多平方千米并成功定位了嫌疑目标暴恐分子的藏身之地。2015 年 3 月，鹰眼警用无人机多次参加河北省各县区的森林防火工作，先后在陈家沟、金沟屯、承德县、雾灵山等多起火场中发挥重要作用。2015 年鹰眼警用无人机协助警方打击承德市郊某村黑恶势力组织聚众赌博、高利贷等违法犯罪行为，通过升空执行隐蔽侦查、定点监控、移动通信信号屏蔽、催泪弹发射、喊话、照明任务，为案件侦破提供了有效的侦查、指挥和抓捕手段。2016 年为确保央视春晚及元宵节晚会顺利直播，西安市警方利用鹰眼警用无人机“低慢小”干扰设备，对分会场上空实施临时飞行管制，并成功迫降“黑飞”无人机。

四、北方天途航空技术发展有限公司

(一) 主要机型

北方天途警用安防系列无人机(图 1.15)，以卓越性能、长航时、高抗风及自带保险备受公安消防武警等客户青睐，广泛服务于应急救灾、航空测绘、空中侦查、安全反恐、森林防火等领域。如北方天途 M8FA 安防警用无人机，可携带可见光、红外吊舱、倾斜摄影系统，搭载高清图像实时传输系统。

图 1.15　北方天途警用安防系列无人机(图来源于网络)

(二) 应用实例

2008 年,北方天途与四川公安签订无人机销售协议,为公安系统提供无人机产品及技术支持,为国内首家公安系统无人机应用案例。2008 年四川省汶川地震发生后,北方天途携无人机赶赴现场,对现场展开航拍侦查工作,为灾后救援工作提供数据支持。2014 年云南鲁甸地震发生后,北方天途调度无人机积极配合抗震救灾单位进行航拍、侦查、搜救等工作。2015 年,广东省惠州市警方动用北方天途无人机搜捕藏匿在深山里的杀人犯。2015 年天津港“8・12”事件发生后,北方天途参与了航拍侦查及污染深水区取样等任务,协助事故处理。2016 年福建省三明市泰宁县泥石流灾害发生后,北方天途携带天途 M8FA 安防警用无人机积极参加救援,将现场数据实时传送至抗灾指挥部,以便指挥人员远程实时了解现场动态。

五、深圳一电科技有限公司

(一) 主要机型

1. AEE 无人机系统 F50

AEE 无人机系统 F50(图 1.16)具有合成材料一体化机身结构,搭载高集成度的飞控系统、智能控制、机载侦查拍摄设备、遥感设备、传感设备、远距离图像传输设备等。其机身轻巧可靠,能在各种复杂环境下执行任务,在军警、民用领域均具有重要的应用意义,目前已在国内多个省市的执法单位中广泛使用。

图 1.16　AEE 无人机系统 F50(图来源于网络)

2. AEE 无人机系统 F100

AEE 无人机系统 F100(图 1.17)全智能控制系统,军用级机载设备,性能卓越、轻巧可靠,静音飞行,更隐蔽、更安全,飞行高度最高可达 3 000 m。它可搭载专业级拍摄装备,实现 1080P 全角度高清航拍。它曾承担过高交会交通监控、防恐防暴演习、灾害防治、体育赛事等大型活动的航拍任务。

图 1.17　AEE 无人机系统 F100(图来源于网络)

(二) 应用实例

2012 年第 14 届高交会期间,深圳一电科技研发生产的 AEE 无人机系统首次启用,成功航拍高交会开幕式,并帮助深圳交警部门实时监控会展中心周边路况。2013 年第 15 届高交会期间,帮助深圳交警对高交会现场周边道路进行

航拍监控，保障重点区域的交通顺畅，实现对路面的实时监控，并及时发现各类交通违法行为。2013年清明节期间协同深圳市森林消防支队执行森林安全监控任务，从高空侦查火灾隐患，排查违法违纪现象，实时将画面传输到控制指挥中心，成功将无人机系统应用到森林防火领域。2013年4月20日四川省雅安地震发生后，深圳一电科技立即携带自主研发生产的AEE无人机系统F50，深入重灾区开展侦查、搜救、航拍工作，高效配合有关部门开展救援工作，实时为新闻媒体提供最新的航拍视频资料。2014年和2015年的春运期间，深圳交警启用AEE无人机系统监控路况，疏导交通并辅助交警执法，减少因机动车违法行为带来的高速路拥堵。AEE无人机系统F50参与执行某部门大型演练航拍任务，从空中立体、全方位再现演练的壮观场面，为日常训练提供重要的参照资料，并为实战应用奠定了坚实的基础。

六、深圳市科比特航空科技有限公司

（一）主要机型

1. 猎鹰P8无人机

猎鹰P8无人机（图1.18）属于公安警用八旋翼无人机，具备精准GPS悬停、匀速巡航、指点飞行、航行规划等功能，大功率高效盘式电机可保障长达45 min的作业时间，并且其机身达到“三防”作业要求，适用于高空巡航监控等领域。

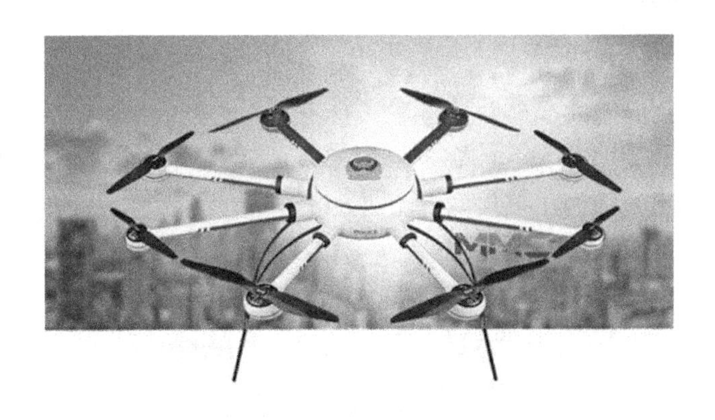

图1.18　猎鹰P8无人机（图来源于网络）

2. 猎鹰P4无人机

猎鹰P4无人机（图1.19）整机拥有“三防”作业性能，拥有精准GPS悬停、匀速巡航、指点飞行、航行规划等功能，可在火场、高温或有毒气体等复杂环境下工作。

图 1.19　猎鹰 P4 无人机(图来源于网络)

(二) 应用实例

2015 年广东省深圳市山体滑坡事件发生后，科比特航空立即携带猎鹰 P6 无人机赶赴现场，参与辅助救援工作。2016 年科比特航空与南京市公安局玄武分局正式签约，成立国内首个警务无人机联合实验室。

七、中航天信(北京)航空科技有限公司

(一) 主要机型

“勇士”系列 TJ6600A 型六旋翼警用无人机(图 1.20)，是为公安机关“量身定制”的一款产品，其亮点就在于能够快速部署，2 min 内实现升空准备、5 min 内完成整机换装、30～40 min 实力续航，同时还能够搭载团队研发的有毒有害气体预警监测系统或大比例尺低空航测系统。

图 1.20　“勇士”系列 TJ6600A 型六旋翼警用无人机

(二) 应用实例

中航天信拥有一套完整的智能警用无人机全集成化应急系统,包括:搭载无人机的专用警车、无人侦察机、无人通信中继机、无人机信号地面接收站、数据传输处理系统、无人机操控台、地面站监控台以及无人机专用通信设备。全部设备可以集成到一辆警车中随时可以对突发警情快速做出反应。

第六节　无人机的警务实战应用

当前,犯罪分子作案手段出现了向多样化、高科技化等方面发展的趋势,给我国公安工作带来严峻的挑战。而我国公安机关存在着警力配备不足、警用装备技术含量低、多警种协同作战能力弱等诸多问题,无人机的使用可以在公安的多个领域完成“不可能完成的任务”。合理配置警力资源,提升警用装备质量和科技含量,加强公安机关对突发事件的快速反应能力已迫在眉睫。无人机的警务应用大大提升了警用装备的现代化水平,是对警用装备的有力补充,也是现代警务发展的必然趋势。无人机日益在警务实战中大显身手,广泛参与并执行处突维稳、日常监控安防、空中侦查、消防灭火、交通管理等重要任务,尤其是在大型活动安保方面,已是一种必不可少的警用装备。无人机的多功能性使无人机逐渐成为警用装备领域的佼佼者,从而进一步推动我国公安机关的信息化建设进程。警用无人机是利用无线电遥控设备和自备程序控制的无人机。它能执行警用任务,能够在各应用领域中逐渐替代有人驾驶飞机、多旋翼机等。其易操纵、高度灵活、机动性强的特点,是公安机关看中的优点,但决定其在警务工作中大放异彩的还是它的多任务配置与指挥决策合理结合的特点。现代无人机多采用标准化和模块化设计,可根据任务需要安装或搭载不同设备,具备不同功能作用,战术使用十分灵活。例如,美国“全球鹰”无人机通过安装合成孔径雷达和光电/红外传感器,即可作为侦查平台,提供战场情报支援。这就增大了空情研判和指挥决策难度,如果打击敌诱饵机就会浪费弹药,打击敌无人电子侦察机就可能暴露雷达技术参数等,特别是当敌我识别系统受到干扰时,仅通过雷达信号或外观特征几乎无法分辨目标性质和类型,一旦空中出现大批量无人机,对目标的敌我识别和威胁程度判断就更加困难,严重影响指挥员决策。无人机在执行一些特殊情况下的警务工作中比人力更加有效,所以越来越受到各级警务工作者的青睐。多旋翼无人机具有的低成本、易操纵、机动性强等特点，可以在人员、车辆无法到达的复杂环境或者是高危工作现场工作，大大提高警务效率，有效降低恶劣条件下警员的伤亡率。无人机在公安各个领域应用十分广泛，在反恐处突领域主要运用于反恐行动、空中监视、目标搜录、目标跟踪、警备监视、会场安保监视等；在交通管理领域主要运用于交通监管、交通路况监测、交通违法取证、路况巡查、空中执勤等；在森林防火领域主要运用于森林防火监控、火灾事故空中侦查、山林搜救、森林救灾应急指挥等。无人机在执行任务上，其机动性、适应性、安全性、维护费用等优势显著。目前美国、德国、英国、俄罗斯等 30 多个国家拥有数百种型号无人机。无人机起飞降落受场地限制较小、稳定性高、安全性强，并具有机动快速、小型轻便、使用维护简单等技术特点。

无人机在对车、人无法到达地带的案件现场勘查、环境监测、灾情检测及救援指挥等警务实战决策中的功能日趋突显。公安机关的出警时间，往往受到距离、交通、地理、天气等空间环境因素影响，地面的交通工具也有局限性，警用无人机的使用能帮助警方有效解决这些问题。伴随着公安辖区地域广、人员多、地形复杂等特点，在一些突发案(事)件或紧急状况下，基于现实变化快、数据更新不及时等原因，想立即得到现场的准确基础数据是不容易的，而无人机能够做到。保卫国家安全，维护社会治安秩序，首先就是要对各类案件和突发情况做出快速高效的反应，缩短警方抵达犯罪现场的时间是提升办案效率的关键。无论是遏阻犯罪、抢救生命，还是及时追逃，减少和挽回人民群众的损失，争分夺秒都是关键。然而，即便在通信网络发达、交通发达的现代社会，地理障碍和信息阻碍依然制约着警方的办案效率。无人机的加入，势必能够解决这些问题。

一、警用无人机的主要特点

利用无人机承载的高清晰度摄像头，航拍飞行器可以在警务活动中进行不间断的画面拍摄，获取宏观角度的现场影像资料，并将其传回到地面操作人员的通信设备中。对于警务活动所面临的各种情况，如恐怖袭击事件、突发灾害事故、群体性涉稳事件、案件的勘查追踪等，可迅速达到现场实时影音画面传输的目的，使指挥者据此进行科学决策与判断。警用无人机作为公安机关工作的技术手段和支撑，具有其鲜明的应用特点。

1. 对突发事件能快速做出反应

无人机质量轻，方便携带，能随时起降，具备现场快速展开能力。警务工作一个突出的特性就是突发性、不确定性，这种特性要求相关警力必须能够快速反应、快速处置，所谓兵贵神速，要抓住稍纵即逝的战机，迅速制胜，所以警用无人机必须具备快速展开能力，在数分钟内完成准备，迅速升空执行相关任务。

2. 实时采集现场的信息

配置图像采集和传输系统，可实现空中存储和实时回传两种模式。前者通过无人机空中采集地面现场信息，待无人机返航后下载视频进行分析，后者直接通过无线传输装置，把视频数据传输到指挥中心，能够使决策者掌握最新消息，进而做出准确分析和决策。

3. 跟踪事态发展趋势

无人机可导航到指定地点，定点巡航，保证能不间断地跟进事态的发展。公安系统战线长、任务广，警种不同，警务工作需求也不同，警用无人机作为警务装备必须具有多种任务平台、多种任务挂载，具有模块化、集成化、通用化的特点，适应公安机关多警种、多警务的点、线、面、维全方位需求。

4. 能够快速恢复通信网络

在因突发情况出现公共网络阻断的情况下，可利用无人机携带的传输设备和通信设备，获取或向现场群众传递有关消息，引导群众配合警察做出动作。

5. 具有较好的隐蔽能力

在警务工作中，经常会执行侦查、跟踪、抓捕等任务。执行此类任务时，最重要的一点就是隐蔽，不可轻易暴露目标，引起嫌疑人的警觉。警用无人机必须具备隐蔽执行任务的能力，在降噪、低可视性方面要满足任务需要，其动力、桨叶、外观均采用特殊设计，以达到隐蔽性要求。

6. 安全可靠性高

警用无人机属于专业级无人机，与消费级无人机相比，专业警用无人机系统在安全可靠性等方面要求更高。警用无人机要通过高低温测试、耐腐蚀测试、最大续航时间测试、最大载荷能力测试、最大飞行速度测试、持续工作可靠性测试、手控操作稳定性测试、防水（雨）测试等多项极限条件测试，方可定型。同时，在数据安全性、通信链路保密性方面，均按照工业级甚至是军工级标准执行，远非普通玩具级、消费级产品可比。

二、警用无人机的实战应用

新技术的使用不仅仅是社会生产活动的必然趋势，也是加强警方战斗力的根本保证。近年来，我国公安机关也开始加速普及和装备无人机用于巡视执法和反恐处突，极大地提升了反应速度和办案效率。维护人民群众的生命财产安全和社会法制与安定，首先就是要对各类案件和突发情况做出快反应。以高分通过公安部国家安全与警用电子产品质量检测的紫燕无人直升机为例，最高速度 145 km/h，巡航速度 110 km/h，从起飞赶到距离 10 km 外的案发地点仅需 5 min，而且紫燕无人直升机能在 −40～60 ℃的环境中，在高海拔、高湿、高盐、大风(7 级)和雨雪天气等极端不利自然条件下顺利执行任务。可见，在地面警力无法迅速抵达和反应的地区，无人机都能快速到达现场，执行对现场警情的侦查、拍摄、识别、跟踪和一定程度的犯罪慑阻、抓捕任务，同时也能快速到达现场遂行救助任务，比如空投急需的药物和补给、绳索和救生圈等。使用无人机，不仅可以大幅降低出警成本，而且可以及时执行大范围的搜索和侦测任务，避免大规模警力的浪费。比如在建筑或林木密集、夜晚和大雾等可见度低的环境中，可以迅速派出挂载红外探测装置的无人机搜索现场和定位，并对目标持续跟踪监视，引导后续赶来的警员。无人机能够针对不同警种警务，衔接其应用的侧重点，产生巨大的作用。

1. 在刑侦方面迅速到达现场，即时获取信息

与地面警力侦查相比，无人机在空中侦查具有与生俱来的视野优势；与地面监控的死板、不方便转向相比，无人机可以快速寻找锁定嫌犯并且不易跟丢；比起地面监控跟踪需要不停切换监控设备，无人机拍摄的画面可以通过无线电等设备实时跟踪传输，更加方便指挥部部署警力围堵追捕。2016 年 8 月 20 日，河北省沙河市公安局刑警市区中队警员在衡水市饶阳县东尹村东部玉米地应用无人机 RF2000(外挂图像增稳器和 6 台高清摄像机)搜索被盗的 3 辆丰田越野车，起落一次用时约 1 h，在短时间内成功找到被盗车辆，为群众挽回经济损失 217 万元，赢得了群众的称赞。本案中，正是由于无人机的大胆应用，大大缩短了破案时间，提高了搜索效率，节约了办案成本。并且整个办案和搜索过程，没有造成任何人员伤亡和财产损失。案件的及时侦破和 3 辆丰田越野车被成功追回，极大地震慑了犯罪，鼓舞了警心和民心，办案警员受到了上级领导的称赞和社会各界的广泛好评。

无人机航拍，由于其飞行优势，相较于传统车辆或人力等地面方式，可更为迅速地到达事发现场，且到达现场的过程中，可以避免如交通拥堵、道路因意外情况中断等阻碍情况。此外，无人机可以迅速地到达现场以获取即时信息，对于警务活动中的先行信息获取、现场状况评估乃至后续行动的策略采取等方面都有着增益的作用。无人机可最大限度地不受地形、障碍物和交通拥挤等情况的制约，可在第一时间到达任务现场，对不同目标实施跟踪，其机动灵活的优势十分明显。比如，无人机采集的现场数据，可实时传至公安指挥中心，为正确判断事件发展态势，以及领导决策提供及时有效的信息。又如，大疆系列无人机，从准备调试到起飞执行任务最慢需要 10 min，可以通过平时的多点数据采集，更多地对地理环境信息进行记忆，以便到达任务点更快地执行任务，通过先前调试准备以及地理信息记忆，最快可在 5 min 内起飞。

2. 在交通管理方面提供巡航路段车流量图像

无人机不仅可以及时为交管部门提供巡航路段车流量图像，为交管部门及时疏导车流提供重要信息，保障交通畅通无阻，而且可以迅速抵达交通事故现场，精确记录事故现场状态并绘制现场模拟 3 D 图像，记录人员受伤情况，搜集车辆和道路设施损失状况并记录在案。另外无人机还可以停留在事故道路处，挂载合适配件充当“空中电子交警”，疏散交通事故周围车辆人群，疏导车辆分流，保持事故道路及周边路段畅通。2016 年 5 月至 12 月，陕西省西安市公安局特警支队警航大队出动 3 台小型无人机，组成 3 个小分队，分别在早、中、晚高峰时段对全市易发生拥堵的 68 个十字路口和路段进行长达 7 个月的空中侦查，对不同季节，学生上学与放假不同时间段，同一路口拥堵形成的原因进行全方位、多角度的视频拍摄，建立动态视频大数据库，供交通专家进行分析研究。整个任务历时 7 个月，共飞行 200 h 37 min，拍摄原始视频 1.3 TB，完整记录了各个拥堵路段的拥堵成因。由于无人机在相对高度 50～100 m 的空中利用高清摄像头拍摄的视频是对畅通到拥堵的全过程、全角度的真实记录，比安装在十字路口上的低空固定摄像头有更全面直观的视觉，让专家对造成拥堵原因了解得更透彻，深受交管部门的喜爱。西安市交通管理局经过对航拍的 68 个十字路口 1.3 TB 的原始素材进行长时间的分析研究之后，结合辖区实际与责任区交警大队共同找出影响西安交通拥堵的原因共 15 项，开出每个路口缓堵保畅的精准“治疗药方”21 个。经过近半年的努力，收到了意想不到的效果，在每天新增数百辆机动车的情况下，高峰时段拥堵事件明显减少，拥堵时间大幅缩短,群众满意度上升了 40%,受到省市领导的高度赞扬。

3. 在大型安保行动中能够有效规避障碍物

在大型安保行动、大型集会等场合,地面巡查不但效率低,还需要大量警力资源配合,并且容易因人工检测疏忽、地形复杂、道路网复杂而受到限制。小型警用无人机在城市安保活动中能够有效规避障碍物。无人机大部分使用电力系统驱动,发动机产生的噪声小,不影响活动正常进行。第 35 届中国洛阳牡丹文化节,累计接待游客约 1 700 万人次。为有效应对复杂安保形势带来的众多挑战,警务航空队提前着手准备,在牡丹文化节开幕前即开展工作,出动警用无人机飞行 50 多架次,航拍照片 2 000 多张,对市区内各大景点、牡丹观赏园区和重点路段进行航拍摄影,通过后期合成全景图和景区正摄影像图 16 张,并以防水布彩色打印出成套的"洛阳市公安局安保专用航拍图"呈送洛阳市公安局主要领导和安保指挥部及一线实战单位,为部署安保任务、指挥决策和现场处置工作提供全新的空中视角。牡丹文化节期间举办了开幕式和多场大型演唱会,警务航空队首次携带无人机参加各项安保行动,向地面移动控制中心、现场指挥部提供实时的空中图像传输。在安保行动中,警用无人机随时待命准备升空,对安保现场周边的道路通行情况、现场入口人流情况进行实时监控、实时传输,成为洛阳市公安局一支至关重要的新生安保力量。

4. 在处理群体性事件中辅助有关部门进行现场处理

在突发事件中,民警操纵无人机从空中掌控全局,将现场实时情况、数据和事件相关情报及时传递给后方指挥中心,通过指挥中心统一进行应急处置,调度人员进行救援、增援行动,辅助有关部门进行现场处理,并且及时向上一级部门汇报事件发展态势和实时处理进展。2016 年 5 月 9 日,广西壮族自治区东兴市江平镇班埃村发生一起涉警事件。横江边境检查站一辆警车因执法过程中与村民发生冲突被村民阻拦并掀翻在村道旁,现场有大量村民围堵,声称不给个说法就不能把车拖走。事件发生后,公安局领导决定派遣情报大队无人机中队赴事发现场周边开展超视距侦查。接到指令后,无人机中队民警携带装备到达距离事件现场 5 km 以外的一处制高点,以不惊扰村民的方式通过机载 10 倍变焦摄像头开展高空侦查,并将实时画面回传地面站,供领导指挥决策。通过超视距侦查,在不惊扰事发现场群众的基础上获得现场图像信息,掌握了事发地点集结村民人数、位置,道路交通情况等,为领导决策提供了有效保障,为处置事件达到了减少损失、缩短时间的目的。

5. 最佳角度切入，稳定信息传输

相对于人力实地拍摄，无人机现场航拍能够代替民警在危险区域执行任务，代替人力在气候恶劣条件下工作，能使航拍器在执行任务时自由选择最佳的拍摄位置与拍摄角度，全面获取影像信息。在占据了先行迅速到达现场的优势以后，在空中进行信息获取作业的航拍飞行器能够更灵活地根据警务人员的实际需求，选取现场附近建筑物顶部、现场正上方等位置中最适合观测的角度进行影像拍摄。并且在相对远离地面进行影像拍摄作业的情况下，航拍飞行器能够不受现场意外情况的干扰，向后方指挥人员传输稳定清晰的影像资料，有利于指挥人员做出妥当全面的决策。

6. 适应恶劣现场，降低伤亡风险

航拍飞行器质量轻、尺寸小的特点，在提高其机动性的同时，也赋予了航拍飞行器对工作环境极强的适应能力，方便简单的起降条件、能适应相对恶劣的天气环境以及较为合理的电源燃料的使用，这些都使得航拍飞行器在对各类警务活动进行前期的现场勘查或是在混乱的案件现场进行探查的过程当中可以比人力手动勘查更为安全，充分降低在警务活动中突发事件造成警务人员伤亡的风险。更重要的是，在一些危险的灾难现场，直接用警用无人机进行空中监控，可以尽量避免救援人员伤亡。在一些救援人员无法快速到达的救援现场，如悬崖、涨水的河滩、着火的高楼、易燃易爆火灾现场，警用无人机可以快速部署，快速实施救援，争取宝贵的救援时间，并保证救援人员安全。在一些大规模的事故或人员聚集现场，警用无人机可以高空监控整体人员部署情况，为指挥人员提供实时有效的决策信息。在一些重大灾难或恐怖袭击处理现场，顶尖的如 TOP 系列多轴警用无人机可以携带生命探测仪、热源探测仪等仪器，从空中对现场进行快速探测处理，为救援赢得宝贵时间，为受救者提供更多的生存可能。对于火灾现场，警用无人机可以在空中进行火场监控，更容易监控新发火点和复燃火点，为现场指挥员快速提供信息。无人机的独特作用，必须遵循一定专业特点和规律，必须树立系统的管理理念，以实现其特定的目标。

无人机还广泛应用于消防防火灭火、边防警务等方面。

三、警用无人机的现状分析

从使用情况看，警用无人机在安全保卫、交通管理、应急处突、边防缉私、抢险救灾、巡逻防范等方面皆有应用，但从实际建设和使用情况看，还存在一些不合理、不规范的情况，不敢用、不能用、不会用的问题突出。

1. 警用无人机的发展现状及存在的问题

从我国当前的情况看，使用警用无人机存在理论认识不到位的问题。无人机作为一项新兴事物，公安机关接受程度不高、使用技术尚未普及、警务飞行操控人才匮乏、缺少系统人员培训、缺少系统管理制度等问题制约了无人机警务应用，同时无人机作为使用设备，在使用过程中，由于操作人员技术熟练程度不够等因素，容易导致无人机摔落损坏，维护问题和维护成本问题也需要积极探索。

(1) 我国警用无人机应用现状分析

从无人机技术发展的角度来看，我国研制使用无人机的历史已有 60 多年，无人机研究在机体设计、飞行控制、综合导航、传感技术、图像传输等方面积累了丰富的经验，具备丰富的技术储备和扎实的技术基础。最近几年来，无人机技术发展迅猛，新型军用、民用无人机装备相继研制成功，无人机技术由单一的军用逐渐转为军用民用共同发展，并且逐步打开了国际市场。据 2015 年统计，我国警用航空机队(图 1.21)任务覆盖面不足 10%，公安部希望未设立警用航空专业部门的省市公安机关能逐步建立警用航空机队，并且实现其管理功能。很快，到 2016 年底，全国已有近 30 个省、自治区、直辖市的公安机关，147 个实战单位，配备了近 800 架(套)警用无人机，并且各地公安机关仍然在大力发展警用航空力量。从省级公安机关至基层公安分局(包括一些派出所)，都分别组建警用航空机队。

图 1.21　警用航空机队

(2) 无人机警务应用的不足

目前，我国警务工作中使用的大多是微型多旋翼无人机，少数公安机关配备了固定翼无人机及油动直升机。警用无人机的价值能否体现，关键看拿它来干什么。从大的方面来讲，无人机的作用主要体现在三个方面。一是利用其自身视频监控、无线图传的能力，将其作为空中的机动监控平台，服务于安保警

卫、应急处突、交通管理等任务中辅助指挥调度。这是无人机最基本的功能，也是最核心的价值。其中的关键在于视频图像与指挥调度系统的搭车并网，而一些地方领导却忽视了这一点，仍然存在一提无人机就是航拍的狭隘观点。二是利用其机动飞行能力、任务挂载能力，将其作为特定案件侦查工具、特殊任务空中载体，服务于侦查破案、抢险救援等工作需要。这是警用无人机的特殊战术价值，要在合适的任务中才能发挥应有的作用。而相当一部分基层公安领导受到企业宣传等因素影响，对这一用途过于热衷，进而花大钱采购了大量任务挂载设备，其中很多在地面本就可以完成，空中使用实无必要，导致常年难寻一用。三是利用其作为空中信息采集平台，进行航空摄影测量，获取空间地理信息，为各项公安业务提供信息支持。这是警用无人机的高阶应用模式，其所提供的三维全景影像、可精确测量的地理数据以及空间分析、视域分析等功能，对于提升公安工作的科学性、准确性有着重要价值。目前来看，由于对设备、技术、软件及信息融合都有较高的要求，因此当前能够有效开展的公安机关并不多，其深层次的三维警用地理信息的价值也未被各级公安机关所普遍认识。

第一，大多使用消费级无人机，存在采购成本高的问题。国内警方对警用无人机的需求正逐步释放，市场潜力巨大，企业及经销商纷纷抢占警用无人机市场。一台无人机售价动辄几十万，而无人机作为一套系统，除了无人机自身，还需要考虑无线通信模块的性能级别、电池的数量、显示设备、地面控制设备、备用耗材和其他辅助设备的费用，其追加投入完全可能接近无人机自身。同时，整机装备费用也较高。一般专业装备包括两架无人机（一主一备）、一套地面站接收和控制系统（实现航线设定、超视距控制、图像接收和输入）、一套自动跟踪定向系统。我国无人机的警务应用过程中，大部分省级公安机关所采用的无人机为消费级无人机，例如大疆无人机的“精灵”系列是运用最多的消费级无人机。科卫泰无人机作为一种工业级无人机，使用的单位比较少。在警务实战中，应用无人机只是加装不同模块，满足警务需求，没有专门为警务应用开发的无人机。

第二，警用无人机尚未明确行业技术标准。各地公安机关装配的无人机大都是消费级无人机，并且型号纷繁复杂。江苏、广东等地大都采用大疆“悟”“御”“精灵”系列无人机，山东部分市同样采用大疆无人机，一小部分采用科卫泰无人机，另有个别地方使用自制无人机。没有明确认定警用无人机技术标准，给警用无人机的深入应用以及警用无人机的招标、市场管理带来了安全隐患。

第三，无人机类型较为单一，存在选型不合理的问题。无人机作为一种空中飞行平台，不可避免地受到空气动力因素的制约，这就导致不同类型、不同大小的无人机都有着各自不同的特点，很难有一种无人机能够包打天下。例如，多旋翼无人机起降简便、灵活性强，但速度较慢、续航时间短、覆盖面小；固定翼无人机覆盖面大、作业距离远，但起降困难、城市环境不易使用。即便新上市的新型垂直起降固定翼无人机，仅解决了固定翼的起降问题，其根本上还是固定翼无人机。此外，对于无人机的选择，还包括了机型的大小、结构方式、任务对象等因素。因而，选购真正适合本部门、本警种业务需要的无人机至关重要。而当前受知识储备不足的困扰，很多基层公安机关并不真正了解警用无人机的行业发展，选择无人机时容易受到企业的“干扰”，经常出现采购已经落伍的无人机平台、同一型号无人机一次采购多架、误以为采购机型越大越好等问题，不仅带来了资金的浪费，而且实战效能更无从谈起。事实上，公安机关建设以无人机为主体的新型警航力量，必须要有统筹规划、任务分工，不仅配备的机型应该针对自身业务，做一些满足不同任务需要的机型搭配，而且对不同部门、不同警种配备警用无人机要有清晰的定位，究竟是具体的业务用途，还是宏观的战略用途，也就是说基层警队配备适合自身工作的机型即可，而作为市、县公安机关则应当考虑建设一支机型较全、能力较强的战略机动队，以满足重大任务的需要。我国无人机警务应用领域多使用以大疆“精灵”系列为代表的多旋翼无人机，少数部门使用类似直升机的无人机，大多数公安机关没有使用固定翼无人机。我国警务应用大多使用多旋翼无人机也是近两年来的总体趋势，此种无人机技术逐步成熟，噪声小，安全可靠，应用拓展多，深受各地公安机关喜爱。

第四，无人机在警务应用中愈发广泛，但没有形成规范的战法，存在应用不系统的问题。相当一部分公安机关对于无人机的认识停留在它是一种特种警用装备上，而缺少系统化应用的概念，应用的仅仅是“单机版”的无人机，而没有注意到其一旦与公安指挥调度信息平台互联互通，将能够起到的战略性价值。使得无人机在实战中发挥的充其量是航拍器、抛投器、喊话器的作用，只能应用在一些特定的战术领域，而其本身对于提升公安机关现场态势感知能力的战略核心价值反倒被湮没了。这种应用上的本末倒置，是对无人机资源的极大浪费。随着无人机发动机、电池等技术的发展，无人机可挂载部分越来越丰富，随之匹配的软件系统也愈发完善，应用也越来越广泛。无人机从原来的单一的录

像取证作用，逐渐演变到如今重点现场快速视频侦查、应急救援、视距外侦查、跟踪移动目标、制作现场全景图等应用，并且各地发展出有自己特色应用功能，但遗憾的是，相互间还没有交流的平台，各自为战，摸着石头过河，没能形成规范的战法。

第五，警用无人机地域发展不均衡，存在升级换代难的问题。在公安实战中，硬件性能问题比较突出。首先，无人机的抗风性和抗摔性以及电池续航时间还是相对薄弱，抗风性一般最大不超过 5 级风，续航时间一般为 20～40 min，远远不能满足警务实战需求。续航时间还不能满足实战需要，除了固定翼无人机和部分专业级的旋翼无人机可达到 1 h 或 1 h 以上，市场上旋翼无人机载荷续航时间普遍偏短。其次，对天气状况要求较高，一般消费级无人机超过 3 级风就无法满足安全起飞和降落条件，雨天更是不能飞行。专业级的无人机可在 6 级风的条件下飞行，但无法在超过 6 级风的条件下飞行，在中雨或大雨天气下无法飞行。再次，无人机一般只能在可视范围内飞行，拍摄的实时图像，从无人机到地面接收站或飞控遥控终端都是通过微波传输(微波传输的图像清晰度和稳定性较好)，由于微波的绕射性差，一旦无人机和飞控直线视距之间有建筑物遮挡，实时传输的图像会变差甚至完全中断。当前小型、微型无人机技术虽然整体上达到了一定水平，但核心技术的快速更新换代，周边技术的吸纳和延伸，以及军用转民用技术的逐步推进，都使得无人机更新换代很快。除了航空技术本身发展较快以外，信息不对称，对老旧平台的认识不到位，都迟滞了已有无人机的技术升级，如不及时进行跟进升级，便会迅速落后，个别甚至出现大投入采购旧技术的现象。山东、江苏等地经济发展较快，公安机关不光重视无人机的警务应用，也抱着积极探索的精神将无人机用于实战。所以这些地方的公安机关一般都拥有几架不同型号的无人机以满足不同的警务任务需求，能够参加无人机大赛预设的全部项目，更有部分公安机关能够进行创新，拓展无人机警务应用。有的地方公安机关由于种种原因并没有配备无人机用于警务实战。

第六，部分公安院校正积极开设无人机课程，但没有学科支撑，缺少专业基础，存在力量建设不系统的问题。无人机的实战应用，不单是采购了昂贵的无人机就能完成的，操作人员技术的好坏、维护保养是否到位、辅助设备是否齐备、任务制定是否科学等，都决定了警用无人机“能不能用”“好不好用”。这一问题，实际上并不为各级领导所真正了解，不少地方存在着买了无人机就是“万能的”的认识，并没有在建立专业队伍建设、规范管理使用、强化飞行培训、开展合成作战等方面下功夫，操作无人机的人员仅仅定位于飞手的层面，没有打造专业的团队来使用、管理、研究无人机，很多基层指挥员不了解无人机更不会在实战中应用无人机，导致大量重金采购回来的无人机处于闲置状态，发挥最多的是装备展示的作用。而实际上，警用无人机实效的发挥要靠完善的无人机体系来支撑，包括科学的机型配备、精干的飞行团队、规范的管理维护、合理的任务分工、科学的技战用法等方面，只有具备这些因素才能保证无人机能够可用、好用、管用。公安院校正逐步加强对这一新兴技术的研究，有的院校已开设或准备开设警用无人机课程，并积极与企业合作，开展技术研究与实战应用更好地融合。公安院校对无人机的重视将不断给各地公安机关输送专业性人才，壮大地方公安警用航空的力量，使警用无人机更好地服务于实战。与此同时，困扰学院发展的最大瓶颈来自现阶段没有有力的学科支撑，学生普遍缺乏专业基础。

四、警用无人机实战对策

警用无人机是民用无人机技术的行业应用，企业早期生产的警用无人机产品，大多数是从民用机型改造而来，缺少专门针对警用需要的全新设计，这一状况在近一两年有所改善，出现了一批具有较强设计能力的警用无人机企业。但从全国范围来看，相当一部分公安机关对无人机技术现状没有充分了解，迷失在商家夸大其词和眼花缭乱的参数中，往往被企业牵着鼻子走，经常是花钱买了复杂而不实用的功能模块，不仅增加了冗余质量，而且限制了最基本的飞行能力，经不起实战的检验。我们应当加强专业力量建设，加强实战机制建设，加强保障体系建设。

1. 加强专业力量建设

专业的人员、设备和技术是发展警用无人机的前提。其中，人员是根本、设备是基础、技术是关键，这几个方面缺一不可。一是组建专门的警航力量。作为社会治安防控和应急处突的“主力军”，在特巡警部门建设发展无人机队，有利于融入实战、服务全局。我们应当按照“建在特巡、用在各地、服务全局”的基本思路，在基层特巡警大队布建无人机分队，负责各自辖区和特定职能范围内的常规飞行任务；在特巡警支队组建无人机专业团队，负责对全市特巡警无人机工作予以指导，并承担全市范围内更高规格、更大难度的飞行作业任务，各持机单位都至少拥有 2 名以上的主、副飞手。二是构建科学的装备体系。多旋翼

无人机垂直起降、灵活机动，适合城市复杂建筑环境下局部精准作业，固定翼无人机起降条件高、技术难度大，却有旋翼型无人机所不具备的远距离、大范围、长航时作业能力。本着“分级建设、分类应用”的基本思路，在基层特巡警大队重点发展小型和微型、多用途多旋翼无人机，重在侦查取证、空中巡逻等简易、常规应用；在特巡警支队除发展多用途旋翼型无人机以外，还要重点发展执行航空摄影测量任务的多旋翼无人机和执行战略性侦查及大范围航测任务的固定翼无人机，通过机型的高低搭配、互有侧重，建立起选型合理、搭配得当、功能齐备的无人机体系，最大限度地满足多样化的实战任务需要。三是掌握过硬的专业技术。无人机的警务实战应用就是借助飞行平台来实现不同的战略、战术任务目的，仅仅掌握基本的飞行操控能力是不够的。因此，我们应当掌握四种能力。首先是智能飞行控制能力，即借助地面控制站软件实现规划航线自主飞行、超视距飞行，以完成目视范围内手动操控所无法完成的动作；其次是视频图像合成应用能力，即利用机载摄像及无线图传装置将现场影像信息实时传输至远端，并入各级指挥平台、辅助指挥决策；再次是地理信息采集能力，即通过航空摄影测量技术获得特定区域三维数据信息，为警务活动提供局部覆盖、立体精确的警用地理信息支持；最后是战术模块配套能力，即通过搭载热成像相机、危化品检测仪器等传感器模块及挂载、抛投、照明、喊话等装置，实现特定的战术目的。这些能力的具备，为有效完成各种实战任务奠定了坚实基础。鼓励公安院校培养警用无人机人才。目前公安队伍中，经过专门的无人机训练并考取民用无人机驾驶员合格证的人为数不多。随着警用无人机的合法化，公安队伍的飞手也必须进行资格考试，成为一名合法的无人机驾驶员。公安院校学生在学校有更多的时间考取此类证书，而且有较强的法律素养和执法规范化意识，在操纵警用无人机时更为谨慎更符合规范。公安院校参与对警用无人机的研究有助于提高警用无人机的科研水平，从而进一步提高警用无人机的科技含量。

2. 加强实战机制建设

无人机只有与警务实战紧密结合，才能真正形成战斗力。在这个问题上，首先是各方应当通力合作，扩大警用无人机行业规模的发展。地方公安机关具有无人机实战操作经验，无人机厂商可以提供整套解决方案，研究院可以提供最尖端的技术，公安院校可以提供人才并对无人机实战经验进行总结或进行实战拓展性研究。将各方的积极性都调动起来，提高警用无人机整个行业技术水平是完全可以办到的。其次警用无人机的市场潜力巨大,有了统一的行业技术标准之后公安系统与厂商定制无人机型,再由地方公安机关按需统一采购。这样可以减少定制成本,降低企业生产成本,降低后期维护费用,扩大公安机关中工业级无人机的占比。

在一系列实战应用中,应当建立六种主要的应用模式。一是辅助应急指挥。运用空中优势避开复杂地面环境,快速抵达灾害事故、突发事件中心区域,将现场影像传送至地面指挥中心,为指挥决策提供实时、准确、全面的信息支持。2014 年 5 月 29 日,山东省威海市发生建市以来最严重的山林火灾,无人机先后起飞 10 余架次,在千米高空采集回传林场影像 300 余分钟,贯穿救援工作的各个关键节点,为指挥部现场决策部署、调配力量提供了重要参考。二是立体监控取证。在复杂激烈的群体性事件现场,空中动态采集固定证据,是对传统取证手段的有效补充,为依法打击处理不法人员提供证据支持。2014 年初威海市某韩资造船厂因效益不佳停产停工,400 余名职工徒步 20 余千米到市政府上访,在途经的多处路面监控"盲区",无人机协同车载监控搭建起临时、移动监控体系,有效记录了上访人员堵塞交通等违法行为。在这方面,无人机还可以参与处置涉军人员、出租车司机等重点群体大规模上访及突发事件,配合打击处理违法人员。三是空中巡航备勤。通过空地一体、实时对接,对传统"平面化"的勤务方式进行"立体化"升级改造,提高大型活动安保、重点部位巡逻、交通高峰疏导等工作质效。在"2014 韩国仁川亚运会火炬传递威海站""2014 威海国际铁人三项世界锦标赛""2015 威海国际沙滩音乐节"等 10 余次大型活动安保工作中,无人机作为指挥部直接领导的机动力量,在排查高处安全隐患、应对突发紧急情况、实施人车流量控制等方面都取得良好效果,极大提高了指挥员掌控整体局势、应对突发状况的能力。四是航空摄影测量。对特定区域展开高空航测作业,采集图像和地理数据信息,制作三维数字模型,将现场环境准确复原到各级指挥员面前,为地震、爆炸、坍塌、滑坡等灾害事故处置,村庄、棚户区等复杂环境案件侦查,以及重要安保警卫任务部署布控,提供卫星定位等地理信息平台难以实现的三维立体、超高精度、可以计量的数据信息。五是特定侦查搜索。利用高清摄像、红外热感等设备,对海面、山涧、岛礁等人员不易靠近的地方或野外开阔地带,以及危化品、易燃易爆物质泄漏现场进行检查搜索,满足侦查破案、搜索救援、消防灭火、缉私缉毒等工作需要,在提升工作效率、减少警力投放、降低意外风险等方面效果明显。六是其他战术用途。利用无人机

自身及搭载设备,实现其他战术用途。比如在看守所、拘留所搬迁任务中,无人机配合监管部门对在押人员出、入所关键环节实施全过程监控,填补了固有监控的空缺。另外,将无人机部署在冲锋车上,定点备勤、快速反应,画面实时回传指挥中心,有效提高反应和处置能力。

3. 加强保障体系建设

保障体系的建设包括多个方面。一是注重系统培训。只有经过系统培训和长期训练,才能保证飞行安全和任务质量。应当坚持"优中选优、差额培养"的办法,通常每架无人机选拔 4 名左右的队员进行不少于两周的脱产培训,内容涵盖基础理论、模拟操作、实机飞行、维修保养、实战应用五个方面,择优选出 1 名主飞手和 1 至 2 名副飞手,并定期组织各单位人员交流研讨、专题培训和比武竞技,提高特巡警系统无人机操作整体水平。二是狠抓运维管理。鉴于无人机设备的精密性、技术的专业性和飞行的风险性,应当制定严格的审批负责制,除日常训练飞行外,严格把控飞行任务,杜绝"私飞"问题发生;严格落实专人管理、专人维护、专人操作的要求,加强设备的日常保养维护,实行出库检查、飞前检查、落地检查"三查"制度,对报检维修的无人机通过黑匣子倒查飞行数据,对违规操作的予以通报批评甚至取消飞行资格;严格执行飞行安全管理规范的同时,着眼实战任务未知性,积极联合保险公司对无人机机损和第三者伤害给予承保,最大限度地降低公安机关承担风险。三是强化快速反应。从设备、人员、预案三个方面加强快速反应能力建设,为多旋翼无人机设计了快速拔插结构,有力提高了设备的易用性、便携性,使其能够更好地随警作战;对无人机操作员实行战备轮值,保证设备、电池状态良好,配备专门车辆,确保随用随走;坚持预案在先、介入在前,制定针对不同任务类型的处置预案,提前对车站、码头、市政广场、会展中心等重点目标建模立档,提前熟悉适应场地环境和任务要求,合理规划设计起降点和飞行航线,确保各项工作能够以最快的速度有条不紊地开展。四是加强合成作战。只有与警务实战真正融合,无人机才能最大限度地发挥其价值。一方面加强与上级指挥机构有效互联,借助 4G 图传把无人机图像接入公安视频网络,使其成为"天网"视频监控体系的灵活"触手",最大限度地辅助各级领导指挥决策;另一方面加强与基层实战紧密结合,深化"无人机+"的理念,对传统勤务方式方法加以改造,对各级指挥员进行专门培训,使其对无人机的用法用途建立清晰认识,在制定任务方案时科学、合理使用无人机,不断研究总结空地协同战术,借助无人机平台实现警务效能的倍增效应。五是坚持科研创新。无人机技术目前正处于前所未有的快速发展期,加强学习研究和自主创新,是公安机关掌握前沿技术、摆脱企业依赖、深化实战应用的必由之路。针对多旋翼无人机续航时间短、固定翼无人机起降难度大的问题,自主设计能够垂直起降的固定翼无人机,从而整合两方面优势更好地适应实战需要。此外,针对民间无人机“黑飞”这一突出问题,为了有效堵塞安全保卫工作的空中“漏洞”,可以通过微波干扰对非法无人机实施有效拦截,从而在空中攻防战中做到攻防兼备、掌握主动权。

4. 加快制定警用无人机行业技术标准

目前我国并没有对警用无人机行业制定技术标准,所以每次警用无人机展览上会出现五花八门的无人机展示。现在的警用无人机有研究院设计的 Z-5 无人机,也有科卫泰、零度智控等知名厂家设计制造的专业级无人机,也有跨界厂商制造的披着专业级无人机外壳实质是消费级无人机。所以说目前警用无人机市场良莠不齐,迫切需要由公安部、民航空管办等部门牵头,邀请研究院与部分有实力的厂商共同制定一套警用无人机行业技术标准,整顿市场。

5. 通过立法保障警用无人机规范执法

警用无人机与警用直升机都归属警用航空管理办公室管辖,但是警用直升机在 2003 年便合法化,成为国家航空器。警用无人机目前并没有被正式承认,服从中国民航空管办的管理,不能违反其出台的各项规定。随着无人机在警务活动中广泛应用,无人机执法取证问题日益突出。目前警用无人机所取证据基本只用于辅助佐证,真正进行直接证据采集的依然是警务人员,这便要求出台相关政策保障警用无人机取证的合法性以及约束警用无人机取证过程与结果。其次民航空管办对无人机的飞行距离、高度进行了严格的规范,如将无人机应用于警务活动肯定会与这些严格的规范产生冲突,所以必须出台单独规定适用于警用无人机。

6. 提高警用无人机使用安全性

公安机关可与警用无人机厂商合作对数据进行双向认证、完整性校验,保证数据传输通道的安全性,阻止警用无人机在数据传输过程中泄密。以大疆无人机为例,“精灵 3”“精灵 4”以及“悟”系列是运用最多的无人机型号,这几种机型的定位系统皆是基于 GPS 与视觉定位组合的定位系统,这种定位系统目前存在致命漏洞,即可通过信号干扰式 GPS 欺骗方式劫持警用无人机。这种 GPS 欺骗方式大概有如下几种方式来劫持警用无人机:首先,这几种欺骗方式

都要先发射一个强度远高于GPS信号的信号，让无人机误认为这个高强度信号是正确的GPS信号。第一种是利用无人机内置的禁飞区设置，将伪GPS信号设置在禁飞区内，欺骗无人机使其系统认为自身在禁飞区内，启动禁飞区迫降功能来完成劫持。第二种是切断无人机与其无线电控制部分的联系，迫使无人机自动返航，这时便可伪造返航点信号控制无人机的飞行地点完成对无人机的劫持。第三种便是直接修改干扰无人机当前位置的GPS信号，使无人机失去正确信号与地面位置坐标的对应，干扰无人机的正常飞行。对于这三种方式，其解决方法便是在警用无人机上采用数种不同的定位系统，不光采用GPS定位系统，还可以采用北斗定位系统代替GPS定位系统，加上基站定位等方式增强警用无人机的定位系统抗干扰能力。其次增强警用无人机专业飞手的飞行操纵能力与培训飞手如何正确应对此种突发情况，比如立即关闭GPS定位系统采用手动操控方式降落或返航。

五、警用无人机的发展前景

目前，警用无人机一般只能挂载某一功能设备，但是在实际应用中，我们需要多用途的无人机。为了提高警用无人机综合应用能力，可以同时兼顾预警、侦查、打击等用途，适应实际应用的需求，即在同一平台上安装多功能的模块，降低无人机的成本，实现一机多用，提高工作效率。随着我国经济社会的发展，无人机这一新兴装备的发展前景和趋势良好。技术进步是无人机发展的基石，技术在不断革新，无人机技术也在不断完善。一是提高动力技术。动力技术直接关系到无人机的发展。电力驱动警用多旋翼无人机的续航时间、航程、负载能力都能够得到提高，可执行的任务将更加多元化。二是提高传输系统融合。警用无人机图像传输系统与公安无线移动视频系统或4G网络融合，能够实现无人机视频传输与公安视频系统连接，实现实战指挥的统一和便捷。三是深入开发软件。无人机所配备的信息软件关系到无人机工作质量，随着当前信息技术的发展，要采取措施开发适合警务工作的无人机软件技术，不断提高无人机自动识别、跟踪目标和快速反应等能力。四是警用无人机全集成化应急系统，包括搭载无人机专用警车、无人侦察机、无人机地面站监控台，以及无人机专用通信设备，全部设备集成到一辆警车中随时应对突发警情。总而言之，未来的警务工作中无人机的加入不仅能为我们配备“天眼”功能，更是我们的亲密战友和得力助手，日新月异的科技的研发，将会使无人机更好地融入我们的警务工作中。随着技术的普及，无人机在警用领域的应用已成为未来发展的必然趋势。综合运用有线、无线、卫星、网络、视频等通信技术建设空地一体的应急通信指挥体系为指挥决策服务，发挥各类通信保障手段特别是图像信息在处置现场的客观性和实时性优势，确保随时联通将成为科技强警的必由之路。

要想使无人机发挥其价值，就必须把无人机作为一个综合系统来理解和使用。数架无人机、地面站、各种任务吊舱载荷、数据链、发射回收装置五个部分组成一套完整的无人机系统，而无人直升机系统可能更简单，不需要笨重的发射回收装置。无人机的控制稳定性和飞行可靠性、发射和回收的安全与灵活性、有效载荷都关系到任务的顺利进行，在获得可靠的硬件支持后，怎样把单独的无人机系统获取的信息融合进整个警用地理信息系统，是一个更加值得研究的方向，也是未来的发展趋势。警用地理信息系统推动着公安机关执法服务的信息化，极大提升了警察出警和破案的效率，如果把无人机空中实时采集的信息数据链接、融入警用地理信息系统，那么就让大部分地区的公安机关都获得更透明的三维信息，在侦搜追捕嫌犯和救助群众的过程中，反应更加迅速。目前，无人机平台已经日趋成熟，而相关任务载荷也越来越丰富，在执行警务支援任务的时候，除了普通的光电探测设备，还有远程喊话器、警笛警灯、探照灯、强光炫目装置、催泪弹发射吊舱、烟幕弹、网枪、麻醉发射器、轻型武器吊舱、震爆弹等威慑和杀伤载荷。这些挂载装置大大丰富和强化了无人机适应各种警情环境的能力，使无人机先锋抵达案发地的同时具有一定的犯罪震慑和打击能力。

1. 广泛应用于警务工作

尽管当前警用无人机装备体系尚不健全、建设欠缺规范、技术仍有不足，但它在警务工作中的广泛应用是大势所趋。这一过程，正在经历四个转变。一是从“个别化”向“规模化”应用的转变。不久前，无人机还是作为一种“高科技”产品出现的，为少数公安机关所采用，在警务工作中的应用是一种“创新”的体现。如今，无人机已经进入广大基层警队的视线，应用的门槛越来越低，越来越多地发挥着对基础公安业务的支撑和推动作用，这一转变是警用无人机未来持续发展的坚实基础。二是从“单一型”向“复合型”应用的转变。俗话说：“一把钥匙开一把锁。”没有哪一种无人机机型是真正万能的。现在，越来越多的基层警队领导已经认识到了这一点，对于引进无人机也不再满足于“有”的层面，而是更多地从“用”的角度考虑，构建自己的机型搭配，以满足不同任务的需要，这些有

益的尝试，有力地推动了警用无人机装备体系的完善。三是从“表层化”向“深层化”应用的转变。从开始对无人机不了解、被企业牵着鼻子走，到基层智慧不断释放、各种应用模式层出不穷，警用无人机的使用正在从基础的视频图像传输、简单的机械挂载等浅层次应用，向针对特定公安业务的定制化应用及智能侦测、智能传感等深层次应用拓展，这种来自基层的“首创”精神，是警用无人机“脱胎”于民用无人机真正走向警用的内在动力。四是从“无序型”向“有序型”应用的转变。长期以来，警用无人机的应用缺乏有效的上层指导，各地普遍存在选购盲目、管理混乱、训练不足、方向不明等突出问题，造成了一定程度的资源浪费，距离全面形成警用无人机的战斗力尚需时日。这一状况在警用无人机明确纳入公安部警航办管理后有了明显改观。近年来，在专业人才培养、技术标准制定、比武竞赛开展等方面都迈出了关键脚步，全国性统一的管理和指导，对今后警用无人机的规范化、有序化发展意义重大。根据无人机的特点，结合具体的警务活动的特点，不难看出无人机若用在警务活动中会具备诸多优势。第一，反应快速，能迅速到达现场，在制高点观测整个事态发展。第二，以最佳角度及时记录下事态发展过程，为事后处理提供最有力的证据。第三，在一些恶性暴力冲突中，直接用无人机进入混乱区域进行监控，避免人员伤亡。第四，在与歹徒的暴力对抗或者武力挟持过程中，可以零风险地了解歹徒的具体实际情况。第五，在一些包围抓捕过程中，无人直升机可以高空监控包围圈内情况，为指挥人员提供实时有效的信息。在我们的日常警务工作中，无人机的使用也能够更好地降低我们的工作难度，例如利用航拍技术进行重点地区情况摸排，重点人员监视监控，现场情况证据固定，有效地降低民警工作强度和危险性，为日常警务活动提供坚实的科技保障。目前无人机警用研究已经初见成果，在无人机下方悬挂撒网器可对地面人员实施定点抓捕；悬挂强光手电可对黑夜巡逻中的不明地点进行强光照射排查；在飞机下方悬挂打开装置并连接警用喷剂，可在发生大范围群体性事件时进行喷洒，控制现场情况；飞机下方还可悬挂机械臂，对重点危险物品进行抓取和运输等；无人机全景图像制作，可将该功能利用到日常的警务活动的案件布控、安防警卫、道路布放等工作。无人机真正投入到警务实战应用时，挑战与机遇是共存的，还有诸多的实际问题需要我们在实际运用中去解决，同样也有诸多我们所想不到的用途等待我们挖掘。

2. 大量使用新技术、新材料

警用无人机作为一种空中的警务信息和任务的载体，其效能的优化主要在两个方面：一是无人机平台自身的性能；二是平台的任务承载能力。平台自身性能的优化，主要体现在“一增一减”上，“增”的是续航能力，“减”的是质量体积。电力推进的方式使用简便、易于维护、安全可靠，是警用无人机发展的趋势，但同时也是制约无人机应用的瓶颈，尤其是警用多旋翼无人机实战效果的最大短板，这主要受制于电池行业的整体发展和无人机自身的飞行原理。如何增强警用无人机的续航能力，相关企业和一些公安机关做了很多尝试，但目前尚未有可以产业化应用的电池解决方案，今后相当一段时间里这一课题都将存在。与增加供电相对应的是减少自重和体积，警用无人机不应满足于一般民用无人机的性能，而应当在更轻便、更快速、更牢固、更持续上做得更好，除了优化结构布局、减少冗余质量以外，新型复合材料的应用也很关键，比如碳纤维一体成型的机体不仅比注塑机体更加轻量化，而且具有更大的强度，能够对内部电子设备提供更为可靠的保护，而不至于在事故中“一损俱损”；而固定翼无人机由于受空中气流影响更大，各个部位对强度的要求不一而足，因而使用复合材料根据气动布局“弹性剪裁”，无疑是降低质量、增加强度、扩展任务空间更好的选择。任务承载能力的优化，主要体现在“一硬一软”上，“硬”指的是通用挂载能力，“软”指的是信息传输及远端运算能力。警用无人机与采集、机械、传感、电子设备等在“硬件”上的结合应用，是当前无人机企业的主要发力点。从市场情况看，警用无人机越来越多地采取“模块化”的设计理念，摄像装置从常规摄像机到红外热成像仪、多光谱相机等可以并行或替换，挂载装置从简单的抛投、照明、喊话等向实时传感、电子对抗等方向发展，充分体现了“无人机＋”的理念。可以说，将来警用无人机所能起到的作用，只有想不到，没有做不到。另外，警用无人机作为空中信息采集传输终端，尽管工信部为警用无人机专门划分了通信频段，但相关通信技术仍然滞后，绝大多数警用无人机仍采用民用频段的通信设备，在数据传输的安全保密性、抗干扰能力等方面明显不足，与远端智能识别、智能侦控、智能分析等软件系统的信息交互、结合应用还有待于进一步开发。

3. 深度挖掘空间地理信息的价值

利用航空摄影测量和三维建模技术，建立三维数字城市模型，将空间地理信息与警务信息交互融合，构建三维警用地理信息平台，是“智慧警务”的重要发展方向。以往，航空摄影测量工作依赖于专业测绘机构来完成，高昂的费用阻碍了基层警队对三维空间地理信息的警务应用。随着警用无人机装备的普

及,航空摄影测量技术及建模软件使用门槛的降低,使得航空摄影测量完全可以为公安机关所掌握,服务于各项警务工作。威海市警方就利用无人机对重点安保目标、大型活动举办区域进行航测建模,制定“数字化”的安保、处突方案预案;在一些涉暴恐、涉毒案件中,对特定区域进行高空摄影测量,获取高精度正射影像及三维模型,配合案件侦办、现场抓捕等工作开展。一些地方的公安机关也在抢险救灾、视频侦查等工作中应用警用无人机进行航空摄影测量,也取得了很好的效果。这些都是有益的尝试,但应用程度还远远不够,很多深层次的价值还有待发掘。例如,将警用无人机获取的三维地理信息与警情、户籍、监控、交通等信息相关联,建立 3D PGIS(三维警用地理信息系统),进行人员、空间、监控等信息的综合关联查询,行业、场所、建筑的立体管控、火灾防控,安保、警卫、反恐等工作中的空间和视域分析,城市交通立体规划及应急管理等等,从而使警务活动与空间信息更好地融为一体。尽管航空摄影测量技术还不为公安机关所普遍了解,大范围采集、系统化应用的软硬件门槛还很高,行业和警种间的信息壁垒还很顽固,真正信息融合、全警共享、专业应用的 3D PGIS 建立还需时日,但是无人机在采集空间地理信息上的作用正越来越为各地公安机关所重视,成为警用无人机技术发展和应用价值新的增长点。

4. 无人机在警务实战中广泛应用的市场前景

警用无人机在我国警务执法和社会管理服务领域具有极大的推广价值。根据无人机的特点,结合具体的警务工作实际情况,警用无人机在空中侦查、消防救援、抢险救灾、交通管理等运用无疑是一种趋势,有着巨大的市场前景。从技术层面上看,我国研制无人机已有 60 多年的历史,无人机研究在总体设计、飞行控制、组合导航、传感器技术、图像传输等领域积累了一定经验,具备一定技术基础。从运用领域上看,无人机应用于警务工作中已经取得了不俗的实战效果。未来,无人机将广泛运用于公安、武警、消防、交通、海洋执法等各个领域。无人机“查得准、盯得住、传得快”的优势,无疑是公安机关在信息化条件下,完成打击犯罪、维护稳定、服务人民等警务工作的撒手锏。最后,无人机在技术越来越成熟的今天,如何更深入应用到警务工作的各个领域,除了无人机设备本身,更关键在于结合各警种本身业务,深度研究、定制无人机警务实战应用解决方案,开发配套软件、应用系统。随着现代科学技术的飞速发展,公安信息化的深度应用给警务工作效能提升带来了质的飞跃。在社会治安防控体系中，空地联勤的立体化巡逻防控机制是未来警务发展的大趋势。对案件和事件的及时发现、对警力和警务的精确制导、对现场和态势的实时监控、对证据固定和事态回放的独特视角、对技术侦查和网络侦控的信号捕获，无人机都是重要的辅助手段。在诸如容易发生踩踏事件的群体活动现场、人流密集的公共场所、突发案事件的控制区域等地，无人机发挥的作用必将无可替代。警用无人机的普及，能以极低的采购维护成本换来出警效率和服务能力的提升，使大部分地区的公安机关都能在有限预算内建立从二维平面到立体的三维管控，并且将警用无人机系统融入信息化的指挥决策系统，构筑包括动态数据信息要素、实时可视化信息要素、智能扫描分析的指挥决策平台，打造更加透明的出警环境，使处置现场案件时更易切中要害，也避免浪费宝贵的警力。随着无人机自动化和智能化发展，操控无人机执行任务将更加简单，风雨无阻地保持全天候的管控力和服务能力，是各地公安机关都梦寐以求的目标，新技术的使用使这一切成为可能。作为高技术武器装备之一的无人机，正在朝着信息化、精确化、科技化发展。随着电子技术的发展，无人机在性能上得到了迅速的发展，在警用领域发挥着重大的作用。

警用装备技术的发展源于实战，服务于实战，只有在警务工作中广泛应用，才能获得持续的生命力。随着公安信息化的深度应用，警用无人机已越来越多地参与到警务实战工作中，因无人机可搭载相机、摄像机、红外热像仪、扩音器、催泪弹等装备，具有拍照录像、变焦锁定、4G无线实时图像回传、悬停巡航、定点监控等功能，已在执法执勤、反恐防暴、应急救援等警务任务中发挥出巨大的作用。未来的警用无人机必然能自主飞行，遇到危险时能自主做出反应，能够按照指令自主飞行或者到达某一指定位置完成某一任务，可以同时控制多架无人机完成相同或者不同的任务。也将实现警用无人机之间的互联互通，无人机与其他电子设备之间可协同作业，警用无人机智能化会达到很高的水平。无人机运用到警务工作领域势在必行，将无人机技术与警务工作有机结合，必将在警务工作领域开辟出一片新天地。

六、警用无人机的应用要求

目前警用无人机的应用还处于摸索阶段，应用最广泛的就是航拍，要真正发挥无人机在警务工作中的作用，必须结合各种警务工作，深入研究、制定无人机应用的方案，规范操作，完善无人机应用理论知识，系统开发应用模块，促进

无人机在警务工作中的深度应用。

1. 要与公安业务系统高度融合

警用无人机必须搭载能和公安业务系统对接的应用模块和接口。目前绝大部分无人机仅作为单一的警用工具，功能有限，且孤立于公安成熟的业务系统之外，无法与其他业务系统形成有机、统一的综合系统。

2. 要功能多样化

目前绝大部分所谓的警用无人机，还处于以航拍为主的初级阶段，应用形式和应用场景非常简单。公安机关需要的警用无人机，不仅要能开展空中隐蔽侦查，还要能开展反恐处突、森林防火、应急防空、禁种铲毒、大型活动安保、群体性事件处置等多种作战任务，最好是能集“察、打、管、控、救、通”多种功能于一体。

3. 要现场展开快速化

警务工作的一个突出特点就是应对突发性、应急性，这种特点要求警用装备必须能快速拉出来，快速用得上。目前不少警用无人机的作战单元和无人机配件实现了模块化，具备可插拔功能，可实现在几分钟内快速安装和拆解。

4. 要通信传输数据链化

在各级政府里，公安是特殊部门，执行的任务很多具有隐蔽性，保密要求高，任务内容不能随意泄露。在利用无人机执行任务时，数据、通信传输必须数据链化，才能保证内容的安全。

5. 要航行时长和有效载荷警用化

由于其应用场景的特殊性，警用无人机的航行时长和有效载荷必须能适应各种作战任务。当前绝大部分无人机产品，其续航时间一般在 30 min 左右，有效载荷一般在 5 kg 以内，远不能达到公安机关对于无人机续航和载重的要求。

第二章

无人机在交通执法方面的应用

警用无人机在交通执法方面的应用，主要包括在交通拥堵高峰、交通违法查处、事故现场处理和大型警卫活动中的实际可操作应用。无人机可在上下班高峰期、重特大交通事故发生时、重大警卫活动需要时从空中掌握道路通行能力和交通秩序情况，对道路堵点、卡点快速精准预警，供交警部门分析处置，果断做出分流指令和智能管理。道路拥堵，在严重降低市民出行效率的同时，也带来严重的资源浪费。研究人员曾经根据城市平均时薪、因拥堵造成的延时及人均全年通勤次数算出了不同城市的人均拥堵损失。数据显示，北京每年因交通拥堵导致的人均成本超过 7 972 元，位列榜首。以 1 700 万人口计算，北京每月造成的经济损失高达近 113 亿元，这只是堵车经济的一个缩影。随着汽车工业的飞速发展，城市化进程的不断推进，道路交通管理工作也发生了深刻的变革，治理交通拥堵已成为交通管理的第一要务。我们现有的交通规划、管理模式与手段已远远落后于汽车工业的发展。交通拥堵的治理必须引进整体观，从整体观的角度治理交通是交通管理的发展趋势。始终坚持整体观治理交通最终可以转变“头痛医头、脚痛医脚”的被动局面。目前点对点的平面交通管理模式存在很多弊端，作为交通管理者应该转变管理理念，拓展思路，运用先进手段和力量来提高我们的管理水平。空中力量会拓宽我们的视野，是实现交通管理整体观的有效方式之一。发挥空中优势对破解交通管理中遇到的诸多难题会起到特殊功效。空中载体有很多，从起降飞行成本、便捷程度、实现目标、功能等综合因素考虑，选用无人机作为载体较为适合。无人航空器可分无人机、无人飞艇等。其中无人机用于交通管理的课题是一个综合性研究课题。

第一节　无人机用于日常交通管控

数据显示，2016 年全国共发生交通事故约 177 049 起，造成大约 51 835 人

死亡，168 285 人受伤，平均每天约 500 起交通事故。在如此频繁的出警情况下，尤其是每年的小长假和春运，人口流动量呈爆发式增长，很多地方交警都在超负荷工作。加强道路巡查，尤其是高速公路的巡查和出警效率，减少违法违规行驶和超限超载，提高道路流通性，保障出行群众的生命安全，在有限的警力和监察途径上取得成效，可以依靠无人机带来的空中支援。无人机可快速反应、全天候出动，挂载多功能载荷直接参与喊话、取证、监督和施救，可以大大缓解交警出警压力，疏通路况，减少交通违法现象。无人机可以按照预先设定的路线进行超视距自主飞行，还可以通过数传电台、无线网络实时修改飞行路线。在巡航距离相同的情况下，无人机与城市巡逻警车相比，一辆警车通过 6.5 km 的街道，一般约需要 5～12 min（遇有大面积堵塞的时间要根据具体情况计算），而无人机却只需要 2.5 min。一架无人机在同一街道上空 150 m 高度飞行，有效观察覆盖面积可达 4.65 km^2，超过警车 20 倍，空中巡视效果远高于警车。并且，在空中对实时路况的观察是巡逻车无法达到的。

一、定点、定路线巡逻有效扩大巡逻管控范围

无人机在飞行过程中通过数传电台或 4G 网络将巡逻画面实时传回指挥中心。指挥中心通过上行线路可以控制监控方向和观察细节，增强交通管理中巡逻管控的目的性和针对性，有效提升管理水平，节约人力物力。如实时观察突发事件、大型活动、重点区域、节假日景区周边等实时交通状况的变化，以及恶劣天气的交通预警等。

2016 年“十一”黄金周期间，湖北省的各条高速公路沿线、热门景区周边道路车流量明显增加。湖北省交管部门使用警用无人机进行高空巡防，助力高速交警开展巡查纠违、疏通拥堵、勘查事故现场等工作。10 月 4 日，在武当山警务车流疏导中，高警总队运用警用无人机收集的各类数据和专业软件的三维扫描、数据分析功能，提前统计景区道路、停车场承载能力，在饱和之前，启动远端分流、周边道路绕行预案，科学引导防范拥堵。在具体操作中，高警总队运用大疆“精灵 4”警用无人机、“黑鹰”(Dark Hawk)警用无人机，搭载五轴立体相机吊舱、智能双光吊舱、高空喊话吊舱、高空照明吊舱、地面全景实时摄像机，较好地完成了协助执法任务。具体包括：实时监控并跟踪路况，及时发现堵情，发现源头及严重程度，迅速调拨警力排堵；空中执法，对占用应急车道、路肩停车等严重交通违法行为以及交通事故进行处理；预设热点地区疏导预案，利用警用无

人机遥感测绘技术，预设热点地区拥堵疏导预案。仅10月1日一天，警用无人机共计起落13架次，共计飞行时长235 min(15～25 min/架次)，配合执勤民警、巡逻警车及监控探头抓拍录入占用应急车道违法行为1 300余起，提高了执法效率和震慑力度。

二、高级别交通安全保卫任务的组织

利用无人机对警卫路线周边进行实时监控，指挥中心可以通过空中传回的画面及时掌握任务的进展情况，做到交通警卫精准指挥。目前，公安机关的交通警察已经利用无人机参与执法。尤其是在处理事故现场、高速违章抓拍等方面，均有无人机的身影，而无人机还可以应用到无视频监控地段、道路路况信息反馈等方面，方便我们对路况信息的及时了解。2012年第15届高交会期间，无人机帮助深圳交警对高交会现场周边道路进行航拍监控，保障重点区域的交通顺畅，实现对路面实时监控，并及时发现各类交通违法行为。同时，利用无人机观察现场情况，及时观察现场人员数量、车辆停放、周边交通等状况，及时分析处置确保重大活动有序进行。2014年9月，为保障APEC会议期间北京周边高速安保工作，无人机对主要进京路线开展空中巡逻、空中定点监控等工作，出色完成空中巡查任务。

三、疏通路况，减少交通违法现象

交警部门应用无人机进行空中巡逻，重点抓拍占用应急车道、高速公路违法停车、倒车、故意遮挡污损号牌、随意变更车道、货车占用左侧第一车道等交通违法行为，从空中加强道路管控工作。当交通突发事件发生后，警用无人机可立刻前往到达事故现场上空，对事故现场道路实施全方位立体式监控，将现场采集的图像视频同步传输到交通指挥中心，让交通指挥中心了解当前道路交通状况，做到快速反应和处置。在发生交通事故后，警用无人机可以捕捉现场画面，协助交通管理部门掌握涉案车辆的位置，快速还原事故场景，为事故责任认定提供视频数据支持，还可以在高速公路发生拥堵或重大事故时发现拥堵路段，快速采集完整的现场信息，促进疏导工作的展开。

第二节　无人机用于流量调查

无人机能在发生重大事故现场起到快速勘查现场、快速拍照、快速记录的

作用，使交警在处理事故现场时能准确判断、快速清理现场，最大限度缓解因交通事故造成的道路拥堵，既确保现场勘查细致、全面，又做到勘查的快速、准确。同时，无人机在重点区域上空进行盘旋实时传回重点区域周边交通状况，其优点是不受地域和昼夜限制，针对大雾、雨雪、低温、冰冻等恶劣天气，无人机可开展交通路况监测、车流巡查、空中执勤等活动。

一、进行流量统计

警用无人机不仅可以还原事故现场画面，还可以疏通道路，快速排堵，更能够进行流量统计，优化交通管理。道路的畅通需要合理的规划、有效的组织。交通组织与规划首先依赖于交通流量的数据及变化规律，随着道路上交通参与者种类和密度的大幅提高，以往人工计数的调查方式已经难以奏效，尤其是针对交通流量高峰期的非机动车和行人的流量调查难度更大。目前典型的流量采集方式有预埋线圈感应式和雷达感应式两种，上述方式是针对运动中的机动车，可以测定一定时间内道路上某一点通过的汽车数量，结果较抽象且不能表述即时车辆密度。目前仍缺乏简洁、高效、直观的流量采集方式。利用无人机携带光学摄像机或合成孔径雷达用于大面积的流量调查具有覆盖面广、准确率高、直观性强、节约成本等独特优势；通过定时、定点拍摄获取相关数据，对数据进行分析可以得出流量的变化规律。

二、进行流量调查

道路交通的组织与规划，需要我们掌握交通流量的数据及其变化规律。传统的交通流量调查，用的是人工方式，通过人的肉眼观测统计交通量来反映路段的交通情况，现代的交通流量调查用传感技术。无人机携带光学摄像机或者合成口径雷达，在大面积流量调查中具有覆盖面广、准确率高、直观性强、成本低廉等优势，为交通的组织与规划奠定了基础。

第三节　无人机用于事故正摄现场图的制作

现场图是处理事故的重要依据，事故现场具有不可再生性，交警到达现场后首先要对现场进行勘查测量，手工绘制现场图才能撤除事故现场，这些环节都要耗费时间去完成，如果发生多车相撞的交通事故上述环节耗时会大大增加；特别是造成大面积交通堵塞的事故现场，交警赶到的时间会更长。受人的因素影响，手工绘制现场图的准确性难免会有出入，作为证据常常会受到质疑。

利用无人机在交通事故现场正上方进行定高拍照，通过改变飞行高度可得到各种比例现场图。这种方法的优点是全面、快速、准确，特别是大型事故现场图的获得变得简单得多，它的准确度不言而喻；作为证据具有不可替代的准确性，为后期事故的处理特别是复杂现场事故的处理提供强有力的证据保障。2015 年 1 月 30 日，山东省潍坊市公安、交警、消防、卫生等多部门联合开展的高速公路交通事故应急演练，在荣威高速公路潍坊坊子收费站处举行。一架警用无人机飞临“危险化学品泄漏起火”演练现场进行实时拍摄并传输信号。2017 年 4 月 13 日晚，麻竹高速公路广水收费站下行(109 km)发生一起三车追尾交通事故，高警总队广水大队出警。4 名交警携带 1 辆警车、1 辆事故勘查车赶赴事故现场，其中 2 名交警分别负责操作大疆 3、大疆 4Pro 警用无人机，同时配备 4K 高清摄像头、警用无人机探照灯以用于夜间执法。尽管夜间可见度不高，视域范围较窄，但交警利用事故勘查车探照灯、执法交警警车车灯、高速公路路面灯光等光源，配合警用无人机探照灯，有效克服警用无人机夜间飞行的困难，排除不利飞行的各种障碍，顺利完成现场勘查、事故救援、责任划分等工作。在具体操作中，先到达现场的 3 名交警做好警用无人机拍摄的准备和防护工作，停放车辆并打开灯光，结合地形并按规定摆放反光锥筒；1 名交警组装警用无人机，进行测试。之后，1 名交警当即统计事故现场情况并向大队指挥中心汇报，1 名交警操作警用无人机在事故区域进行警务巡航，1 名交警操作警用无人机进行事故现场勘查，1 名交警在事故警示区域向后方车辆示意减速慢行。借助地面光源和自身携带光源，警用无人机拍摄的现场图片清晰，通过专业软件 15 min 做出事故处理现场实景图和虚线图，图传指挥中心即可通过蓝牙打印机现场打印，大大缩短了事故处理时间，提高了事故救援效率。

使用警用无人机进行违法查处，抓拍车辆违法变道、占用应急车道等违章行为，将大大节约警力。无人机抓拍的画面将作为处罚依据，用以弥补高速公路区间监控的盲点，促使驾驶员遵守道路交通安全法律、法规的规定，按照操作规范安全驾驶、文明驾驶。在道路交通超负荷运转的今天，特别是流量高峰期任何的“风吹草动”都会成为交通拥堵的诱因，交通事故已经成为制约交通畅通的重要因素之一，事故现场的快速撤离已成为避免造成大面积拥堵的必要手

段，轻微事故我们可以发挥快速处理的优势来节约时间，但对于损失较大的交通事故当事人还需要保护现场等待交警处理。如遇早晚高峰期拥堵时刻或者高架路上的交通事故，交警到达现场的时间难以估计。

第四节　无人机用于交通三维建模

无人机利用低空遥感系统凭借其高机动性、灵活性和安全性，可获取多角度、高分辨率的影像，并将现场航拍照片通过电脑软件可处理成现场三维模型，对交通执法的现场情况可多角度、多方位观察。甚至可通过三维模型数据形成3D打印（三维打印），在对现场分析时，以沙盘的形式还原现场原始情况。

倾斜摄影技术是国际测绘遥感领域近年发展起来的一项高新技术，通过在同一飞行平台上搭载多台传感器从垂直、倾斜等不同角度采集影像，获取地面物体更为完整准确的信息。垂直地面角度拍摄获取的影像称为正片（一组影像），镜头朝向与地面成一定夹角拍摄获取的影像称为斜片（四组影像）。倾斜影像具有以下特点：一是反映地物周边真实情况。相对于正射影像，倾斜影像能让用户从多个角度观察地物，更加真实地反映地物的实际情况，极大地弥补了基于正射影像应用的不足。二是倾斜影像可实现单张影像量测。通过配套软件的应用，可直接基于成果影像进行包括高度、长度、面积、角度、坡度等的量测，扩展了倾斜摄影技术在行业中的应用。三是建筑物侧面纹理可采集。针对各种三维数字城市应用，利用航空摄影大规模成图的特点，加上从倾斜影像批量提取及贴纹理的方式，能够有效地降低现场三维建模成本。四是易于网络发布。倾斜影像的数据格式可采用成熟的技术快速在网络发布，实现共享应用。当无人机倾斜摄影完成后，将所拍摄照片导入 Smart3D Caputer 软件生成三维模型，就可以得到现场环境三维效果图。目前，3D打印技术已不再属于技术难题，我们可以根据现场三维数据进行3D打印，今后将重（特）大案件现场情况以沙盘的方式展现出来，从而对现场情况认识更加全面直观，分析更加透彻。

激光三维扫描系统是以无人机为载体携带新型三维激光雷达和高精度惯性测量组合以及数据解算加工单元等组成的系统。利用这一系统可形成数据获取、处理、应用分析一体化的快速遥感技术手段，其机动快速的响应能力和多视角、多类型、高精度的探测能力使遥感监测的应用面大大拓宽，用于交通可有效地解决我国当前交通管理中空间数据源严重不足、实效性不高的瓶颈问题，利用机载激光三维扫描系统对道路、路口、路段、堵点等拍摄对象进行扫描，建立拍摄对象三维模型，通过建模指导我们的道路规划、改造和管理，使交通趋于合理，对国民经济的发展和建立节约型社会有重要的促进作用。

第五节　无人机用于非现场执法的取证

无人机巡线或在路口航拍时，应当具备电子眼抓拍功能。现场薄弱的警力和车辆在一个平面上，是看不到也取证不了车流中车辆违法行为。这些常见的交通违法行为都可以利用无人机空中取证的信息，及时录入交警综合系统进行处罚，充当空中电子警察的作用，对铤而走险的驾驶员起到警示作用。利用无人机的空中优势在不影响交通的情况下进行取证，可以有效加大违法成本，从而减少违法行为的发生，保护合法者的权益。无人机用于非现场执法的社会效益，远远大于现场执法取证的社会效益。

一、针对平峰期交通违法行为取证

在无人机与指挥中心的实时监控连接后，直接自动识别车牌进入全国交通缉查布控系统（监控高清探头自动识别车牌并自动在公安网检索车辆信息，违法车辆现场报警这项技术已成熟并在基层使用，称为交通缉查布控系统）。突出的违法行为如假牌套牌、飙车、严重超载或超员、交通肇事逃逸等由指挥中心对讲系统通知路口交警依法查处，拥堵中驾驶车辆经常发生的如加塞、进入禁行区域、压双黄线行驶、逆向行驶、不分道行驶、违法停车等，这让拥堵不堪的道路更加拥堵。空中取证可以有效避免交警和当事人的正面冲突，提高执法效率，震慑违法行为，提高社会效率。在 2016 年 4 月 15 日开始的湖北省内集中整治行动中，高警总队江岸大队使用警用无人机辅助高速公路交警执法。在既定方案中，2 名带队领导将 8 名警力平均分为 4 组，每组 2 人。所有参与行动人员穿戴齐全装备，通过对讲机实时沟通，每车、人全程开启行车记录仪、执法记录仪。第一、二、三组交警在现场卡口对驾驶员进行酒精检测检查。其中，第一组开展一般违法处理；第二、三组中一人负责指挥车辆停靠，一人负责酒精检测；第四组交警驾驶一辆带行车记录仪的民用车并操控警用无人机，在收费站

处酒驾专项稽查点 200 m 附近巡防布控。若警用无人机发现有车辆疑似临检逃逸而逆行，执法交警可立即掌握车辆信息并迅速启动高速酒、毒驾应急方案。首先，交警通过警用无人机可以抓拍记载车辆类型、号牌，通知附近的收费站注意警戒，不要放行。其次，为防止车辆逃脱，执法交警可在嫌疑车辆可能经过的ETC(不停车电子收费系统)道、正常开通的车道、匝道分别布控。最后，警用无人机从现场图传影像，指挥中心可快速核查车主信息，掌握嫌疑人或嫌疑车辆的踪迹，集中统一调度指挥，预判其可能的逃跑路径，全力抓捕嫌疑人。

二、针对高峰期违法取证

高峰期动态交通违法行为极易造成交通事故，也是严重影响道路通行能力的重要因素之一。鉴于目前的道路交通状况，高峰期交通违法行为的查纠难度较大；尤其是执勤交警对高峰期影响道路通行能力的违法行为的查处进入两难境地，查纠势必添堵、不查纠受从众心理的影响类似违法行为越来越随意形成恶性循环；同时由于警力不足，类似违法行为的取证较为困难。利用无人机对阻碍道路通行的违法行为进行空中取证，既可以节约警力，还可以最大限度地提高现有道路的通行能力。

三、针对高速路交通违法行为的取证

利用无人机可在事故现场上空拍照，能够对交通事故现场图进行采集，所得正射现场图资料用于分析事故成因尤其是多车相撞的重特大交通事故优势尤为明显，其直观性、准确性效果是手工制作的事故现场图无法比拟的。道路交通违法行为的危害性与车辆行驶速度成正比，高速路上车辆行驶速度快违法行为的危害性也是有目共睹的。车辆超速、违法变道、大货车违法占道等行为已成为诱发重特大交通事故的重要原因之一。违法行为在高速公路上受客观条件的制约取证较为困难，目前个别路段也在增设卡口抓拍系统进行抓拍，由于路线太长效果不太理想。利用无人机空中取证，是打击违法行为减少高速公路违法隐患的有效手段，同时可以借助媒体宣传扩大社会影响，使违法者产生畏惧心理。

第六节　无人机用于突发事件取证

突发事件的取证是一个共性的难题。突发事件顾名思义即为突然发生的

事情，包含两层含义：一层是事件发生、发展的速度很快，出乎意料；另一层是事件难以应对，必须采取非常规方法来处理。采取何种非常规方法、何时采取是突发事件应对水平的关键所在，需要有充足的现场信息资料做支撑。某地点发生影响交通的突发事件，无人机可第一时间飞临现场，将现场情况无线传输至指挥中心，指挥中心对现场等级进行评估根据实际情况安排处置方案，做到有的放矢避免了盲目性。突发事件具有不确定性，可以是自然灾害也可以是群体事件。目前我国正处在经济社会转型期，各种矛盾凸显，群体性事件随时都可能发生。如果防控不当，对个人、组织乃至整个社会的危害将是毁灭性的。如何应对群体事件是公安机关必须面对的问题，往往也是交通管理者必须面对的问题。突发群体事件可分为可控阶段和不可控阶段，可控阶段多是当事人的正当诉求的正常宣泄；不可控阶段多是事件本身升级或者是被部分别有用心的人或利益集团所利用。群体事件的处理结果会给社会带来深远影响。由于突发事件现场取证难，以往大多对事件直接当事人进行处理而对参与者中的某些推波助澜的犯罪嫌疑人打击不够到位，因此一个事件过后的处理结果很难起到警示世人的效果。许多曾引起大面积的交通堵塞群体性事件在后期处理中普遍存在取证难的问题。由于证据原因虽然对事件当事人做了处理，但对冲击现场执勤民警的犯罪嫌疑人的处理不够全面，其主要原因还是在证据。一个群体性事件的处理应该站在社会的角度考虑，首先除对事件本身的原因进行分析处理外，更要对操纵和利用群体事件的更深层次的人员或势力进行有效打击，做到处理公正、打击准确、宣传到位才能产生良好的社会效果。这就对突发事件的取证工作提出更高的要求。我们可以发挥无人机的功效，利用它监视事件的发展过程。首先，可以为指挥中心提供现场的一手资料；其次，可以通过现场视频获取犯罪证据；再次，可以对现场的违法苗头起到震慑作用，“不战而屈人之兵”应该是预防突发性群体事件升级的有效抓手。2017 年 3 月 29 日，湖北省高警总队联合多部门开展高速公路空地联合救援演练活动，模拟汉宜高速公路仙桃段发生交通事故后，运用“有人驾驶飞机＋警用无人机”空中应急救援机制进行处置。事故发生后，交警实施现场交通管控，警用无人机迅速出动勘查现场。专业急救直升机立即从附近机场起飞直达事发现场，最大限度地挽救伤者生命，减轻事故后果。指挥中心和所有救援人员通过微信群实现信息共享。此次演练中，高警总队派出 1 名交警操作大疆“精灵 4”警用无人机，外挂 4K 高清摄像头，通过专业单兵设备实时图传给指挥中心，使指挥中心能够准确掌控现场

情况并精准部署救援行动；通过多架次、多批次飞行对周围地形进行视频监控，标记妨碍飞行因素和障碍，使有人驾驶飞机能够掌握现场地形并实施精准救援；通过航拍等手段掌握事故现场情况，使出警民警能够快速绘制事故现场图并准确划分相关事故责任。演练证明，警用无人机的运用能够有效缩短救援时间，提高救援效率，从而为减少人员伤亡、及时实施救援提供技术辅助；缩短现场勘查时间，提升责任划分精准度，从而为交警及时、迅速、准确处置交通事故提供技术支持。

第七节　无人机用于交通管理的优势

交警负责辖区内的道路交通管理工作，监督交通法规在辖区内的贯彻执行情况，具体包括在辖区内进行交通巡逻执勤，维护交通秩序，处理交通事故，维护公路治安秩序，预防和制止公路上发生违法犯罪活动。在警力不足的现状下，无人机在进行交通监控，实时掌握交通信息采集和发布方面具有很大潜力。

一、可以把更大范围的实时交通路况回传指挥中心

无人机在回传图像时，可以采用低空飞行，具有速度快、变换视角灵活、活动范围大的特点，更加有利于交通管理部门快速高效地掌握路况信息、控制局面。无人机的地勤准备时间短，可以随时出动，与其他交通工具相比，无人机具有低投入和高效率的特点。无人机用到公安交通管理中，还可以更好地做好交通事故的取证工作。在常见的火灾、爆炸、中毒和交通事故中，交通事故处理中的取证难是客观事实。由于现代汽车业发展迅速，城市中车辆越来越多，随之而来的交通事故发生频率逐步增多。如何在交通拥堵状态下快速到达现场快速取证是亟待解决的问题，无人机的使用可以为传统取证手段提供必要的补充，为交警快速处理交通事故做好取证工作提供更加现代化手段。交通巡逻执勤工作是交警的日常工作，对于辖区比较大、道路较远区域，无人机参与交通巡逻执勤工作，可以更好地了解辖区内的交通状况，缓解交警工作压力。同时无人机视频拍照可以参与违法行使和违章停车的拍照取证。

二、能够发挥自己的专长和优势

无人机参与城市交通管理，不仅可以从宏观上确保城市交通发展规划贯

彻落实，而且可以从微观上进行实况监视、交通流的调控，构建立体化交管，实现区域管控，确保交通畅通，应对突发交通事件，实施紧急救援。合理运用无人机所获得的信息，可以为交通规划和交通管理部门提供准确的交通信息和新的技术方法，为其进行道路规划、车辆引导、重点路口的监控、突发事件应对，以及辅助决策起到至关重要的作用。一是飞达拥堵现场，高空监控路面，执行自主任务。二是快速、精准勘查，全面分析拥堵数据。三是对肇事逃逸车辆紧追不舍取证。四是实时回传影像资料，交通指挥中心可快速疏导。五是特大交通事故现场勘查、秩序维护、责任举证。六是交通违法取证。

1. 用于事故预防

就事故预防来说，相较于路面巡逻和日常监控的平面性和地域性，无人机巡视具有立体性和广阔性。其占据区域内最佳视角，能够及时发现交通安全隐患，迅速锁定交通事故因素，即时展开执法措施。对于恶劣天气或突发事件等交通安全危机，警用无人机依靠相关技术手段或配备相关科技设备，能够克服人力的局限性和自然的不可抗拒性，在第一时间抓取并提供第一手资料，有利于对交通拥堵点及拥堵程度做出正确的评估和判断，科学、合理地制定用警方案，向驾驶员和交警发出预警，便于其采取相关措施或实施相应方案，避免疏导工作的盲目性。2016 年“五一”期间，《新闻直播间》《东方时空》等栏目报道：江苏、福建等地警方采用无人机巡查，空地结合查处违法占用机动车道行为，取得良好效果。无人机可在上下班高峰期、重特大交通事故发生时、重大警卫活动需要时从空中掌握道路通行能力和交通秩序情况，对道路堵点、卡点快速精准预警，供交警部门分析处置，果断做出分流指令和智能管理。对无电子警察路段的交通违法行为抓拍，协助地面执勤力量对渣土车、超限超载等违法行为进行精准打击。发生重大事故现场，无人机能够快速勘查交通事故现场，快速拍照、快速记录，确保现场勘查细致全面，快速准确，交警通过回传资料能够在处理事故时进行准确判断、快速清理现场，并对现场情况调度、指挥车辆，快速解决道路拥堵，还原道路通畅，最大限度缓解因交通事故造成的道路拥堵。近年来，多个省级公安机关为各市高速交警部门配备警用无人机，通过无人机巡航抓拍，对擅自占用应急车道等违法行为提供处罚证据；在上下班高峰期，城市地区主要路口和重要路段，无人机也可以进行全方位高空视频采集，并长期保存，以便交警部门根据长期流量情况做出调整，提高通行效率。以江苏省徐州市为例，因道路出现车辆事故、红绿灯时长设置不合理、市区主次

干道相对狭窄，上下班高峰期经常造成市区道路拥堵，交警部门利用无人机对全市20余个交通堵点进行巡查，通过大量回传图像数据，查明了道路拥堵原因，并依据巡查资料对交通堵点进行道路加宽、渠化、重新设定路口信号灯配时等改造。目前，徐州市区交通状况得到明显改善，无人机已成为交通管理的重要手段。

2. 用于交通执法

就交通执法来说，警用无人机能够配合交警的执法活动。在现场执法中，从高空对违法行为展开调查，提取证据；全程记录执法过程，为之后可能出现的行政执法争议提供各类证明材料。在非现场执法中，警用无人机能够突破路面监控的局限性，充分发挥空间优势，并与其他监控设备配合使用，达到最佳执法效果。在事故救援和疏导工作中，警用无人机能够率先到达事故现场，全面统计事故数据，科学评估严重程度，为现场施救方案的制定和活动的开展提供参考。有利于促进交通管理科学化，提升交通管理的科技水平。利用航拍采集到的数据和成果，建立相关交通管理数据库，有利于提高交通管理的准确性。同时，对于交通事故造成的交通拥堵，警用无人机也能够全方位掌握拥堵区域的实时情况，根据各路段的车流量和交通运行状况，配合现场救援工作，疏散人员，疏导交通。甚至在复合型突发事件中，警用无人机通过常规巡航，能够震慑潜在的违法行为，及早发现犯罪活动，预防并打击人为(案)事件；通过实时追踪，能够全盘掌握自然灾害的生成状况和意外事件的处理进展，为应急处置提供参考。

3. 配合警方行动

无人机在现代战争中逐渐替代有人驾驶飞机，得到大力发展和广泛应用，与它自身的优点是分不开的。在警戒、保卫、护送等专项任务中，警用无人机可以与人车配合，形成“警用无人机＋交警＋巡逻车”模式。在此模式中，巡逻车和警用无人机从各自角度观察路面情况，巡逻车着重观察目标人物和目标车辆情况，而警用无人机着重观察周围环境和车流状况；交警操控警用无人机和巡逻车，从高空和地面获取三维立体数据，全盘考虑行动计划，随时调整执行策略，适当采取必要措施，确保专项任务的圆满完成。无人机有利于警方在第一时间了解和掌握道路交通突发情况，及时发现交通节点，研究和制定相应措施，快速做出决策，避免因耽误时机而造成交通瘫痪。无人机的自动控制和制造水平以及在各个领域的应用都得到很大程度的提高，目前，无人机在交通管理方面的实际应用相对缺乏。鉴于无人机自身具备了有人机和现有的巡逻装备不可比拟的优势，以及国内现有的无人机发展基础和逐渐成熟的技术条件，再加上 ITS(智能交通系统)对交通信息量的不断需求，无人机应用于交通管理十分必要。

第八节　无人机在交通执法中的制约因素

一、技术因素

无人机是新兴科技产物，其应用效果与科技水平息息相关。制约警用无人机应用的技术因素主要有以下五个。

1. 电池续航

高速公路巡航时间长，巡航路程远，要求警用无人机电池续航能力强，能够充一次电就完成飞行任务。虽然现在已经研发出氢燃料电池，但其造价较高，安全性有待实践检验。

2. 自然环境

恶劣天气不仅对高速公路交通安全提出严峻挑战，对警用无人机的飞行效果也构成严重威胁。而警用无人机执行的部分任务就是在恶劣天气状况下进行的，故警用无人机必须能够有效应对恶劣自然环境的影响。

3. 自动飞行

警用无人机巡航的发展方向是全自动飞行。因此，它必须具备一定的避障功能，以避免与障碍物的碰撞；必须具备一定的防抖功能，以确保飞行的平稳和拍摄的效果；必须具备一定的返航功能，能够实现自动返航，无须全程控制；必须具备一定的手动控制功能，以弥补自动飞行的不足。

4. 影像拍摄

警用无人机的重要功能之一是摄像拍照，其自身的影像拍摄技术和能够携带的成像设备也是决定成像效果的关键。

5. 网络通信

警用无人机还必须能够实时回传图像声像资料，使指挥中心实时监控现场。因此，图片或视频的实时传输能力也是警用无人机应用的制约因素。

二、制度因素

行之有效的制度能够保障警用无人机的长期有效运作和应用效果的最大化。制约警用无人机应用的制度因素主要有以下三个。

1. 操作规章

我国的警用无人机应用还处于探索阶段，没有形成常规化的工作模式，没有拟定具体的警用无人机操作规章。因此，必须对警用无人机的应用主体、应用条件、应用程序等做出框架性规定，并细化实施流程，使警用无人机的应用有章可循。

2. 协同机制

高速公路的非现场执法作业已铺开，各类执法设施设备和电子执法平台也已投入使用。在应用警用无人机时，要注意与现有的设施设备配合使用，与现有的电子执法平台结合使用，通过地面和天空的全方位监控，达到最佳的执法效果。因此，必须结合实际工作需要和现实工作状况，拟定各类设施设备和电子执法平台的日常管理制度以及配套使用制度，实现协同创新。

3. 监管规定

当前，我国尚未针对民用轻小型无人机生产、航空摄影作业和应用情况等方面出台相关规定。立法的空白可能会导致实践中无人机“满天飞”的局面和质量良莠不齐的状况，造成应用时的安全隐患。同时，在应用警用无人机时也可能会侵害公民的隐私权、人身权和财产权，引发不必要的纠纷。在引入和应用警用无人机时，公安交通管理部门应随时关注警用无人机的监管规定，按照相关规范进行交易、提出申报、正常使用；应特别注重涉及警用无人机的法律法规，明确相关权利归属和责任承担，防止侵害公民的隐私权、人身权和财产权。

第三章

无人机在侦查取证方面的应用

与普通民用和商用无人机相比，警用无人机有很多独特之处，其中警用无人机完全是从实战中来、到实战中去，这个特点更为明显。无人机的侦查实战能力，来自研发、使用人员对公安业务的了解，把公安工作和无人机培训、研发、应用等工作紧密结合起来。这种无人机的研发、使用人员，都是工作在公安机关的治安、刑侦、国保、禁毒、特警等一线执法部门，他们熟悉公安业务，知道公安实战需要什么。近年来，警用无人机以其高科技含量、机动灵活的使用方式受到了各地公安机关的重视，也越来越多地应用于各个领域的公安工作。在刑事侦查工作实务中，无人机在辅助侦查、搜寻物证等实战领域应用越来越广泛。

第一节　无人机在公安侦查工作中应用的意义

随着科学技术不断发展，越来越多高科技含量的警用装备投入刑侦工作一线，无人机正是其中之一。高科技含量、灵活多变的使用方式、不断发展的技术，不停地刷新着刑事侦查工作的思路和方向，推动刑侦工作向更加高效、更加精准方向发展。科学技术是第一生产力，在刑侦工作中也同样适用。无人机一般由机长和驾驶员组成，机长负责操作地面站制定飞行航线，设定飞行高度，监控飞机参数并调整机载镜头角度进行航拍；驾驶员负责操作无人机飞行，控制无人机做出各种动作以满足航拍需要。无人机分队到达现场周边后，首先对无人机和地面站进行组装，做好飞前安全检查，校对飞行器各项参数，确保无人机飞行系统、地面站工作系统一切正常；其次是起飞后上升至安全高度，驾驶员保护无人机不受周边环境的影响和破坏，无人机进入现场后做环绕飞行，从而明确现场范围、评估破坏程度(若现场范围较大可考虑多架无人机协同侦查，多方位观察现场情况)；然后确认中心现场后将无人机在中心现场附近进行悬停，确

保无人机下方没有人群，以防无人机失控后坠机伤人；最后无人机做好悬停后，由机长通过地面站操作机载镜头，将监控画面调整至拍摄角度，将视频信号转化为电子信号发送至地面站后，再将地面接收设备的图像接入车载移动台或单兵式 340 M 无线图传系统和 3G/4G 无线图传系统，以达到将无人机图像接入视频专网中传输至指挥中心。比如在发生重（特）大案（事）件时，现场往往情况复杂，短期内无法排除安全隐患，不宜部署警力进入现场。在这种情况下，可由无人机担任空中“鹰眼”，迅速部署无人机在现场周边起飞，对混乱区域进行监控实施视频无线图传，从而避免相关人员进入现场受到伤害。同时，指挥中心可根据无线图传随时掌握现场动态、从容调配警力、有效处置现场，“运筹帷幄之中，决胜千里之外”。

一、无人机在公安侦查中应用的可行性分析

1. 与载人直升机相比，小型无人机具有成本低廉、机动灵活等优势

与载人直升机相比，小型无人机具有明显的优势。载人直升机每次任务至少需要 2～3 名机组人员，单次使用、维护成本很高，而无人机完成相同的任务所耗费的资源少，飞行费用低。因为是无人驾驶，消除了与驾驶员有关的危险，使用风险更低。此外，小型无人机造价低廉，易于推广普及使用；体积小，机动灵活，便于运输携带，可快速到达现场开展工作；隐蔽性好，可超视距自动驾驶；任务功能多样化，可根据不同任务需求快速搭载所需的设备开展空中作业。

2. 无人机技术已日趋成熟，性能稳定、安全，能满足公共安全领域对无人机的使用需求

随着现在复合材料的广泛应用，无人机的机体结构强度更好，而质量却更轻。此外，无人机所用的电子操控设备（包括舵机、接收机、飞控主板等航电装置）已经过多年的市场验证，稳定性好、安全可靠。小型无人机所用的动力系统，有丰富的配置选择（目前市面上有型号丰富的各种燃油发动机和电动机），特别是锂电池技术的发展可为使用电机作为推动力的小型无人机提供更长的续航时间，满足更多的应用需求。

3. 无人机的操控技术日趋智能化、简单化

目前民用无人机市场的蓬勃发展，使相关研发厂家为了让更多的人掌握使用这一先进技术，开发出越来越多的更先进、更易于使用的地面站控制软件，使得无人机操作人员的专业门槛进一步降低。

二、无人机在公安侦查中应用的价值所在

1. 增加了侦查工作科技含量

引入警用无人机，不但在刑侦实务上直观显示现场环境、快速反应、辅助分析、搜寻固定外围现场、快速抵近侦查等多个方面为案件侦破助力，而且更能够从技术层面推动侦查人员思想上创新，使侦查思维更加灵活、机动、富有创造性，全方位震慑、打击违法犯罪，维护国家和社会的长治久安。浙江省温州市龙湾区公安分局民警经过多次操作训练和模拟实战培训，已熟练掌握航拍飞行器的机身结构、工作原理、飞行技能，在完成无人机的配备操作试点任务的同时，使分局向“科技强警、装备强警”目标迈出了坚实的一步。

2. 提高了侦查取证的工作质量

在刑警的侦查破案中，无人机可以用于侦查取证和全面监控抓捕犯罪嫌疑人。在目标监视监控方面，可以操作无人机搭载高清运动摄像机和高清变焦摄像机迅速起飞，对目标人或建筑物进行360°全方位立体化监控，为警方的下一步行动做好准备。在侦查取证方面，无人机具有其他侦查装备不可替代的优势，在某些特定的目标区域或者由于某种原因而无法派驻警员进入的目标区域，无人机可携带高清数码相机和摄像机等警用设备进行侦查取证，同时小型无人机依靠电力为动力源，具有体积小、噪声小等特点，并且高空飞行，隐蔽性强，不易惊动犯罪嫌疑人。

3. 使侦查预警更加灵活和高效

警用无人机能够无视地形环境，灵活侦查预警，提升追踪效率。比如开启高空照明，能够全面跟踪、监视、制约嫌疑人，并且可以将嫌疑人的逃跑路线提前通报。当无人机搭载夜视仪后，能够实施夜晚监控，或对躲藏在田间丛林里的犯罪嫌疑人进行扫描式飞行搜索。当遇到犯罪嫌疑人拒捕且出逃时，可能由于某些原因警方无法立即组织力量抓捕，这就带来一定程度上的时间滞后，时间滞后越久，追捕犯罪分子的难度越大，捕获的可能性就越小。追捕犯罪嫌疑人时如果使用无人机，时间滞后可以大大缩短。当没有足够警力到达现场时，可以先行运用无人机对逃犯进行实时监控定位，同时将相关信息传回指挥中心，为下一步警方的抓捕行动做好时间与人员准备。

4. 发挥了快速侦查的作用

在适宜的条件下，无人机的快速侦查能力能够发挥重要作用，而且小型、微

型无人机侦查时具有一定隐蔽性,不需要强行进入、不容易打草惊蛇,常常能够令嫌疑人措手不及。无人机快速侦查在城郊、村落,或房屋、院墙低矮地区较为适宜。特别是在村庄中,进入村民家中侦查容易引起警觉,而且大范围走访需要大量时间。而村庄中院墙低、建筑物少且大多低矮,通过无人机飞行抵近观察院落情况速度快、方便简洁,很有可能从中发现疑点。同时,在抓捕行动中,若嫌疑人负隅顽抗、躲在院墙中,无人机侦查能够直接看到院内情况,为抓捕方案的制定提供依据。2015年,石家庄市井陉县下辖的某村就是在无人机侦查时发现了疑点从而破获了案件。该村因集体更换自来水系统在村内道路上铺设管道,施工人员清早上工时察觉管道堵塞,检查后在管道内发现了农药瓶,遂报警。侦查人员走访了解到,前段时间还发生过管道被人为截短、丢失等情况,丢失的部分在周围没有能够找到。经侦查分析,此案很可能是反对更换自来水系统的村民所为,但一时难以找到明确的证据。在细致进行刑侦基础工作的同时,侦查组调来大疆“精灵4”小型无人机,空中侦查村民院落,观察有无疑点,很快在一户人家院子内发现了与道路上正在铺设的自来水管性状一致的白色塑料管状物。经重点核查,最终确定该户院内居住的张某有重大作案嫌疑。该案中正是无人机侦查引导了案件侦查方向,为后续侦查工作提供了相应证据链。较之传统侦查思路,无人机侦查更加快速、高效,且不易被嫌疑人察觉。

5. 扩大了搜寻现场的范围

大范围的外围现场不仅影响侦查人员对环境的整体构架分析,而且直接影响痕迹、物证的寻找和发现。在刑事侦查实务中,野外现场的四面八方都有可能是嫌疑人前往或离开中心现场的路径。在石家庄市正定新区“4·24”系列故意杀人案件中,警方利用无人机做的地形勘查分析起到了关键性作用。2016年,正定新区下辖的村子有群众报警称一名女性失踪,侦查人员立即开展工作。通过对该女性社会关系、交友情况等各个方面的综合分析和多种侦查手段的综合运用,锁定了嫌疑人。经审讯该嫌疑人供述出了杀人经过,但在后续走访、证据核实等工作中,侦查员发现另有几名与该嫌疑人有关联的女性在几年前也已经失踪,这些情况引起了侦查员的重视。通过加大审讯力度,嫌疑人承认共杀死过四名女性。但因最早一起发生在10年之前,嫌疑人只记得当时埋尸在河道周边,10年间河水改道、地貌变动,最早遇害的女性尸体无法找到。可能埋藏尸体的区域面积太大,若通过人力挖掘寻找将耗费大量时间、精力,在现场直接分析也因范围太广难以综合考量。侦查人员通过无人机俯拍,将大范围区域缩减为全景图，再根据图中反映的前后河流走向、沿河道路、周围树木情况等多种因素统筹分析，最终确定出了重点区域，在该重点区域挖掘出了尸体。该案中尸体的挖掘寻找至关重要，直接影响证据力度，进而影响事实认定和定罪量刑。正是通过无人机集中直观地展现现场地貌、环境，综合分析，才快速找到了尸体埋藏地点，全面破获了案件。

6. 指明了侦查方向

侦查方向是指侦查工作的具体指向，也就是侦查人员在某种条件下或者在具有某种特征的人当中寻找作案人。如上所述，村落周边、农田荒野、山林河地等野外现场的外围现场，其区域面积一般来说都比较大，这个大范围的区域内很有可能存在着可引导侦查方向的关键性线索。

侦查方向对侦查工作具有统领作用，有助于侦查效率的提高，侦查方向的确定对接下来的侦查工作具有至关重要的指向性作用。无人机拍摄的独特视角使得形成的影像和照片具有极高的观赏性，在一些案件前期侦查取证和誓师行动的现场拍摄的视频照片被媒体引入宣传时，将给观众带来新鲜的视觉冲击，从而引起了观众的兴趣、提高了宣传效果，增强了对违法犯罪行为的震慑作用。某公安分局破获的生产销售假冒品牌创可贴大案，因为无人机的运用而帮助案件成功扩大影响力，央视新闻、人民公安报、平安时报、温州日报等媒体集中报道他们利用无人机破获特大生产、销售假冒品牌创可贴假药案。

第二节　无人机在侦查取证中的应用

警用无人机在追捕逃犯、缉毒方面也有重要作用。无人机上的变焦镜头、红外镜头就像是我们的眼睛，它拉近了我们的视野，并可以洞察一切可疑分子；机械手臂就像我们延伸的手臂，它能远程执行我们的指令操作；高音喇叭就像我们的嘴巴，为我们传递正确的舆论导向。前移的眼睛、伸出去的手、远播的声音，这就是无人机在警务应用中带来的神通广大的科技战斗力。与地面警力相比，无人机在快速寻找、定位犯罪嫌疑人方面具有成本低、效率高、效果好的优势。目前，美国休斯敦和迈阿密警察部门已将“鹰之影”新型无人侦察机纳入武器库，用于帮助警察寻找犯罪嫌疑人以及失踪人口。该无人机可在距离地面200 m的高空用热导相机进行拍摄，监视地面发生的一切。我国警用无人机作

为新型警用装备，其科技含量高、使用机动灵活，为侦查工作提供了新的思路和方向。

一、固定外围现场

无人机在空中的监视范围比地面警力视线更加宽阔，有利于扩展巡视的覆盖范围。在现有巡逻模式下，无人机巡逻将成为一种重要执法模式，利用无人机可以事先明确地形，在对各关键部位部署警力，便于更好地抓捕违法犯罪分子。对于逃窜藏匿的不法人员，无人机也可以很快发现车辆和人员行踪，实现监控全覆盖。比如打击赌博类案件，无人机就大有用处。现今的赌博案件中的赌场要么位于高山之间，要么位于琼楼之里，运用航拍飞行器，对于前期勘查和实施抓捕都将带来相当大的辅助作用。深圳市龙湾区分局在 2016 年 6 月勘查一起赌场案件的窝点情况时，由于案发地点一楼设置了防盗门，为了不打草惊蛇，就启动了无机人飞到赌窝的商品楼屋顶上观测楼梯间是否可以通过屋顶互相串通，为赌场现场的抓捕方案提供了参考的依据。另外在抓捕山间赌场时，启动无机人进行现场跟踪拍摄，可以在一定程度上防止违法犯罪嫌疑人的逃脱。

二、对案发现场环境直观展示

在对犯罪嫌疑人进行抓捕时，民警往往会遭受犯罪嫌疑人激烈的反抗，如对现场情况没有清晰的了解而贸然行动，势必会让民警处于危险之中，使用无人机可在抓捕前对周边环境和现场人员构成进行侦查，确定人员数量、位置等情况，从而使抓捕行动有的放矢，事半功倍。在公安机关搜捕逃犯时，若遇到地形复杂、遮挡物较多的情况，单纯的警力搜索十分不便，贸然行动还可能造成嫌疑人逃跑或警员受伤的严重后果，应用无人机进行侦查搜索，极大地增强了警方的地形勘测能力，可为侦查破案和辅助决策提供有效支撑。当嫌疑人隐匿在草丛、荒野、围墙甚至密林中时，利用无人机挂载的热成像相机进行目标排查，可快速提前锁定嫌疑人窝点坐标和逃窜路线等信息，一举捣毁目标。现场勘查是刑事侦查工作的重中之重，绝大多数案件的侦查工作首先要围绕现场展开。在城镇中，现场多为室内、街道、公共区域等，范围小、痕迹物证集中，中心现场、外围现场都较容易勘查。而在野外现场，常见的如村落周边、农田荒野、山林河地、火车线路周边等位置，外围现场面积大，地形、地貌各有不同，大范围周边环境围绕着中心现场。刑侦工作不可能脱离环境而进行，必须紧紧围绕现场环境，充分考虑到环境对案件情况的影响、环境对侦查工作的影响。而野外现场的范围广、区域大，人置身其中，有时视觉区域还要小于外围现场区域，本身不利于侦查分析。无人机俯拍制图可以很好地解决这一问题，将大范围的外围现场直观展现出来，让案件侦查人员迅速熟悉现场环境、在第一时间对现场及周边环境有一个清晰的认识、拓展侦查思路。有经验的侦查员都曾经历大案要案侦查，为快速侦破、迅速打击犯罪、避免嫌疑人再次作案或者尽快消除社会恐慌，通常做法是成立专案组，抽调大量警力分工合作，分别核查不同的线索，多的时候能达到几百甚至上千警力参与案件侦查。在案情介绍、初步分析、任务分配时，抽调而来的大量侦查员尚未勘查现场，未对现场环境有直观认识很难提出有针对性的侦查思路，导致侦查思维受限，也不利于侦查工作的开展。这个时候使用无人机俯拍，将大面积外围现场拍摄并制作成全景图，在案件介绍时展示所用，让尚未到过现场的大量侦查人员迅速对现场周边环境产生直观认识，发散侦查思维，有针对性地开展各项工作。无人机制图辅助各项侦查工作，在石家庄市“8·12”破坏铁路设施案件中起到很大作用。2015 年 8 月 12 日晚 8 时 32 分，在石家庄市正定县的村落外的火车道上，一辆正在行驶的高铁猛然震起、又复落于铁轨上，司机立即下车检查，发现铁路有人为破坏的痕迹，而且这个破坏痕迹显示出的破坏目的极有可能是意图使高铁翻车，司机当即报警。该案件得到公安部高度重视，石家庄市公安局、铁路公安处迅速抽调警力成立联合专案组开展工作。中心现场在野外，火车道两侧都是农田，离附近几个村落距离都比较远，基本符合上述特征，参与侦破案件的刑警支队民警即在次日一早用无人机对现场及周边进行了拍摄，后制作出全景图。在案情介绍会、侦查分析会、侦查任务下达等侦查活动中，均使用了全景图，帮助专案指挥员快速分析、组织讨论、提出侦查思路，使专案组大量民警对案件情况有了直观认识，尽快熟悉了现场环境，更好地理解了指挥员的指令意图。最终仅用 10 天时间，专案组迅速破获该案，将因个人原因仇视社会、自己制作工具希望使高铁翻车的犯罪嫌疑人抓获归案，后以破坏铁路设施罪名移交检察机关审查起诉。这个案件里，由于现场在铁路沿线，外围现场面积大，本身就不方便勘查，加上专案组根据案情需要分批次抽调民警参与侦破，介绍案情及进展，因此各侦查组间互通信息环节就变得非常重要。利用无人机全景图大范围直观展示现场情况，使得侦查信息传递清晰、明确，方便了专案组内部配合，无形中提高了侦查效率。

三、制作三维模块

没有市区三维立体图像，如果遇突发事件，警方对事发现场周边建筑及设施情况不熟悉，极易给任务的处置增加一定困难。无人机挂载三维立体图像制作模块，便于警队日常开展图上推演、模拟训练，从而提高应急处突能力。由于夜间能见度极低，在野外对逃窜的犯罪嫌疑人开展搜捕时，如果遇复杂地形，就会极大增加搜捕难度。无人机挂载照明灯或热成像仪，可以很快发现嫌疑车辆和人员行踪，实现监控全覆盖。当碰到犯罪嫌疑人拒捕且出逃的情况时，警方在抓捕力量没有完全组织起来之前，完全可以先出动警用无人机，对逃犯实施实时监控，完成对目标逃犯的定位，并将相关信息和地形、人群数据传送回指挥中心，为警方的抓捕做好准备。第一步：无人机迅速起飞，迅速赶到现场勘查，并将现场大致情况及时反馈给指挥中心。第二步：无人机实施低空拍摄，将犯罪分子人数、规模、人员伤亡等情况及时传回指挥中心，便于指挥中心做出下一步行动。第三步：指挥中心根据无人机传回来的消息，迅速做出决策，对武警特警、救护人员、消防人员等进行合理部署。第四步：无人机不间断对目标进行监控、将犯罪分子的动态实时传递给指挥部，配合武警特警部队进行精确抓捕。

四、创新侦查手段

在刑侦工作中，无人机主要在现场环境直观展示、快速反应、辅助分析、搜寻固定外围现场、快速抵近侦查等方面能够起到作用。在侦办大型赌博、污染环境、重大责任事故、食品类违法犯罪等案件过程中，随着违法犯罪嫌疑人的反侦查意识的增强，案发的一些区域经常位于人力难以及时观测取证的地点，如此会对案件的查证带来一定困难，无人机的引入对于解决此类问题非常具有可操作性，前景不可估量。警用无人机作为一种新型警用装备，具有操作灵活、视野全面、人员伤亡风险低、成本低廉等优势，在警务侦查工作中逐渐成为一种新型利器，在各项打击行动中大显神通，警用无人机突破了传统侦查手段人财物损耗大、迟延滞后等特点，成为一种新型侦查手段，在某公安局成功侦破“7·17”系列污染环境案中发挥了重要作用。

1. 高空侦查协助地面作战，实现空地一体化

警用无人机多应用于环境复杂的作案场所，大多作案场所设置较为隐蔽，周围环境复杂，便衣侦查人员不便接近，难以确定作案场所具体位置、了解现场情况，或者作案场所外围安装有摄像头，不明确犯罪嫌疑人是否携带武器，此类情况下不便于近距离开展侦查工作，传统侦查手段难以施行，办案人员只能对该场所进行远程隐蔽侦控。此时警用无人机可利用其优势进行高空侦查，确定作案现场位置，收集视频证据，高空多角度航拍，迅速完成全景地形勘探，为地面作战人员提供高空视野图，协助地面人员作战。

2. 图像传输与内网情报研判，快速决策精准打击

警用无人机将高空拍摄画面实时传输至地面，办案人员可将无人机获取的空中动态画面与"天网工程""图侦平台"等警用内网作战平台进行"图网结合"，视频导侦和情报研判"两位一体"，最大限度提升侦查效率，准确锁定嫌疑车辆，快速明确犯罪嫌疑人身份信息，帮助侦查人员明确案件线索，有效制定决策，大大缩短破案时间。无人机的快速侦查能力在适宜的条件下能够发挥重要作用，而且小型、微型无人机侦查时具有一定隐蔽性，不需要强行进入、不容易打草惊蛇，常常能够令犯罪嫌疑人措手不及。

3. 对案发现场环境直观展示

刑侦工作不可能脱离环境而进行，必须紧紧围绕现场环境，充分考虑到环境对案件情况和侦查工作的影响。而野外现场的范围广、区域大，人置身其中，有时视觉区域还要小于外围现场区域，本身不利于侦查分析。无人机俯拍制图可以很好地解决这一问题，将大范围的外围现场直观展现出来，让案件侦查人员迅速熟悉现场环境，在第一时间对现场及周边环境有一个清晰的认识，拓展侦查思路。2017 年 1 月 7 日，某县发生一起恶性杀人焚尸案，县公安局立即成立专案组，根据现场的初步勘查及研判，确定案件性质为仇杀。由于案发地人员情况复杂，被害人亲属嫌疑被排除，本人矛盾点不突出等特点，专案组立即调遣刑侦大队、派出所联合对案发现场周边进行地毯式走访。鉴于案发现场处于该县城乡接合部、巷道错综复杂、侦查员在走访时经常走重和入户、走访工作一度引起当地群众反感等问题，专案组立即派遣无人机对案发现场周边平房居民区及空置荒地区进行拍摄，并根据航拍图片划分排查区域及分配警力，侦查员依据航拍图片进行逐一走访标注。在无人机拍摄的高清区域图的指引下，侦查员在两天时间里将案发现场周边的 582 户居民逐户逐人全部走访完毕，并将每户人员、车辆、通信工具等情况填入航拍图，先后采集 DNA 检材 477 份，没有出现入户及走重现象。随着走访信息的快速汇总，专案组断定嫌疑人应该是居住在被害人家周边，嫌疑人出入被害人家的路线成为关键。由于案发现场周边均

有空地，地面上的足迹错综复杂，侦查员如果贸然进入就可能破坏现场，无人机超低空飞行拍摄再次为侦查工作按图索骥提供了有效技术支持。通过对案发现场周边足迹进行拍照、录像，并对嫌疑人可能焚烧、藏匿衣物的地方（如烟筒、屋顶、野外空地）进行搜寻，刑事技术人员对现场遗留的足迹与无人机拍摄足迹进行逐一对比排查，很快确定了嫌疑人作案路线。根据现场DNA的检验结果及现场勘查情况，犯罪嫌疑人韩某被准确锁定，在确凿的证据下，韩某供述了杀害李某并焚尸的犯罪事实。

五、秘密取证和跟踪

在打击违法犯罪过程中，经常出现取证难的现象，犯罪分子有时又具有极高的反侦查能力，使得我们更加难以跟踪、调查及取证。而旋翼无人机在40 m左右高空能让地面人员几乎没有察觉，能够辅助我们进行秘密取证和跟踪的工作。高精度的悬停功能更有效地固定证据，为后期案件的审讯和起诉提供良好的保障。并且在一些复杂地形环境，警力不便或不能进入展开工作的地域，无人机将能向我们提供全面及时的信息，以便我们对下一步工作做出预判。例如某分局利用无人机进行秘密跟踪调查一起盗窃电瓶的案件，犯罪嫌疑人从盗取、储存、销赃全过程被民警利用无人机进行秘密跟踪拍摄，有效地打击了违法犯罪行为，并为后期案件的进行提供了完整的证据链条。河北省承德市公安机关利用无人机对“FLG”邪教组织非法集会进行秘密侦查取证，并成功摧毁犯罪窝点。云南多地边防和禁毒部门，利用无人机对于罂粟的种植监控等工作均有战果。

六、在常规巡查中获取证据

近年来，环境保护不断得到各级政府的高度重视，“既要金山银山，更要青山绿水”已然成为一种社会共识和政府职责。环保警察专职队伍将警用无人机用于大规模打击环境污染违法犯罪集群战役，铸造了环境执法领域“利剑斩污”品牌，已经成为打击环境污染违法犯罪工作的一大亮点。

1. 无人机应用于环境污染线索核查与案件侦办工作

无人机在环境监测中，首先是对环境的常规巡查。无人机可携带相关遥感设备、热红外相机等对相关企业或者重点工业区进行高空监测。热红外成像技术将物体发出的不可见电磁波转为可见的热图像，热图像上不同颜色代表被测物体的不同温度。热红外成像技术可以清楚反映夜晚环保设施开启情况以及排放情况，即使是在夜间或者气象条件不利的情况下，也可以进行正常的巡查。其次是获取证据。对于需要重点整治的企业或区域，无人机可以携带相关高清摄像机，对私下偷偷排放的企业进行高空拍摄，并留下相关证据。2015 年 9 月，山东省滕州市公安局在公安部、省公安厅直接指挥和各地警方的大力协助下，精心侦查，巧用无人机侦破一系列污染环境案，成功破获了公安部督办的“7・17”系列污染环境案，捣毁枣庄市内非法拆解铅酸电池、非法炼铅窝点 20 余处，刑事处理 50 余人，依法扣押废旧铅酸电池、铅渣、铅锭等危险废物3 000 余吨，涉案价值 1 亿余元。与此同时，案件涉及的 7 省市公安机关根据该局提供的线索，集中行动，战果显著。该案共打掉涉案窝点 70 余处，刑事拘留处理 110 余人，扣押废旧铅酸电池、铅渣、铅锭等危险废物 5 000 余吨，总涉案价值约 3.5 亿元。2016 年 2 月 19 日，时任国务委员、公安部部长郭声琨签发嘉奖令，对该局成功侦破“7・17”特大污染环境案件通令嘉奖。2016 年 3 月 3 日，中央电视台《一线》栏目以“绝密行动”为题，对该案进行了专题报道。在侦办该案过程中，该局出动两台警用无人机“飞鹰一号”“尖兵一号”配合作战，对该案的成功侦破发挥了举足轻重的作用。

(1) 用于涉污企业(作坊)的日常检查排查

在重污染天气期间，出动警用无人机针对企业排污、工地施工、渣土苫盖、秸秆垃圾焚烧、烟花爆竹燃放、无组织黑烟排放等情况进行全面排查，发现违法违规点或区域后，第一时间组织警力前往现场侦查，及时查处偷排偷放行为。在重点河流污染整治行动中，出动警用无人机在河流沿岸及其周边展开初期侦查，摸排掌握企业(作坊)分布规律，发现嫌疑企业(作坊)后迅速展开突击检查，大大降低工作盲目性和不确定性。在涉危废违法犯罪专项打击行动中，出动警用无人机围绕高速公路沿线、河塘沟渠两岸等重点部位进行检查排查，及时发现非法倾倒行为，针对酸洗、电镀、喷涂等小作坊制造企业进行区域滚动排查，逐步解决分布散乱、藏匿较深等隐蔽难题，有效提高打击整治工作效率。

(2) 用于复杂线索的前期侦查

2016 年 5 月，河北省廊坊市公安局环境安全保卫支队接到线索，在辖区某村庄内有两个电镀厂违法排污，污染环境，遂组织警力前往调查。因两个厂区相邻，现场及周边较为复杂，贸然进去会打草惊蛇，于是出动警用无人机到厂区上空进行前期侦查，待掌握两个厂区内部格局、人员分布以及运行规律后，办案

民警对厂区同时展开突查，一举端掉两个违法企业。

(3) 用于侦办涉案场所隐蔽的环境污染案件

2016年7月，在侦办辖区某管业公司非法处置危险废物(酸泥)一案中，办案民警经过比对台账和转移联单，发现生产过程中产生的废酸泥数量与交给处置公司的账目存在差异，但在厂区车间以及各个角落均未发现废酸泥，遂出动警用无人机围绕厂区周边进行航拍侦查，最终在厂区东侧一彩钢房内发现可疑存放点，十分隐蔽、难以察觉，及时组织警力将其一举查获。一是出奇制胜，“飞鹰一号”准确发现涉案窝点，找到案件突破口。在传统侦查方法受到阻碍，案件侦办遇到瓶颈时，办案人员创新侦查手段，巧妙利用警用无人机高空协同作战，与地面传统侦查手段相结合，“空地一体”，精准打击，确保了案件的顺利侦破。该案中参战的两架警用无人机，即“飞鹰一号”“尖兵一号”均为多旋翼无人机型，“飞鹰一号”是该局和大疆科技创新公司共同合作，由大疆科技创新公司提供设备和技术支持，其特点是质量轻、操作简便灵活、飞行速度快，配合高清图像实时传输，适合高空巡航追踪；“尖兵一号”由该局自主研发改装，飞行稳定，抗风能力强，配备30倍可变焦摄像头实施传输图像，适合高空侦查、锁定目标。两架警用无人机优势互补、相互配合，在“7・17”案件的侦破过程中发挥了重要作用。2015年7月5日15时，滕州市公安局接杭州市公安局通报的案件线索称：一辆临沂牌照挂车正运输一车废旧铅酸电池至滕州境内，车牌号为鲁Q3981，请求滕州市警方协助查控。在打击食药环类犯罪方面，无人机也大有用处。对于污染环境类、生产销售有毒有害食品、销售假药类案件，通过无人机，迅速飞入案发现场上空进行拍摄取证，可以防止违法犯罪嫌疑人在公安机关冲入现场前关闭作案设施、毁灭作案工具和涉案物品后拒不承认作案事实而给公安机关取证定罪带来难度。特别是一些加工场企业，经常在大门外设置监控，当公安机关和环保部门前来检查抓捕时常常暂停排污设施，而无人机的引入极好地解决了这方面的问题。2016年8月4日，该分局破获一起特大生产、销售假药案，现场查获生产流水线一条，其中创可贴流水线生产机一台、打包机一台，已生产成品的假冒云南白药创可贴102万片、邦迪苯扎氯铵贴144 000片，扣押的耗材共计160多箱。该案已列为公安部督办，成功发起集群战役和全国协查。该案是利用无人机的侦查帮助警方最终确定了生产假冒创可贴的厂家。在前期侦查过程中侦查员跟踪的嫌疑运货车辆(浙GK9332)到了浙江省杭州市桐庐县新合乡新义路处的一个工业区内，为避免打草惊蛇侦查员就没有继续跟进。为查明嫌疑车辆驶入工业区内的哪一家厂房内，侦查员登上工业区后山一处制高点进行侦查，并在山上动用了无人机。在目标车辆驶入工业区的合适时机下，启动无人机飞入工业区上空进行航拍查看，通过无人机发回的录像和图片终于发现了目标车辆驶入了工业区最里面靠山的一处厂房内并进行装货和卸货，并且通过录像还发现该厂房内的大致条件状况和人员。侦查初期，办案民警在对线索反映的鲁 Q3981 挂车进行落地查证时，根据图云平台查询该车的活动轨迹，核对该车可能经停的区域，组织侦查人员对该区域走访摸排，重点排查了可能储存、处置电池的厂房，但是并没有获得有价值的信息。办案人员既要及时核查线索，又不能打草惊蛇，惊动犯罪嫌疑人，侦查工作一时陷入困境。这时办案人员大胆设想，使用“飞鹰一号”警用无人机，远距离操作升空，对该目标区域切割分区进行高空巡航侦查。办案人员根据“飞鹰一号”实时传输的视频录像，逐一分析排除，最后发现了一处露天存放有大量的废旧电池的厂房，并有工人在现场拆解，随即明确了该处厂房为废旧电池拆解窝点，从而找到了案件的突破口。办案人员立即向市局领导汇报后，局领导抽调精干警力组成了专案组，并提出了“深度经营，查清网络，全环节全链条打击”侦查思路，开展“7·17”系列污染环境案经营侦查工作。二是超视距快速侦查，“尖兵一号”跟踪嫌疑车辆，锁定犯罪嫌疑人。明确涉案窝点后，办案人员随即开展工作落实犯罪嫌疑人身份信息。该窝点犯罪嫌疑人警惕性极强，白天将厂房大门紧闭，只在傍晚时分出行，并且面戴口罩进行伪装，出行时驾驶一辆白色面包车。由于傍晚视线模糊，办案人员为防止身份暴露，只能远距离对该车辆进行跟踪。嫌疑人十分狡猾，开车出行时有意遮挡号牌，办案人员坚持宁丢不漏的原则，几次秘密跟踪嫌疑车辆均无法确定嫌疑车辆号牌。此时，无人机再次发挥作用，办案人员使用“尖兵一号”警用无人机，由主驾驶员远距离操作升空，在嫌疑车辆出行必经地点的斜上方高空悬停，此时副驾驶员远距离操控变焦摄像头对嫌疑车辆进行锁定，并利用“尖兵一号”30 倍变焦镜头拉近抓拍下嫌疑车辆号牌为鲁 Q63235，获取该车号牌后，办案人员立即通过“警务千度”信息查询系统，查出该车登记的所有人为刘某，并明确了他的真实身份，将其作为嫌疑人进行侦查。三是立体侦查，无人机高空巡航，由点到面构建案件网络。经过前期侦查工作，办案人员发现该案是链条式的污染环境案件，环节多、人员多、有组织、地域广、危害大，已查明的该涉案窝点只是非法收购废旧铅酸电池、非法炼铅产业链的其中一个节点，枣庄市境内还存在大量类似非法拆解、炼铅窝点。办案人员向

上级领导汇报，请求技侦部门、网安部门及涉案地侦查部门协同作战，对枣庄市境内五区县涉案窝点进行逐一定位，确认犯罪嫌疑人。由于部分涉案窝点为铅锭冶炼窝点，多选址在工业园区内，废旧工厂聚集分布，重金属铅对无线信号干扰较强，技侦部门定位车辆无法锁定嫌疑人员及窝点详细位置，案件侦查再次陷入困境。警用无人机再次临危授命，执行此次的搜索任务，两名无人机驾驶员化妆侦查，巧妙借用电视台记者、摄制人员的身份，携带两架警用无人机进入工业园区内，以拍摄宣传片为由对该附近可疑厂房进行高空巡航侦查，对可疑厂房进行逐个清查。办案人员根据实时传输画面进行快速判断，最终锁定了涉案窝点。两架警用无人机均能将高空侦查视频进行存储，后期由办案人员根据视频录像进行分析、研究，从而掌握了各个涉案窝点内部构造及生产经营情况。通过对窝点周围进行巡航拍摄，搜集了窝点拆解、冶炼铅锭，排放污染物质的大量视频证据材料，为日后的侦查取证奠定基础。经过连续多天的无人机高空侦查，办案人员最终对技侦部门无法确定的 4 处嫌疑窝点进行了准确定位，并搜集到重要的视频证据资料，从而由点到面构建起整个案件网络。四是空地结合，无人机高空布控，协助地面作战完美收网。该案涉案链条查清后，为深层次地明晰案件网络，该局逐级向上汇报，获得了上级公安机关的大力支持，公安部将此案列为督办案件，并定于 2015 年 9 月 19 日在全国开展集中收网行动。行动当天，枣庄市作为该案的主战场、中心战场，全市公安机关出动 600 余名警力，对枣庄市五区县 20 余涉案炼铅“黑窝点”开展统一收网行动。为确保收网行动顺利进行，两架警用无人机“飞鹰一号”“尖兵一号”同时出动，协助配合当地公安机关集中收网。办案人员先期通过两架警用无人机对涉案窝点及周围环境进行航拍，通过空中 360°巡航拍摄，制作了涉案窝点高空全景图，为领导决策提供了战略图，从而制定行动抓捕路线，确保在行动时以最近路线最快实施抓捕。行动当日，驾驶员操作无人机进行高空布控，遥控指挥作战，最终将嫌疑人员全部抓捕到案，涉案人员无一脱逃，为成功收网画上圆满句号。

七、在禁种铲毒中发挥作用

在罂粟开花季节，利用无人机对可疑地点进行航测，通过航测提高毒品原植物的发现能力和打击力度。一般巡查过程中不易到达的地方通过无人机能够非常直观地发现线索。制贩毒窝点通常非常隐蔽并且具有一定的反侦查意识，一般人员很难靠近。利用无人机隐蔽性强的特点，可以对疑似制贩毒窝点进行远程监控并获取精确的地理位置数据和周边情况，在案件侦查、抓捕中起到了关键性作用。打击毒品犯罪一直是最危险的职业，从制毒、藏毒、运毒到交易，整个过程都非常隐蔽。制造毒品往往在偏僻、人迹罕至的地方，毒品植株也多种植在林木茂盛、交通不便的山林，大宗交易和转运也是选择远离郊区的地带，因此，无人机空中侦查搜索便是一种更高效的手段。无人机携带热成像设备，可以发现隐蔽的生产活动；携带多光谱吊舱扫描获取数据分析，可以发现毒品种植；超视距空中监视、取证和定位，更能为及时抓捕嫌犯提供有力支持。无人机巡航半径大、费用低廉、机动灵活的特点，在禁毒侦查中往往能发挥较大的作用。例如，天津市警方在2013年就采用无人勘查机和警用直升机相配合，对天津市周边区县的山区地带进行空中巡查发现和寻找类似种植罂粟的情况。他们首先采用无人机巡查并拍摄照片，通过无人机搜山，每隔500 m可以自动拍摄一组照片，照片可达2 100万像素，每一张照片的覆盖面积可达3 km^2，对所有非法种植的罂粟做到无一遗漏的查获。一旦发现了疑似毒品原植物，随即派遣警用直升机和相关人员去该区域详细侦查。这一“空中禁毒”行动根据毒品原植物的生长周期特点，充分发挥了无人机机动性强和灵活性高的优势，从源头上发现并打击了毒品植物非法种植。2016年12月，江西省吉安市新干县公安局在侦办李某等人贩卖毒品案中，通过线索确定涉案人员陈某军的盘踞点为某市万亩果园场内一养猪场，但因地处空旷，周边环境不明，为确保抓捕成功，该局领导指派无人机升空，测绘周边地形，熟悉周边环境，为抓捕制定精准方案。飞手民警王永文接受任务后，根据现场地面情况，确定在距养猪场500 m外的果树林秘密起飞。单人组装大疆“悟 V1.0”型无人机用时约3 min，从地面飞至100 m高空用时约20 s，垂直上升时无人机噪声很小，100 m高处悬停时噪声比上升过程略大，噪声随着高度的增加而递减。为避免嫌疑人发觉，飞手在确定周边无民航航线等不利于高空作业的情况下，将无人机飞至250 m高空（图3.1）。从地面飞至250 m高空用时约60 s，地面人员用肉眼已看不见无人机，也听不见无人机噪声。

飞手操控无人机，将机身搭载的镜头对准嫌疑人藏匿的小楼，拍下4K分辨率（4 096×2 160像素）高清画面，并飞至小楼上空拍摄其周边概貌。无人机用时约25 s从起飞点飞至小楼上空（约500 m）。在拍下多张高清画面后，通过操控器上接收到的实时高清画面数据，通过移动数据传回至局领导手机，局领导通过该数据精准制定抓捕方案。在实施抓捕过程中，无人机又承担着高空监视

图 3.1　涉毒人员藏身地,250 m 高拍摄

作用,为领导现场指挥提供全方面的视角。如有嫌疑人窜出围捕范围,通过无人机实时影像,指挥员可有针对性地迅速改变抓捕方案,让嫌疑人无处可逃。在无人机的引导下一举将涉毒 22 kg 的陈某军等人成功抓获。此次抓捕的成功得益于无人机的前期侦查和抓捕过程中的实时监控,让嫌疑人插翅难飞。

八、用无人机掌控陌生地域的地面情况

在山高林密、地形地势复杂的情况下,一旦出现山林和水域搜索等情况,就要投入大量的人力、物力资源,不仅使得原本就不充裕的警力捉襟见肘,还增加民警的工作危险。如前几年发生的某镇杀人案,犯罪分子在实施犯罪后逃入山中,公安局动用全区及其周边区市警力在山中进行搜寻数日,工作量巨大,工作难度大。而无人机的出现,就解决了这一难题。无人机的搜索范围广,高清航拍图传也能为我们传统的巡查工作提供新的思路和方法,为指挥者进行科学的决策和判断提供依据。

1. 在山地巡查中开展搜寻工作

警用无人机下挂高清摄像头,利用空中优势,对山地区域进行3D 模式的巡查,并且大载荷无人机还可以悬挂红外线和热成像等高科技载荷,更加便于搜寻,节省人力物力,最快速了解现场情况,更能方便我们在抓捕和搜寻过程中的指挥调度,提高工作效率,降低危险性。

2. 在水域巡查中实施打捞作业

在水域巡查方面,可以与救援队合作,在水库中对落水渔民实施打捞作业,

利用无人机进行水域搜索，采取耕田模式飞行，排除可疑情况，近水面观察水域情况，成功锁定漂浮尸体位置，协助打捞。

3. 提供情报资料

当发生重大事故时，无人机可以第一时间到达现场，将现场影像资料及时传回地面指挥中心，为指挥者提供第一手情报。如汶川地震就是由无人机为救援指挥部提供情报。在天津市滨海新区"8・12"重大危化品事故现场，无人机仅用10 min就发回了态势影像图，为后期处置立下了显赫战功。

4. 抛送救援物资

当发生水灾或有人落水时，在救援人员的安全得不到保障的情况下，无人机可以第一时间将救援工具（救生圈、绳索）等，抛送到被施救者身边。据新闻报道，自2016年3月进驻任务区以来，中国第四支赴利比里亚维和警察防暴队承担了利比里亚武装巡逻、定点驻守、要人警卫、治安维护及处置突发事件等维和任务，先后出动警力16 821人次，安全圆满完成各类维和任务627批次，妥善处置群体性事件16起。中国维和警察，为维护当地群众的生命财产安全和社会重建，长期置身于国家混乱、军阀混战、无政府状态的陌生地域，常常与武装犯罪分子、恐怖分子战斗。利用无人机，可以进行大范围巡逻和战术侦查，掌控陌生地域的地面情况，对武装突袭等危险犯罪活动进行预警，同时提供不间断的可视情报信息辅助指挥决策。

第三节　多旋翼无人机在刑侦领域的应用

多旋翼无人机是一种具有三个以上旋翼轴的特殊的无人驾驶直升机。依靠多个旋翼产生升力来平衡飞行器的重力让飞行器起飞，同时通过改变每个旋翼的转速控制飞行器的平稳和姿态。相对其他平台而言，多旋翼无人机平台结构简单，飞行操作简便易学，成本低廉，容易维护，能基本满足警务工作需求。同时当前公安机关无人机飞行基础薄弱，对民警进行系统的飞行培训还不够，使用多旋翼无人机比较适合。多旋翼无人机具有模块化、高稳定可靠性、全方位拍摄视野和全天候飞行的特点，在公安刑事侦查领域具有广泛的应用。

一、视频远程传输，网络实时指挥

在发生重（特）大案事件时，现场往往情况复杂短期内无法排除安全隐患，

不宜部署大量警力进入现场。针对上述情况，可由无人机担任空中“鹰眼”，迅速部署无人机在现场周边起飞，对混乱区域进行监控实施视频无线图传，从而避免相关人员进入现场受到伤害。同时，指挥中心可根据无线图传随时掌握现场动态、从容调配警力、有效处置现场，“运筹帷幄之中，决胜千里之外”。

二、搜寻伪基站信号，逐步进行定位

伪基站一般由主机和笔记本电脑组成，通过短信群发器、短信发信机等相关设备能够搜取以其为中心、一定半径范围内的手机卡信息，利用2G移动通信的缺陷，通过伪装成运营商的基站，冒用他人手机号码强行向用户手机发送诈骗、广告推销等短信息。伪基站成本低廉、设备简易、可装车运行，具有流动性强、隐蔽性高等特点，使得相关部门在开展打击治理专项行动中遇到一定的困难。

针对伪基站，可利用无人机在空中的灵活机动性，通过在空中飞行搜寻伪基站信号，在一定的飞行范围内追踪伪基站信号的强弱，逐渐缩小侦查范围，从而确定信号发射地点。以大疆“经纬M100飞行平台”为例，无人机搜寻伪基站工作原理如下：一是编写“经纬M100飞行平台”SDK（软件开发工具包）数据。大疆官网允许第三方对“经纬M100飞行平台”SDK进行开发，可以对其SDK写入程序进行功能拓展：编写Guidance-SDK（视觉传感系统）数据，将手机绑定在无人机上并使手机与飞机通信串口进行连接，使飞机能够感知伪基站所发信号；编写Mobile-SDK（手机端）数据，可实现在无人机上绑定的手机将收到的短信内容从空中传至地面端显示，并在地面端标注所发信息基站的大致方向；编写Onboard-SDK（飞机端）数据，可实现无人机在感知伪基站所发出的信号后，自主向伪基站靠近、追踪。二是无人机追踪伪基站信号实施方案。首先，当无人机飞入伪基站范围内，在无人机上绑定的手机会将伪基站所发出的短信显示到地面端，并标引出信号源大致位置；其次，通过人工控制地面站为无人机划定一个半径较大的圆形航线，使无人机在按照该航线做圆周飞行收集伪基站所发出的信号；再次，无人机绕圆形航线飞行一周后会判断出该飞行区域内伪基站信号最前的位置，通过前期对SDK的数据编写，无人机会以“S”形的飞行路线自搜寻近伪基站信号发射最强的区域，一边搜寻信号、一边调整飞行轨迹，最终确定伪基站具体位置。

三、进行高空侦查，提供空中支援

在公安侦查工作中，尤其是现场侦查，“人海战役”已经不适用当下的实际情况，侦查人员时常为此头疼。用多旋翼无人机，民警在地面操作，进行高空勘查，获取第一手资料。与此同时，多旋翼无人机以其优势特色，如携带救援物资、照明设备等，为地面现场的工作提供空中支援。

第四章

无人机在大型活动安全保卫方面的应用

当前随着社会经济水平的提高和文化产业的迅速发展，演唱会、娱乐体育竞赛等大型活动愈来愈多，由于大型活动的参与群众人数多致使公安保卫任务压力大，如何防止踩踏等安全事故的发生，确保活动安全稳定进行是摆在公安保卫工作者面前的重要研究课题。在公安机关治安民警的日常工作中，负责辖区内社会治安防范与管理，进行辖区内大型活动安全保卫，管理辖区大量人口，掌握社会舆论动向，工作量很大。对于管辖范围较大，人口较为密集的地区，无人机的应用可以提升治安民警工作效率，解决警力不足的问题。在警务保障方面，无人机的加入将成为我们的最佳助力，其空中作业、定点悬停等能力，让我们从更加立体的角度了解现场情况。录像和图传功能，保障我们对现场情况进行最及时的了解，并能对突发情况下的证据保全提供有力保障。无人机通过活动现场空中多角度拍摄，可以全面测算现场人群活动的实时状况，有助于及时发现安全隐患。另外在无人机上再搭载扩音设备，可以对现场进行喊话，向现场群众及时传递有关安全信息。在大型活动的随身护卫中，利用警用无人机实现对空中的侦查，对警卫安保路线、住地、场所进行空中巡逻监视，并将现场情况上传到指挥中心，使指挥者对现场态势做到了然于心。同样，警卫任务让我们的警力显得捉襟见肘，而无人机的加入，为我们提供新的任务执行模式，为我们极大地节省警力，并且合理地布置警力。在大型活动中无人机可进行空中监控，实时掌握现场动态，合理调配警力，防止踩踏等事故的发生。无人机可搭载空中喊话模块对地面喊话进行疏导指挥，及时发布通知通告。它还可以挂载探照灯模块对局部区域进行不间断照明，防止因黑暗造成恐慌发生拥堵和踩踏。夜晚搭载热感成像模块可对人群密集度做出直观的判断，实时进行疏散分流，并对可能发生的踩踏、火灾隐情提前预警。

第一节　大型活动安全保卫的实践与思考

随着改革开放的不断深入、国家经济的持续发展和国际间交流合作的日益频繁，各种大型活动的数量急剧增长，规模不断扩大。但由于主办单位(或承办单位)缺乏必要的安全常识，对安保机制建设重视不够，安全监督不规范、不到位，导致在举办活动的过程中发生各种各样的安全问题(甚至发生恶性伤亡事故)，给人民群众的生命、财产安全以及社会治安秩序和公共安全都带来了严重的危害。有的还被别有用心的人利用，从事危害国家安全的活动，造成了不良的政治影响。据统计，近年来我国每年举办各类大型活动1.4万多场，近3亿人次参与活动。随着北京奥运会、上海世博会、深圳大运会等国际大型活动在我国的陆续举行，其安全问题也越来越引起社会各界的广泛关注。我们应当清醒地看到，大型活动中事故隐患大量存在，踩踏事件日益增加，有的还造成了一定的国际影响。大型活动的保卫工作是公安内保工作的重要内容，公安内保工作是公安工作的重要组成部分。新形势下的内保工作客观上要求我们做出创新驱动，将智力资源转化为新思路、新方法和新措施。我们应当确立全局性的安全意识，进行阶段性的安全检查，发出预警性的防范信息，突出全面性的安全教育，做到落实措施行而有序、忙而不乱，使大型活动万无一失，防止造成重大的政治影响、经济损失和人员伤亡等严重后果。同时，应当具有市场化安保理念，形成多元化安保力量，打造专业化保安队伍，不断探索大型活动安全保卫工作的新路子。

一、大型活动中突出的安全问题

近年来，我国举办的大型活动与日俱增。大型活动规模大、参加人员多、危险系数高、安全问题突出，有可能因场馆设施的问题引发危险，有可能发生盗窃、抢劫、爆炸案件，有可能因人流拥堵造成踩踏伤害事件，也有可能导致火灾、漏电、严重污染等问题。

1. 事故隐患大量存在

事故是由事故隐患转化而来的，从事故隐患到事故的转化过程有一定的规律可循，认识这种规律对预防事故的发生具有重要作用。这里所说的事故隐患，就是随着大型活动的举办而出现的一种潜在危险，是物质危险因素与管理

缺陷共同存在的一种不安全的状态。在大型活动中，有的地方对举办活动审批不严，在对场地观众数量的控制、座位的空隙、人员的进出通道安排以及临时搭建的舞台、看台、电气设施安全等方面检查不细，活动场所的安排不合理，大量人群聚集在狭小的空间内，存在大量安全隐患。其中，比较明显的是有的主办单位(或承办单位)不按场地容量售票，往往超员售票，还乱发工作证和记者采访证，使得活动场地工作人员过多，影响观众观看，引起场内秩序混乱。与此同时，有的大型活动在市场运作机制下，主办单位和承办单位重经济利益而轻安全责任，对公安机关提出的安全要求和保卫措施往往打折扣，有些整改措施不能够落实到位，也增加了安全隐患。特别是有些举办单位(或承办单位)为了达到经济上目的，就通过当地政府或者个别领导，对不具备安全条件的活动强行审批，使公安机关的工作受到干扰，结果导致了安全问题的出现。最近一段时期以来，大型活动当中的倒卖票证、利用工作之便以证带人、贩卖假票证的不良行为，已经成为扰乱现场治安秩序的突出问题。各种大型演出当中几乎每场都有假票出现，个别场次假票泛滥，爆场现象时有发生。还有一些偷、窃、扒、盗人员，利用大型活动人员众多的特点，混迹其中，伺机作案。这就要求我们减少管理缺陷，从而消除事故隐患，降低危害结果的发生；一旦出现事故隐患，就要采取有力措施尽快加以整改，从根本上消除事故产生的物质条件，达到保障安全的目的。

2. 踩踏事件日益增加

踩踏事件特指在人员密集场所，因现场组织秩序失去控制，产生恐慌心理发生拥挤、混乱、踩踏，从而导致大量人员被挤伤或踩踏致死的事故。人群密度大，产生群集现象是大型活动踩踏事故发生的直接原因，恐慌心理的出现和扩散是造成大量死亡的心理方面的原因，公共场所硬件设施不合理是造成踩踏事故发生的客观原因，管理方面的原因是公共活动应急预案准备不足，其根本原因是公共安全人员的安全意识不足。2004 年 2 月 5 日，北京市密云县在举办元宵节灯会中，由于现场缺乏对人流的有效疏导控制，造成 37 人死亡、多人受伤的踩踏事故。2005 年 8 月 31 日，大约 100 万名来自巴格达及其周边地区的什叶派民众前往伊玛目卡迪姆清真寺参加一年一度的宗教仪式。当数以千计的朝拜者步行通过底格里斯河上一座双车道混凝土桥时，突然有人喊叫称发现一名自杀爆炸袭击者，人群顿时恐慌，一句谣言致使近千名伊拉克民众被踩死。2006 年 2 月 4 日，菲律宾最大的私营电视台 ABS-CBN 在马尼拉东郊帕西格市一体育场举办庆祝活动,以巨额奖品为诱惑,吸引了约 25 000 人聚集在体育场外等待。由于体育场只能容纳 17 000 人,人群争先恐后进入会场,发生 74 人死亡、400 多人受伤的踩踏事故。2014 年 12 月 31 日 23 时 35 分,上海市黄浦区外滩陈毅广场发生的踩踏事故又一次给我们敲响了警钟。随着经济的全球一体化发展,国内外举办大型活动的次数越来越多,规模不断扩大,大型活动踩踏事故已经成为不容忽视的重要问题。

3. 制造事端造成影响

境内外敌对势力和敌对分子,往往利用大型活动制造事端,有的用爆炸等恐怖活动制造混乱,造成政治影响。2014 年的南京青奥会在大型活动中具有特殊性,其国际化、参赛运动员低龄化,是大型体育赛事中少见的。青奥会这样规模大、规格高、不确定因素多的体育赛事,举世瞩目,一旦出现安全问题,就会给人们留下永久的遗憾。根据联合国《儿童权利公约》之规定:"儿童系指 18 岁以下的任何人,除非对其适用之法律规定成年年龄低于 18 岁。"也就是说,参加青奥会的运动员都是《儿童权利公约》规定"需要特殊的保护和照料,包括法律上的适当保护"。因此,特殊的国际法义务将是青奥会安保中的重要问题。与此同时,青奥会的安保属于涉外警务的范畴,工作程序等有其自身的特点。来自全球的参赛成员单位和人数将超过近年来南京举办的任何一次体育运动会,安保工作必须充分考虑到国际化因素,必须经得起国际舆论的关注。

二、大型活动安全保卫的规律探寻

美国"9·11"事件后,各国对公共安全高度重视,纷纷从预防、控制等环节上根据本国的特点采取应对措施。近年来,我国大型活动中的安全问题(尤其突发事件),已经成为全社会关注的焦点。举办大型活动,应当确立全局性的安全意识,进行阶段性的安全检查,发出预警性的防范信息,突出全面性的安全教育。

1. 确立全局性的安全意识

由于人为因素或自然因素的影响,在大型活动中可能发生突发事件,存在着现实危机,如拥挤踩踏事件、火灾事故、爆炸事故等。突发事件一旦发生,安全就没有保障了,往往会造成严重的后果。一方面造成巨大的人员伤亡和财产损失,另一方面给国家造成不良的国际影响。从某种程度上说,突发事件以人员伤亡、财产损失为标志。不论何种性质和规模的突发事件,都不同程度地给

国家和人民造成政治、经济上的损失或精神上的伤害，影响社会稳定，危及正常的工作和生活秩序。

大型活动现场复杂，不确定因素多，我们应当建立应急反应机制，制定周密的应急预案，一旦遇有紧急情况，就可以处惊不乱，及时应变，快速处置，确保万无一失。在大型活动的安保中，我们应当发挥先进机制的作用，可以本着“最近、最快、最小”的原则，取得安保工作的最大效益。即在事件发生后，离现场最近的安保力量，就可以以最快的速度进行处置，处置时用最小的动作，将影响和损失控制在最小的程度。在事件处置过程中，也便于统一指挥，协调各方面的力量，积极开展疏散和救援工作。

安保部门应当提前掌握信息，增强工作的预见性，要充分估计预判可能出现的各种情况，做到防范在前，早准备、早部署。只有树立全面的危机管理理念，创建科学的应急管理体系，建立健全科学的安保机制，着力于从大处着眼、小处着手，加强预测预报、综合治理，才能防患于未然。我们应当看到一些苗头性、倾向性的问题，尽早采取措施把各种危险因素消灭在萌芽状态。

2. 进行阶段性的安全检查

危机的产生大多属于管理层面上的问题，如果不加强管理，就很可能造成严重后果。我们应当加强管理，制定出大型活动的各项管理措施确保活动安全。安全是成功举办大型活动的重要保障，对涉及安全的问题，我们必须认真对待，通过情报信息、安全检查等途径发现其中存在的安全隐患。安保人员警惕性不高，现场控制意识和能力不强，往往导致事态扩大，造成不应有的后果。

我们应当在大型活动的各个不同阶段，开展严格的安全检查。安全检查是为了发现和堵塞漏洞，消除不安全因素，加强预防措施。一要查思想。大型活动的安全保卫应当有领导的重视和群众的支持。查思想就是要查领导对安全防范工作是否重视，查工作人员是否有麻痹大意的思想。二要查制度。检查大型活动安全保卫有无制度，检查制度是否健全，责任是否明确，检查制度的执行落实情况。三要查措施。检查大型活动安保的各种防范措施和整改措施是否严密周到，是否得到落实。大型活动安全的关键在措施，措施的关键在落实。四要查隐患。检查大型活动中是否存在隐患漏洞及不安全因素，如发现隐患漏洞，是否及时提出整改意见。比如在运动会开幕之前，加强对场地、设施的安全检查，确保绝对安全后对场地进行封控，对设施进行看管。在运动会期间，对进出场地的人员、车辆以及随身携带的物品进行检查，同时对入场人员进行验证检查。检查指导场馆业主单位制定、完善比赛时期的内部治安保卫制度，落实日常治安防范措施。组织安保力量加强对比赛时期场馆业主单位内部治安保卫工作的检查指导。做好场馆内供水、供电、供气、通信等重点要害设施和新闻中心、奖牌存放室、兴奋剂检测室、食品物流中心、临时枪弹库外围的安全巡控工作，确保重要设施和目标安全。

3. 发出预警性的防范信息

我们应当把应对危机的各项工作落实在日常管理之中，加强基础工作，完善网络建设，增强预警分析，做好预案演练，增强防范意识，将预防与应急处置有机地结合起来。把保障生命安全作为大型活动安保的首要任务，做好危机预警防范工作，增强居安思危的意识和自救互救的能力，力争实现早发现、早报告、早控制、早解决，将危机造成的损失降低到最低程度。应当向特定人群发出预警信息，直接让公众注意到某类问题，从而使他们采取一定的防范措施。比如拥挤踩踏事件，往往就缺乏先兆，突发性强。我们就应当根据活动的性质、内容、规模等确定安全等级，并根据安全等级，通过设立警示牌或者发放宣传资料的形式，及时发出预警信息。国内外不少公共活动安全事故的发生都源于过度拥挤，活动容量的测定和控制是保证大型公共活动良好秩序、减少骚乱和踩踏等意外发生的重要手段。空间有限、人群相对集中的场所，都隐藏着潜在的踩踏风险。在行进的人群中，如果前面有人摔倒，而后面不知情的人若继续向前行进的话，极易出现像“多米诺骨牌”一样连锁倒地的拥挤踩踏现象；当人群因恐慌、愤怒、兴奋而情绪激动失去理智时，人多拥挤的地方踩踏的风险也高。合理控制人群，使工作人员与游客形成互动，让游客跟着保卫人员的节奏在场内有序流动，可以有效防止踩踏和骚乱事件发生。

4. 突出全面性的安全教育

举办大型活动，应当从正反两方面进行全面性的安全教育。正面教育是指通过正面训导以激起或强化公众的安全意识，通过分析当前的形势和过去所发生过的问题，提醒公众树立安全意识，让大家明白不安全的因素依然存在。反面教育是通过向公众展示灾难事件给受害者带来或者可能带来的灾难，让公众增强安全意识。比如南京市为了举办青奥会，在全市范围内开展青奥会安保工作口号征集活动，得到了热烈响应，就是这样的安全教育，最终确定了“共建平安南京　共创平安青奥”的口号，既体现出卓越、友谊、尊重的奥林匹克价值和绿色青奥、活力青奥、人文青奥的理念，又体现了青奥安保特点，展现了南京的

风采，形成了人们的共识。

三、大型活动保卫的路径创新

长期以来，我国大型活动安保工作理念落后、职责不明，也缺乏必要的法律支持，在一定程度上阻碍了大型活动安保工作市场化运行机制的形成与发展。这些年来，我国举办的大型活动，无论数量还是规模都在逐年上升。为确保大型活动安全而投入的警力不计其数，公安工作的压力越来越大。大型活动的安保，应当确立市场化安保理念，形成多元化安保力量，打造专业化的保安队伍。

1. 确立市场化安保理念

目前，我国的大型活动一般都是通过地方政府牵头主办或批准主办的，安保工作依然未能实现市场化，导致公安机关承担的安保工作任务繁重，日常工作受到一定程度的影响。习惯上，人们普遍认为安保是公安机关的事，有的政府领导在安保理念上也没有跟上时代的步伐，对民间活动和公共活动定位不明确。在国外，大型活动的安保理念上更多的是强调主办方的责任义务，他们通常对活动进行科学的分类，以此确定是民间活动还是公共活动，然后再根据活动的性质确定警方在活动中的安保职责。在这个思想观念的影响下，在很大程度上节约了警力，充分调动主办方的积极性。比如在德国，他们的私人安保力量比较发达，在大型活动的举办中主要由活动主办方组织安保力量进行安检和维护秩序，警察则是以中立者和震慑者的身份出现的，防止违法犯罪行为或者骚乱行为的发生。德国所有的大型活动主办方都有义务通知属地警方，如果在街道举行大型活动，还要向交通指挥中心递交线路图，再由指挥中心授予有保留性的许可。

大型活动，特别是一些具有浓厚商业气息的活动，主办者的目的往往是追求丰厚的经济利益，所以作为大型活动的安保机构，为大型活动提供安全保障服务，有偿服务是理所当然的，也符合市场化运行的规律。在市场化运行机制中，安全服务是一种商品，主办者如果无偿地使用这些公共安全产品，并且推卸掉原本属于自身的安全责任，就有悖于市场经济规律。大型活动安保工作只有实行有偿服务，走市场化道路，才能维持大型活动安保工作的长期性和有效性，才能调动安保人员的积极性，才能保障大型活动安保工作走可持续发展道路。

2. 形成多元化安保力量

公共安全作为一项重要的公共物品，作为政府一项重要的公共管理职能，必须以满足社会的需求为目的,适应市场经济的要求,以更加灵活的方式提供给社会和公众。这种变革也使一些准公共物品不仅可以由政府提供,还可以由企业提供,这也为企业进入公共物品市场提供了空间。

在国外的大型活动安全管理中,保安服务公司已成为安保工作的主力军,实行安保工作有偿服务也得到了社会认可,警察则退居幕后承担起监管和指导的责任。瑞典是一个足球运动比较发达的国家,足球人口比较多,球迷对足球的关注程度也比较高。1992 年瑞典举办世界青年足球锦标赛,不少英国足球流氓到瑞典观赛,使不少瑞典的青年球迷学会了他们的做派,足球流氓由此登陆了这个国家,足球流氓对社会的危害从此开始。瑞典警方打击足球流氓的斗争也始终没有停止过,并且在实践中逐步找到了有效的打击足球流氓之策。瑞典警方的目标很明确,就是警察要逐步退出足球比赛的安保工作,因为他们认为执勤警察本来就不应出现在足球场上。当然这并不意味着警察不负责打击足球流氓了,相反警察要把更多的精力放在球场外,因为那时一场球赛的输赢已定,有的人会为了发泄怒气而闹事。同时,对于一些重大的比赛,警方还是要安排足够的警力备勤,防止发生意外。

在我国,政府也认识到了保安在社会治安防范工作中发挥的作用以及通过市场化运行所产生的良好效应。政府职能转变的大趋势是公共管理的市场化和社会化。实践证明,政府的作用是补充市场和社会,而不是替代市场和社会。由此可见,政府职能的转变改变了公共安全的供给方,为多种形式的公共安全供给提供了空间。随着提供安全服务的非政府机构和企业的出现,有偿的安全服务为人们所接受。政府和企业都可以提供安全服务,但各自的职能与角色不同,提供的方式和产品也不尽相同。政府提供安全服务,是社会不可缺少的,保安服务公司等企业提供的安全服务可以视为是政府提供的公共安全服务的补充,也可以认为是一种特殊的商品。

我国大型活动不仅数量逐年增多,而且规格越来越高,规模越来越大,内容越来越新。随着我国经济的发展,大型活动已成为经济发展中的一项产业。在现有的条件下,公安机关不可能投入大量警力参与大型活动安保工作,而活动中群众的安全问题又是政府和社会关注的重点。对于大型活动的安保,它不仅应当引起公安机关的重视,还应当充分利用社会资源满足其安全需求。当前,公众对大型活动的安全问题日益关注,而政府所提供的安全服务越来越无法满足公众的需求。因此,只有聘请保安人员,充分利用社会资源,才能更好地保障

大型活动的安全。公安机关则对许可举办的活动，根据具体情况组织相应警力，协助维持现场秩序，指导督促落实安保措施，协助主办方维持活动现场的治安、交通秩序，及时查处活动中发生的治安、刑事案件以及处置突发事件，这样才能更好地确保活动的安全。

在大型活动安保工作中，应当坚持主办单位负责、保安力量为主、公安机关指导的原则，由保安服务公司与活动承办方签订合同，承担大型活动的安保工作。2011 年 7 月 18 日上午，参加深圳第 26 届世界大学生夏季运动会罗湖赛区安保任务的江苏警官学院 750 余名师生行程 2 000 余千米，顺利抵达了深圳大运会安保工作一线。

3. 打造专业化保安队伍

长期以来，我国大型活动安保工作以公安机关为主，投入的警力多，社会资源没有充分利用起来，与国外大型活动安保工作相比，机制单一。我们应当借鉴国外大型活动安保工作的运行机制，结合我国的实际情况，对大型活动安保工作实行市场化运行运作。随着我国市场经济的发展和政府改革的推进，公共安全服务领域允许保安企业进入，保安企业可以通过市场化运作提供多样化的安全服务(包括大型活动的安保服务)。在我国，用法律规范大型活动安保工作，积极引入市场化运行机制已经成为可能，我们应当大力发展专业保安力量。事实上，在为大型活动提供安全保障服务的机构中，最规范、最有能力肩负起大型活动安全管理职责的就是保安服务公司。保安服务是一种产业，市场的需求是保安服务业存在和发展的基础，随着社会的发展，不同层次和类型的安全需求不断增长，保安服务公司通过向客户提供安全服务产品来换取经济效益，求得自身的生存和发展。实行有偿的安全服务是保安服务公司不同于政府执法机关的最本质特征，而公安机关作为政府职能部门，其职责是为社会全体成员提供安全服务，不可能通过市场规律提供安全服务，而保安服务公司作为专门提供安全服务的企业，则完全可以走市场化之路。保安服务公司在为大型活动提供安全服务中，一方面应当提高保安员的综合素质，另一方面应当强化保安服务公司的专业化功能。我们应当组建职业化、专业化的保安服务公司，以此推动大型活动安保工作产业化。在国外，这种安全管理模式已经成熟，而且广泛运用，警力得以从大型活动的安全管理中解放出来，更好地体现了自身的价值。我国有些地方保安服务公司也有类似的机制，令人欣喜。因此，地方政府可以通过将培育保安市场和行业发展相结合，积极探索大型活动安保工作的新路子。

4. 用无人机进行大型活动的安全保卫

警用无人机系统具有高效快捷、安全可靠、实时监控等显著特点，能够有效解决传统人工安保所遇到的难题，实时监控大型活动现场状况，有力支撑大型活动安全保卫工作。在大型活动、集会等场合，地面巡查的效果容易因地形复杂、道路分支众多、人力资源不足而受到局限。在大型活动或者人员密集场所，无人机能够执行空中巡逻、空中定点监控等工作，配合地面执勤人员，完成密集区人员疏散、发现隐患等工作。安保指挥人员通过无人机画面，可以更好地安排警力部署，对突发状况能够迅速做出反应，做出准确决策。大型活动现场往往人流量巨大，现场普通监控探头观察视角小，视角转换缓慢，不利于对整个现场的观察，而现场民警在人流中视线受阻，同样无法准确判断突发事件的地点、原因和状况，影响处置效率。使用无人机在高空对现场进行持续巡逻，密切注意地面情况，尤其是对高层建筑等地面监控的薄弱环节，能够实现对某一区域在一定时间段内的无缝覆盖，对该区域治安状况进行全面了解，配合指挥部有针对性地进行警力调度。在重大活动安保工作中，无人机按照事先划定的区域对现场上空进行实时监控，密切注意地面情况，对该区域治安状况进行全面巡航，将现场画面通过网络实时传入指挥中心大屏，为安保工作和科学指令提供依据。2015 年以来，江苏省徐州市公安局自配备无人机后，每逢重大安保、节假日安保执勤期间，彭鹰空中巡查大队组织无人机在绿地万达、铜山万达、金鹰等商购中心和人员密集场所低空巡航，累计执行安保任务 50 余次，飞行 200 余小时，为更加合理地调配警力，处置突发事件提供有力支撑。G20 峰会在杭州召开期间，杭州市公安局特警支队配备警用无人机，为 G20 峰会安保工作提供了强有力保障。河南省开封市近年来成功举行各类大型活动，如国际马拉松赛、国际龙舟赛、清明文化节、大型演唱会以及各种庙会。为确保各类大型活动的正常举行，防止故意或蓄意破坏大型活动等行为出现，可以将无人机部署于会场进行空中监控，依据传输的高清画面，搜索发现地面可疑人员和车辆，从而提供强有力的空中情报保障。无人机将视频图像实时回传到指挥中心，指挥中心根据无人机传回的资料对现场情况实时掌控，无人机可以第一时间发现突发情况，极大地提高了应急处理效率，为大型活动的安保工作做出其他警务设备不能实现的安全保障。2016 年 7 月，天津市公安局在“夏季达沃斯”安保工作中，使用无人机进行空中视频监控巡查，将目标画面实时传送至现场指挥部，有力地支持了地面指挥与调度工作。

第二节　无人机在大型活动安全保卫工作中的应用

一、大型活动基础调查

了解掌握大型活动的基本情况，是做好大型活动安全保卫工作的前提和条件。在基础的调查过程中，围绕大型活动所涉及的人、事、地、时等几方面进行。对无人机来讲，要对大型活动的场地提前进行勘查。勘查的内容包括可安全飞行区域、应急降落区域、禁止飞行区域及电磁干扰区域等。

二、无人机安全保卫工作方案制定

1. 任务区域划分

在对大型活动进行基础调查的前提下，要根据大型活动基本情况制定相应的工作方案。对活动现场进行区域划分，对重点区域进行标注。

2. 任务设备选择

根据任务的具体情况选配相应的任务设备，比如在夜间可选用红外热成像设备。如果安全飞行区域距离重点监视区域较远，可选用变焦设备。

3. 规划飞行方案

每次大型活动都是在特定的时间和空间下进行的，所以要根据不同的时间确定不同的飞行方案，比如在活动开始入场或是活动结束出场时。这时人员流动密集，无人机应在安全区域内飞行，不得进入人员密集区域。无人机以定点拍摄为主，通过摄像设备的转动或者变焦来观察现场情况。

4. 应急预案制定

安全因素的控制与消除是大型活动安保工作的核心。在任务规划时，要划分出紧急备降区域，在特殊情况时供无人机紧急备降。

三、指挥系统的构建

高效细致地组织实施大型活动安保工作，除了部署得当、措施有效外，关键还在于部署和措施落实到位，这就需要建立高效的指挥系统。无人机作为新型的安防工具，给传统的指挥协调带来了全新变化。指挥人员通过无人机高空拍摄画面可以得到现场的全局信息，并可以通过实时的现场画面合理调配警力。大型活动安保以安全为核心，无人机的安全运行离不开高超的飞行技能，也离不开及时有效的应急处理能力以及科学的任务方案，这都需要进行科学有效的训练。

第三节　基于大型安保活动的警用无人机系统应用关键技术

一、视频动目标实时跟踪定位技术

实时监控视频为安保指挥人员提供了动态、实时、直观、准确的图像信息，能够实时监控安保区域内的动目标，回放动目标的轨迹信息。首先，通过地面站将无人机获取的实时视频进行动目标识别分析；其次，对动目标进行定位锁定，通过自适应跟踪控制算法，将定位锁定后的动目标一直显示在地面站屏幕的中心位置；最后，控制警用无人机持续自动跟踪动目标，也可设定同时跟踪定位多个目标和主跟踪目标。如车辆实时跟踪定位（图 4.1）和人员实时跟踪定位（图 4.2）。

图 4.1　车辆实时跟踪定位

图 4.2　人员实时跟踪定位

二、倾斜摄影技术

无人机倾斜摄影，是无人机搭载了相机(图 4.3)，采用了一定的倾斜角度拍摄的。倾斜摄影技术是当今实景三维建模技术数据获取的主流，合理地将定位、图像、摄影等多方面的技术融合在一起(图 4.4)，很好地弥补了传统摄影测量技术应用的不足，能够获取航线区域内多个角度的数据信息，能够更大范围、更清晰、更高精度感知安保会场及其周边的地物情况，影像数据具有全纹理、真环境、可视化、可浏览、可量测的特点，为快速三维实景建模提供强有力的数据支撑。

图 4.3　无人机专用轻型倾斜相机

图 4.4　倾斜摄影原理

三、快速三维实景建模技术

快速三维实景建模技术主要基于图形运算单元 GPU，通过对倾斜影像进行几何校正、区域网联合平差、多视影像匹配、不规则 TIN(三角网)构建和自动纹理添加等(图 4.5)，将无人机倾斜影像快速自动建模，能够还原出安保区域的实景三维，基本无须人工干预便可完成海量数据的三维实景建模。

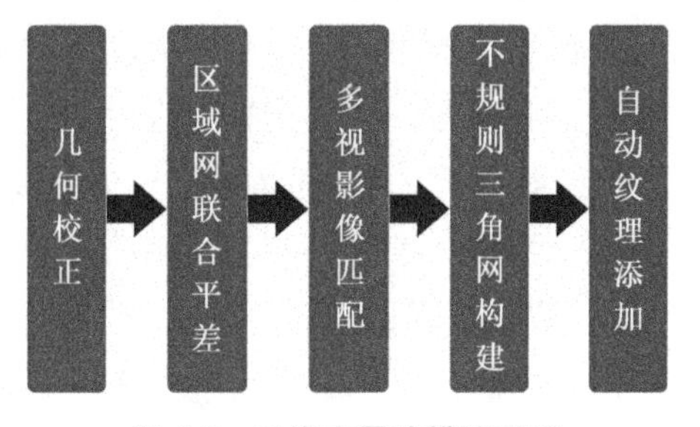

图 4.5　三维实景建模流程图

依靠传统人力巡检或二维环境的指挥调度已经不能满足大型安保活动的现实需求，通过实景三维快速建模技术，将活动现场的建筑、道路、线路等进行可视化，为安保指挥中心进行科学警力部署、应急预案制作、事故动态模拟提供真实、直观的决策环境，能够显著提高安保指挥中心的决策能力、应急指挥能力与人员调度配置能力。如图 4.6 为某地的三维实景模型。

图 4.6　某地的三维实景模型

第四节　警用无人机系统在大型安保活动中的应用

无人机可在空中监控，提供高清画面，并可以快速机动到任何需要的区域上空，搜索发现地面可疑人员、车辆，提供强有力的空中情报保障。因人员众多、公网信道拥堵，利用警用 4G 网络将视频图像实时传输回指挥中心，指挥中心根据无人机传输回的资料对现场实时掌控，一旦发现突发情况，无人机可以第一时间发现，极大地提高了应急处理时效。警用无人机系统可对大型活动现场进行连续数十小时低空监控，密切关注人群密度和现场安全隐患，及时进行高空喊话疏散分流，必要时提供高亮度照明，防止因黑暗造成拥堵和踩踏。目前，警用无人机已经被广泛应用到国内公安业务的多个方面，例如反恐处突、查毒缉毒、案件侦查、交通管控、大型活动安全保卫等，充分发挥了警用无人机应急快反、全面监控、实时回传的显著特点，尤其在应对大型活动安保问题时，倾斜摄影和快速三维建模技术更显示出了其巨大优势，使得安保指挥人员在应急处突时更加游刃有余。

一、事前倾斜影像获取，预案制作

在大型活动举行前，使用警用无人机对会场及会场周围环境进行日常拍摄

巡检,充分掌握会场及周围环境,排除安全隐患。预案演练可以预测事故可能发生时间、地点、过程和影响范围,使用警用无人机系统三维实景分析模块,进行事故模拟分析,做好危险评估,及时应对突发事件。

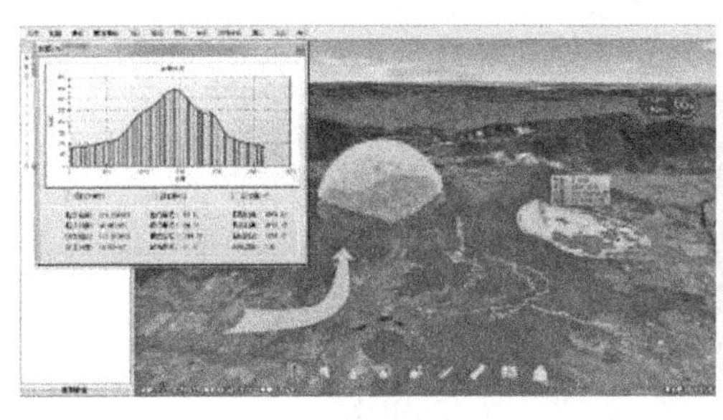

图 4.7　通视分析

图 4.8　三维量测

安保指挥中心根据无人机警务系统提供的三维分析功能[通视分析(图 4.7)、三维量测(图 4.8)、三维路径分析、作战标绘等],能够在事前科学合理布控警力和救援力量。

二、事中监控,合理布置

在大型活动举行中,警用无人机对会场进行持续监控,将视频、图像实时传输到地面站和安保指挥中心,安保指挥中心根据无人机实时传输的视频和经地面站快速处理后传输的成果数据对现场实时管控,做到“及时发现、及时处理”(图 4.9),大大提高了大型安保活动的监控管理水平。

警用无人机可以搭载扩音装置,在大型活动现场应急时,从空中传达应急讲话,保证应急指挥。警用无人机可以从空中播撒传单,向现场群众传达消息,尤其当出现骚乱时,能够有效传达信息,引导群众配合公安的施救行动。

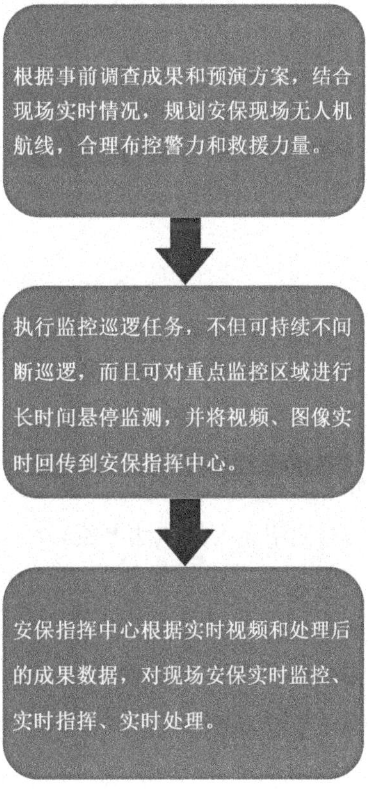

根据事前调查成果和预演方案，结合现场实时情况，规划安保现场无人机航线，合理布控警力和救援力量。

执行监控巡逻任务，不但可持续不间断巡逻，而且可对重点监控区域进行长时间悬停监测，并将视频、图像实时回传到安保指挥中心。

安保指挥中心根据实时视频和处理后的成果数据，对现场安保实时监控、实时指挥、实时处理。

图 4.9　事中监控流程图

三、事后模拟，事故还原

在大型活动结束后，如出现事故，融合视频和实景三维，能够模拟事故发生全过程（图 4.10），为“了解事故、掌握事故、解决事故”提供强有力的支撑。

图 4.10　事故模拟复原图

在大型活动中突发的聚众斗殴、打砸公私财物、袭击活动工作人员等违法行为，可以用无人机在现场空中取证。

第五节　警用无人机在复杂地形下的应用

从整体上看，我国对警用无人机的功能设计、机型选取、实战结合等方面仍处于刚刚起步的阶段，主要是使用在视频和图像的采集上。近年来，各地警方陆续使用无人机执法办案，北京、广东、湖北、江苏、新疆等地开始探索警用无人机执法的新模式，警用无人机已经在反恐监控、急突发事件调查、防暴搜捕、聚众驱散、大型集会监控、救援搜索、交通监视等领域应用。当今社会，犯罪环境日益复杂，城市中高楼大厦和密集的人群给案件侦查带来了大量的困难，警务人员在群体性事件及暴恐事件发生时，因为密集的人群和拥堵的交通无法以最快的速度赶到犯罪现场。在这种情况下，民警很难在第一时间内了解到案发现场的具体情况，从而造成信息的延迟，影响到公安机关对事件的判断和处置。而警用无人机可以在很大程度上解决这个问题，无人机可以直接从空中飞抵现

场，用携带的高清摄像机实时传输回现场的录像和图片，让公安机关更好地判断现场的态势，从而做出更加有效的应对措施。与此同时，对于发生在楼层高处的犯罪案件，无人机的使用可以很好地显示出案发地室内的情景，从而减少侦查人员攀爬楼体外侧所造成的危险。目前，我国很多地区在警用无人机的运用上都有了自己独到的方面，拥有了不少的科研专利，根据各自的当地环境和应用条件研制出了自己的警用无人机，这在很大程度上促进了警用无人机的发展。

一、用于反恐侦查

如今信息化社会越来越发达，城市环境越来越复杂，无人机可以在各种各样的突发状况下帮助公安机关更好地了解现场发生的状况，以便于及时地做出应对措施，防止事态的扩大，更好地处置事件。从2008年开始，新疆建设兵团公安系统就开始研发警用无人机，经过两年时间的努力奋斗，在2010年6月22日成功地实现了无人机首航试飞，主要适用于反恐维稳和搜索救援。新疆具有典型的地广人稀特点，各个公安局和派出所辖区相较沿海地区都宽广了很多，在通常情况下，警方在接到求援报警和情报后并不能及时赶到现场，而且宽广的地域导致很难把辖区完全巡逻一遍，会造成很大的漏洞，而无人机可以很好地弥补由于人力不足和地域宽广所引发的这些问题，使用无人机从高空进行拍摄可以更好地管控整个辖区，不会造成辖区漏洞。而且出警前也可以通过无人机对现场情况进行初步的了解，提前拟定初步的救援措施，以减少时间上的浪费和可能造成的人员伤亡。

二、进行缉毒侦查工作

近年来，河北省承德市公安局研发制作的“鹰眼”无人机在禁毒工作中发挥了很大的作用。犯罪分子的罂粟种植区域大多处于偏远山区、坝上高原林区等难以到达的地区或者村庄院落、田间地里等特别隐蔽的地区，很难被公安机关发现铲除。承德市公安局每年都要花费大量的人力物力在查处非法罂粟种植区上，但效果却很不明显。为了改变这种状况，2011年，他们成功研制了多功能遥控无人机并且把它使用到禁种铲毒工作中，结束了承德市完全依靠人力进行禁种铲毒工作的状况，这款无人机就是“鹰眼”系列的雏形。2012年，研发人员在原有样机的基础上成功研制改进出“鹰眼一号”和“鹰眼二号”两款无人机，极大地提高了缉毒民警查处非法罂粟种植区的效率，有力地保障了公安民警的人身安全，为禁毒事业发挥了巨大的作用。自从“鹰眼”式无人机研发以来，已经在禁毒工作中发挥了巨大的作用，多次为民警提供贩毒窝点和非法罂粟种植地址，立下了汗马功劳。

三、进行空中巡逻侦查救援

2014 年初，由吉林省通化市公安局技术人员自行设计、自主研发的系列无人机试飞成功，该系列包括三架无人机：便携式视频侦察机“通飞一号”、大型重载救援空投暨攻击机“通飞二号”和远距离巡逻防控机“通飞三号”。该无人机项目通过借鉴国内外警用无人机研发的成功经验，与当地的环境、气候相结合，克服了无人机续航能力不足，无法携带重物等缺点，本着实用的原则，采取组合互补的方式，实现了全方位、全覆盖、全地形合成警务实战与应用。其中，自动变焦监控、机械手救援、远程投弹、缓降设备空投、固定翼冰雪地形起降等五项技术为全国无人机应用领域首创。2014 年 3 月，通化市公安局使用无人机在空中巡逻时，发现滨江西路广场不远的地方有人躺在地上长时间不动，就立即通知了当地派出所，并通知医院救援，及时挽救了一条鲜活的生命。

四、进行空中全景现场侦查

无人机具备成本低、易操纵、灵活性高、可超低空飞行等特点，可从空中完成特殊任务，在执行特殊任务时，可以由操作人员从远处操控无人机对地面、室内等环境进行高清拍摄，对地面、室内环境进行三维建模，方便指挥中心制定处置措施。因为不用侦查员到现场进行侦查，同时可以减少人员伤亡，而且无人机携带方便，民警可以将无人机置于警车中携带，方便随时使用，若将无人机广泛用于公安业务的方方面面如反恐、缉毒、特殊案件侦查、车辆查控、交通巡逻、大型活动空中监控等警务活动中，可充分发挥无人机的各项优势，快捷高效地完成应急救援、陆上搜救、应急追踪、现场取证、高空拍摄、空中监控等急难险重任务，并在第一时间内为指挥中心传回现场情况，协助指挥中心及时制定应对措施，有利于事件更好地解决。湖北省武汉市公安局视频侦查支队立足实战、自主研发了“空间全景现场侦查系统”，将无人机、3G 移动视频监控和视频侦查图像处理技术相结合，通过绘制“现场三维立体全景图”，精准、直观、全面地反映目的地区现场情况，具有查得准、盯得住、传得快、看得全的优势。现在有不

少犯罪嫌疑人在犯罪后会逃入深山以及树林等区域，给公安机关的抓捕造成很大的困扰，十几个人一组进入这些地区搜索在密集树林的环境下很难搜索到犯罪嫌疑人，而且有些复杂地区危险性很大，会危及搜索人员的生命安全，但小型无人机可以携带红外摄像仪等专业设备在这些地区轻易飞行，从而减少搜索的难度，可以对犯罪嫌疑人的位置进行准确定位，以便于制定抓捕方案，对犯罪嫌疑人实施精准抓捕。

当前，犯罪分子作案手段日益多样化、高科技化，然而现阶段我国公安机关警力不足导致疲劳工作，装备落后导致很多案件的处置困难，多警种协调不足导致很多案件难以破案，这些问题都急需解决。所以我国在提高公安的快速反应能力的同时，提高装备质量也迫在眉睫。警用无人机可以改善公安机关人力不足和装备落后的问题，是公安装备现代化的重要标志，也是现代警务发展的必然趋势。

第五章

无人机在处置群体性事件方面的应用

客观地讲，我国群体性事件的发生呈增长态势。自 2008 年贵州省、云南省、甘肃省相继发生了瓮安群体性事件、孟连群体性事件和陇南群体性事件以来，群体性事件一度此起彼伏。群体性事件与经济高增长面临的隐忧、就业面临的问题、贫富差距的扩大、城乡差别的扩大等社会问题的关系密切。从群体性事件处置情况看，公安机关介入点都是处在即将发生或已经发生的关键时刻；从群体性事件的特点和处置过程中的难点看，群体性事件已经给公安机关带来了巨大压力。实践已经证明，一旦发生大规模群体性事件，公安机关便会面临处置难度大、处置时间紧等问题。近年来，有些地方的公安机关在处置群体性事件过程中，合理使用无人机，采取严防大规模聚集、迅速清除已聚集群体的办法，避免了事件的进一步恶化，取得了良好的效果。

第一节　群体性事件概述

当我国的经济发展进入人均 GDP 1 000～3 000 美元这样一个转型时期的关键时刻，产业结构快速转型、社会利益格局剧烈变化、政治体制不断应对新的挑战，是既充满新的机遇，也面临各种新的社会风险、出现新的社会问题的时期。在这个问题上，有些国家和地区曾经在 20 世纪 70 年代经济起飞后也进入过这个时期，但后来他们却走上了截然不同的发展道路。其中的一些国家和地区发展顺利，如今人均 GDP 已达到 1 万～2 万美元，而其中的另一些国家和地区没有能够解决好社会矛盾和社会问题，至今人均 GDP 还停留在不足 3 000 美元的水平上。这个客观现实，是我国在高增长伴生高犯罪的特殊时期应当引以为戒的。就总体而言，当前，我国社会是和谐稳定的，总的形势是好的。但是，我们必须看到，由于我国正处于经济转轨、社会转型的特殊历史时期，我国正处

于工业化、城镇化加快推进的特殊历史阶段，经济基础和社会结构剧烈变动，利益关系和利益格局深刻调整，影响社会稳定的不确定因素明显增多，由人民内部矛盾引发的群体性事件面广量大，已经成为严重影响社会稳定的最为突出的问题。我国当前经济增长面临的隐忧是多方面的，比较突出的有下面三个问题：一是金融风险的问题；二是增长过分依赖投资和外贸出口的问题；三是城市生产与农村消费断裂的问题。近几年经济增长和投资的增长都大大高于农民收入的增长，快速增长的城市生产似乎越来越远超出 9 亿多农民的消费能力。在这几个问题中，第三个问题表现得更为尖锐，是产生群体性事件的温床和土壤。

一、群体性事件基本含义

要掌握群体性事件的含义，就要了解什么是“事件”，什么是“群体性”。“事件”一词，按照《辞海》的释文，是指历史上或社会上所发生的大事。从社会治安的角度来看，当今社会所发生的事件可以分为三种类型：第一种类型是由社会原因而引起的、有众多人参加的、严重影响社会治安秩序的事件，如社会骚乱，群体暴乱，球迷闹事，集群上访闹事，非法集会、游行、示威活动等。第二种类型是指因个别人挑起的、突然发生的暴力性事件和严重暴力犯罪事件，如劫持人质，持枪袭击，制造爆炸，劫持车辆、飞机、轮船等。它不仅极大地危害了人民群众的生命和财产安全，而且产生了恶劣的社会影响。第三种类型是指突发性的灾害事件，如地震、雪崩、洪水、泥石流、火山爆发等自然灾害事件，以及核泄漏、水坝决堤、危险物品散失、大面积建筑物着火等治安灾害事件。它对人民的生产、生活和生命、财产的破坏作用都是极大的。这里所说的群体性事件，是专指上述第一种类型事件。所谓“群体性”，是相对于“个体性”而言的。群体性事件就是参与人数众多的、由社会原因引起的、对社会治安秩序产生一定影响的事件。这种事件，与第二种类型事件不同。近年来，报纸杂志、广播电台、领导讲话都倾向于将其称为群体性事件，公安机关在有关文件和材料中也习惯于将其称为群体性事件。群体性事件是对具有某些社会性特征的事件的统称，是具有某些共同利益的群体，为了实现某一目的，形成有组织的集体上访、集会、游行、阻塞交通、围堵党政机关、静坐请愿、聚众闹事，由此向党政机关施加压力，破坏公私财物、危害人身安全、扰乱社会秩序并造成严重影响。从法律角度来看，群体性事件是指聚众共同实施的违反国家法律、法规、规章，扰乱社会秩序，危害公共安全，侵犯公民人身安全和公私财产安全的行为；从社会学角度来看，群体性事件是指由社会原因而引起的，有众多人参加的，并且严重破坏正常社会秩序，必须及时采取紧急措施予以处置的重大社会性事件。理论界通常把群体性事件界定为某些利益要求相同、相近的群众或者个别团体、个别组织，在其利益受到损害或者不能得到满足时，选择适宜的场所或时机，采取不当的方式去寻求解决问题的途径，并产生一定社会危害的集体活动。放眼世界，无论国家的社会制度如何，各国都把各种非法集会、游行、示威、骚乱、暴乱，各种群体性械斗、球迷闹事等突发事件列为群体性事件，对严重危害国家安全和社会稳定的群体性事件，都十分重视预防和处置的工作。我国现阶段随着改革的深化、体制的转换和利益格局的调整，导致新旧规范、社会机制、价值观念等方面出现了矛盾和冲突，尤其是人民内部矛盾随着各种诱发因素和抑制力量的此消彼长，各种社会矛盾交织，社会利益日趋复杂，群体性事件日趋增多，且呈现出多发性、复杂性等特点。因征地拆迁、企业改制、工程建设等方面引发的群体性事件逐渐增多，由利益矛盾、利益分化、利益冲突和利益重组所引发的群体性事件日渐增多，各类突发性群体事件呈高发态势，使社会张力表面化，社会的稳定性降低。群体性事件的发生，通常需要具备三个条件：一是这个群体需要解决的问题一时难以得到解决，由于长期积压，在心理上超过了其承受能力；二是具有引发事件的特定时机和重要时期（如企业改制、征地拆迁、新的政策出台、天干地旱、交通事故等）；三是都有策动、召集的组织者。要满足这些条件，往往需要一个酝酿过程，经历较长一段时间。这一过程一旦完成，只要受外界某个因素的刺激，就很容易导致群体性事件的发生。由于外界因素的不确定性，群体性事件也就具有了“突发性”。2008 年 12 月 10 日，公安部办公厅印发了《公安机关处置群体性事件规定》，为我们正确认识群体性事件提供了规范性文件。

二、群体性事件的主要特征

随着改革的深化和利益格局的调整，因人民内部矛盾引发的各类群体性事件也处于活跃期与多发期，已经成为影响改革发展和社会稳定的突出问题，成为构建社会主义和谐社会的一大阻力。群体性事件是社会转型时期各种消极因素的综合反映，具有复杂性、多样性、综合性。群体性事件的根本特点是超越或违背了既包括已经制度化的成文的法律、制度、纪律，也包括内化在人们心中的价值标准、道德规范等内容的社会规范，具有激情主导性和行为失控性。在

群体性事件中，参与人员往往局限于自己的特定利益和要求，只是从单方面、特定角度来考虑问题，将怨气和不满集中到党委、政府头上，因而，与党委、政府的对立情绪较强。在群体聚集这一特定条件下，个体之间相互影响，很容易使激情在群体中占主导地位，参与者因情绪的影响引起共振，自我控制能力下降，很难正确地估计自己的行为后果。因而，一些群体在向党委、政府提出要求时，逐步升级，层层加码，以“人多力量大”的从众心理向政府施压，甚至实施扰乱公共秩序、堵交通、打、砸、抢等违法犯罪行为。

1. 共同利益的牵动性

当前群体性事件发生数量逐年增多，表现方式趋向激烈，选择时机日趋明显，处置难度大，而且容易反复。集群犯罪发生过程中的附和者和围观者，他们之所以介入群体性事件，是因为有以下几种心理因素：共同需要或兴趣、行为“合理”心理、“正义”感心理、好奇心理。集群犯罪行为的主犯和实施犯，他们有着与一般人群截然不同的动机和目的：报复社会、以乱为乐、趁火打劫、自我表现。当前，社会利益格局发生了巨大变化，利益主体多元化，利益关系复杂化，利益需求多样化。与此同时，在利益格局的调整中，利益分配不够平衡，导致矛盾增多。这种情况，在企业改制、征地拆迁、工程建设、社会保障、工资福利待遇等方面表现得尤为突出。利益冲突，已经成为引发群体性事件、影响社会和谐稳定的主要因素。综观近年来发生的群体性事件，无论是因企业兼并破产引发的群体性事件，还是因拆迁改造、工程建设征地引发的群体性事件，都无不打上经济利益的烙印，它们共同反映出这样一个特点，这就是利益诱因是根本。由于利益相关，目标一致，群体性事件的参与者具有较强的感染力和扩散性。一般来说，群体性事件发生后，因利益的相关性可能会影响和带动类似的人群。比如党委、政府从维护群众利益的大局出发，解决或者部分解决了有些群众的实际问题后，有些利益相似、相关的群众往往会误认为这是“闹”的结果，在思想上形成了“大闹大解决，小闹小解决，不闹不解决”“只有上访才能解决问题”等错误观念，然后纷纷效仿，甚至串联多个单位或者多个部门一起行动，共同向党委、政府施压，以达到他们各自的目的。

2. 从自发性发展到有组织性

群体性事件一般来说是自发形成的，一开始往往没有特定的个人与组织负责发动与协调，是一种自发的群众性行为，缺乏明确的计划、目标，也没有组织和领导。参与者一般不是受到明确的指令，而是受到他人的影响自愿加入群体性事件中的，他们相互交谈、传播信息。群体性事件的自发性、偶然性与无组织性导致了卷入群体性事件的人们互不相识，具有匿名性，成员之间各自独立，互不清楚姓名、身份，有人甚至故意掩饰自己。从近年来发生的群体性事件看，既有利益共同体自发的联合，也有个别人利用群众的利益诉求而进行组织、策划和煽动，存在串联性强、波及面广的特点。尤其是近年来发生的大规模群体性事件，绝大多数都存在幕后策划者和组织者。有的充当群众“代言人”直接组织，有的在幕后策划、煽动不明真相的群众闹事。有些矛盾，开始时只是某个群体在局部提出自己的利益诉求，但由于许多地方均存在此类利益群体，往往当某一地方的一类利益群体提出诉求后，其他地方也随即跟进，逐步演变为区域性甚至全局性问题。当前，人民内部矛盾已经泛化到社会的各个领域、各个层次，由此而引发的群体性事件呈现出诱因多样性，如有因建房、用水、劳务纠纷、交通、生产和医疗事故等非正常死亡事故而引起的群体性事件；有因企业的改制、倒闭、兼并、破产引起的群体性事件；有因国家工作人员执法不公、工作方法简单、态度粗暴引起的群体性事件；有因城市拆建改造、土地征用、水库移民引起的群体性事件；也有针对单位领导廉洁自律不够、工作不实、作风不严，甚至产生腐败问题等引起的群体性事件；等等。诱因的多样性，决定了参与主体的多样性——涉及不同的社会阶层和行业。

3. 具有公开的对抗性

群体性事件的初期阶段总是要求党委和政府解决某些问题，但如果问题的解决不能令参与者满意，其中一部分别有用心的为首者就会煽动群众，形成与地方党委和政府的对抗。人们生活在社会之中，由于各自所处的社会地位、知识水平和思维方式的不同，对于某些社会实际问题会产生不同思想观点，进而采取不同的行为方式是可以理解的。如果不对某些偏激的思想观点和行为方式及时予以疏导、协调，就会逐渐强化，凝结成矛盾，而难以化解，继而产生对抗，引发各种不同类型的群体性事件。一旦形成群体性事件，偏见与错误的思想观点就更难改变。人们各执一端，情绪激昂，很难接受不同意见。这种状况还将随着参与人员、同情支持人员的增多而愈加强烈。群体性事件的根本特点是超越或违背了社会规范。这里的社会规范既包括已经制度化的成文的法律、制度、纪律，也包括内化在人们心中的价值标准、道德规范等。群体性事件一旦引发，就以公开的形式，大张旗鼓地进行。事件参与者情绪激昂，大叫大嚷，有的公开召集会议、演讲、贴标语、呼口号、散发传单；有的甚至使用暴力或者用暴力相威胁。

4. 事件参与者的多层次性

（1）参与人员多元性

近年来，群体性事件参与人员呈多元化趋势，除工人、农民、个体户、外来打工人员和无业游民，有些地方还出现了教师、离退休人员等，涉及的社会面较广。过去群体性事件一般都是自发的、无组织的，而目前有相当数量的群体性上访事件是有组织的，有些还打着反腐败、维护合法权益的旗号，煽动性较强，从而加大了群体性事件的处置难度。群体性事件的发生，是社会矛盾的反映。它在某种程度上或某个范围之内反映了某些群众的共同思想感情，或者一定的共同利害关系。事件的参与者在思想和语言上比较容易沟通，情感上比较接近，容易形成共识，产生共同的意愿和要求。参与群体性事件的人员往往是多种类、多层次的。第一种人目的明确，决心很大，态度坚决。他们当中有的人具有较强的分析判断能力，懂得谋略、策略，常常成为事件的发起者、组织者。然而，也有一些人可能躲在幕后，出谋划策，暗中控制。在群体性事件发生的过程中，他们处在“领袖”、核心层次，数量虽少，但能量很大。第二种人懵懵懂懂，莽莽撞撞，好感情用事而少冷静思考，好打抱不平而不问是非曲直。他们往往走在最前面，吵吵嚷嚷，冲冲杀杀，无所顾忌，成为骨干力量。第三种人人数较多，他们跟着跑，随着嚷，事成也许能够一同受益，失败了又不会承担责任。他们人数虽多，但多存在某些顾忌，态度并不坚决。其中还有一些人是违心而来的，并非完全情愿，只是为避免被“孤立”，免受嘲讽，或者出于某种利害关系，不得不跟着走走、看看。第四种人是围观的、尾随的。他们出于好奇心想看个究竟，弄清原委，他们对事件或者同情、支持，或者感到无味而很快离去。但是，这些人往往比前几种人的总数还要多，他们无意中起了壮大声势的作用。

（2）参与人员的特殊性

近年发生的群体性事件参与者，多数是妇女、老人、孕妇、残疾人、儿童，农村尤为突出。这些妇女、老人等对经济利益看得更重，往往涉及自己的利益问题他们最激动，加之文化程度不高、蛮不讲理、不懂法，劝导工作很难做，采取上访、静坐、请愿、请人帮忙闹事、策划者付工资等形式。有些事件，他们直接把老年人推在最前面，特别是有各种病史的老人，在实施强制带离时，是碰不得拉不得，如果一碰就趁机倒地，这时躲藏在后面的年轻人就迅速地到达现场，以此为理由，出手打人，砸东西，使事态扩大、加重。群体性事件参与人员中的不同成分，在事件中所起的作用是不同的，造成的后果和危害也是不同的。核心人员在群体性事件的产生、形成、发展中处于核心地位,起主导作用。根据其在事件中的具体作用,可分为领导组织者、出谋划策者、引发和发起者三种。群体性事件中的骨干分子,主要指在事件发展过程中积极参与行动,进行破坏和起哄助威的人。一般附和者,这一部分人数量较多,他们虽然未实施犯罪行为,但在现场喧嚣助势,摇旗呐喊,或者呼喊口号,口头声援,在事件中起了推波助澜的作用,对犯罪行为的扩大产生一定影响。群体性事件之所以出现声势浩大的局面,为数众多的围观者也是一个重要的原因。围观者虽然未动手参与犯罪行为,但他们或者抱同情支持的态度,或者出于好奇围观,在客观上支持了犯罪行为。

(3) 专人策划是关键

群体性事件的产生有其一定的过程,往往是沿着"利益冲突产生—群体意识觉醒—发起人鼓动—群体性事件发生"的线路发展的。在这一过程中,发起人鼓动起到群体性事件催化剂的作用。弄清发起人或是带头人是谁,对于处置群体性事件十分关键。

5. 引发事件的效仿性

近年来一些群体性事件发生后,政府职能部门都相应采取了一些措施,解决了一些问题,对缓和矛盾及维护社会稳定起到了积极作用。引发群体性事件的原因是深刻而复杂的,而且往往是多种因素相互交织共同发挥作用。从诱发原因看,群体性事件大部分是由于不同群体、不同阶层、不同利益主体的利益差别和利益矛盾而引发的;从事件的发展过程看,群体性事件具有多层次、多侧面、多阶段的特点;从行为人的心态和动机看,由于行为人的身份复杂,文化素养各有差异,其心态和动机也各不相同。一些合理的和不合理的,合法的和不合法的,正当要求和违法行为交织在一起,增加了群体性事件处理的难度。在群体性事件中,人与人之间通过暗示和模仿,情绪相互感染,参与人员的非理性因素逐渐增长,以至于达到狂热的程度。当情绪凝聚到一定程度,必然要寻找发泄的渠道。在特定的社会环境的刺激下,人们的情绪会激烈地宣泄出来,导致行为失控。群体性事件的参与者为表达共同的利益要求,聚集在一定的场所,对事态做出一致的反应,显示出群体认同的力量。由于"人多势众",事件参与者普遍有一种"集体无责任"和"法不责众"心理。在这种情绪支配下,人们会冲破现行社会规范的约束,做出一些违反规范的事情。近年来发生的各种事件或者苗头,多数以群体性为主,少则聚集二三十人,多则成百上千人,在聚集时围观者跟着起哄的也占一定比例。由于多数事件都含有一些合理要求或者看

似合理要求而得不到解决,更引起不明真相围观群众的同情,若事件处置不当将会迅速扩大。加之近年来构建和谐社会,政府对发生群体性事件都采取多渠道解决方式或多或少地解决了一些问题,客观上造成了一些群众“大闹大解决,小闹小解决,不闹不解决”形成了一种“会哭的娃儿有奶吃”的错误想法。一些群众在遇到困难和问题时,利用看似合理的要求掺杂着很多不合理的诉求,从而采取聚众的方式来胁迫政府,以达到自己的目的。往往是一个地方的问题解决了,另一个地方类似的问题也模仿借鉴随之而产生。

6. 发展变化的不确定性

由于引发矛盾的因素的多层次性,群体性矛盾呈现出内容多变、形式多样的特点。一是诱因简单,事发突然,猝不及防,预防不易。二是连锁反应,蔓延迅速,控制困难。三是人数众多,从众心理,不好处置。四是行为激烈,破坏严重,善后难度大。群体性事件往往由于引发原因的变化、行为性质的变化、行为方式的变化以及控制手段的变化而变化。群体性矛盾如果处理不及时、不妥当,就可能转化升级,由局部问题发展为整体问题,由经济问题转化为政治问题。因而,我们要注重群体性矛盾的多变性,针对不同领域、不同层次不断化解矛盾,采取不同的方法予以妥善解决。许多群体性事件都有一定的酝酿过程,常常有事件的组织者和骨干分子,有少数直接的策划者还是基层组织领导干部,这些人往往不容易被发现。群体性事件引发后,常常受到许多难以预料的外界因素的影响而改变形式,或者转移攻击目标,造成更大的危害和后果,超出事件参加者原来的设想。当然,在有些情况下,由于外界因素的影响,也会使群体性事件向逐步萎缩或迅速平息的方向发生变异。

7. 事件发生的复杂性

(1) 合理性和违法性

当前的群体性事件多数是由人民内部矛盾引发的,大量事件发生的原因及其要求解决的问题归根结底都与经济问题、利益问题有关,征地补偿、拆迁安置等无一不与群众的切身利益息息相关,在因涉及群众的赔偿费、拆迁费未落实到位,群众就会反应十分强烈,往往会采取阻碍施工,阻断交通,到政府聚众闹事等带有违法的过激行为,从而引发群体性事件。多数是群体性、集体性共同参与,一定数量人员上访请愿,意图通过施加压力,达到实现利益诉求的目的。但是相当部分表现形式激烈,有的堵塞铁路、公路交通,有的围堵党政机关、有关单位大门,有的举行集会、游行、示威,有的张挂标语、呼喊口号,个别群体性事件还出现打、砸、抢、烧等违法犯罪行为。有的事态发展到组织者、发起人自己也难以控制的地步。

(2) 扩展性和复杂性

参与者的外延扩大,数量成倍数递增,参与人员成分越来越复杂,既有善意的,又有恶意的,既有有理闹事的,又有无理取闹的,既有怀着不同目的策划组织者,又有盲目随从者,还有受外界利益驱使者。这当中值得注意的是有些地方出现了受到公安机关打击处理的人员,如邪教人员或敌对分子利用人民内部矛盾插手制造事端的动向,随着矛盾的积累,有的闹事者有心抓住工作人员的不当言语行为进行借题发挥,推波助澜,使事态不断扩大,使其性质和方式相应发生重大改变,演变为打、砸、抢、堵、烧等严重骚乱活动。

8. 事件发生的必然性和可化解性

我国规范经济行为的法制不够稳定,违法犯罪的空间和机会比较多,公众利益的保障系数在降低,由此导致人民群众对政府不满意、不支持,甚至酝酿和发动群体性事件。我国从计划经济到社会主义市场经济,变革深刻、进展迅速,使长期形成的依靠行政指令和政府行为管理经济的行为方式受到了强有力的冲击并逐步弱化,而规范经济行为的法律法规尚不完备。在这种情况下,由于市场经济本身具有的强烈竞争性和客观上存在的资源配置的有限性、产品交换的自主性等等,其负面影响,必然诱发经济运行的紊乱和无序,给违法犯罪提供了机会或者条件。一些违法犯罪分子重新使用各种不正当的、投机欺诈的手段牟利,甚至进行诈骗、盗窃、走私贩卖等违法犯罪活动,严重侵害了人民群众的正当利益。社会治安管理体制不相适应,管理的难度大、漏洞多,人民群众缺乏安全感,对政府有意见,甚至酝酿和发动群体性事件。随着经济的发展和犯罪活动规律特点的变化,作为政府部门的公安机关在预防和控制犯罪的工作上进行了大胆的实践和探索,逐步实现了从静态管理向动态管理的转变。但这种转变,与刑事犯罪的变化特别是大要案件剧增的情况是不大适应的。当前公安机关管理和控制难度最大、对社会危害最大的还是外来人口、“三逃人员”、“两劳”无业人员这三种对象。其中,外来人口大多聚集在城郊接合部、城镇周围的私房出租户、建筑工棚等处,由于管理上还存在许多漏洞和空隙,他们违法犯罪的情况比较突出。其实,当前我们对“三逃人员”、“两劳”无业人员的控制和管理工作也相当薄弱。由于这些人到处流窜,抓获缉捕工作相当困难。与此同时,刑满释放和解除劳教的无业人员作案也比较突出。在个别地方,从某种程度上

讲，人民群众的合法权益得不到保障。事实上，我们当前的社会治安管理，主要是凭人们对土地、户口、就业的依赖性，运用行政手段加以控制和管理的。随着人户分离、住所和职业的频繁变动、活动范围扩大、经济来源多样性等情况的变化，社会治安管理控制的难度和空隙加大。此外，特种行业和公共场所，历来是公安机关预防和控制违法犯罪的主要阵地。目前，由于主管部门多，职能交叉、多头管理，导致废旧金属回收、夜宵行业、文化娱乐场所、美容美发店等场所行业盲目发展。这些行业大量发展后，缺乏统一有效的管理，收受赃物犯罪猖獗，导致违法犯罪活动相当突出，有的地方好人怕坏人，人民群众缺乏安全感。就业面临新问题，因没有经济来源而酝酿和发动群体性事件。这几年我国每年最多能够创造 900 多万个就业岗位，但是竞岗的却有 2 400 多万人，这一方面的供求矛盾就很大。与此同时，我国有 800 多万失业人员，有几十万下岗职工，有几十万待业大学生，城镇登记失业率为 4.2%。我国的就业形势为什么依然严峻？很显然，现在的实际问题还比较多。我国经济增长的就业弹性系数在持续下降，劳动年龄人口在持续增长，国有企业在改革，农村剩余劳动力还在进城求职。我国就业面临的新问题主要在于“新失业人群”的出现：失业人员的年轻化；结构性短缺的存在，如区域性短缺、技术性短缺、年龄性短缺、性别岗位短缺；大学生就业难，中国的高校毕业生一年就有几百万人之多。大学生就业问题，2008 年 559 万大学生离开学校，其中 1/4 的人仍在寻找他们的第一份工作，2009 年又有 610 万大学毕业生进入就业市场，创造就业机会成为政府工作重中之重。贫富差距不断拉大，因经济因素导致群体性事件的发展和变化。我国在不同的人员之间，在不同的地区之间，在不同的行业之间，贫富差距的拉大是一种潜在的危险。从这几年的情况来看，经济因素是导致群体性事件的直接原因。就社会成员个人而言，面对分配拉开档次，自身利益受到损害，参与群体性事件就成为自然。城乡差别不断扩大，因“三农”问题使矛盾进一步激化。在我国，老“三农”问题是农村、农业、农民的问题。现在，新“三农”问题是农民工、失地农民、村落终结的问题。此外，当前的情况是疾病蔓延和教育短缺正成为新的农村致贫和返贫的主要原因，农民心里有气。在推进改革开放中，人人都有享受改革成果的权利。社会各阶层、各群体、每个人都希望在改革开放中得到自身利益要求的满足，但社会利益再分配的公平程度在实施操作过程中总是存在一定的差距，造成社会总是有“弱势群体”的存在。因此由于利益分配的不公，直接决定了矛盾的存在和群体性事件发生具有必然性。群体性事件是社会各种因素相互交织在一起的综合反映，是社会各类矛盾聚集到一定程度突然爆发的结果，具有事物内在的关联性、必然性和规律性。群体性事件基本上都是人民内部矛盾，大多数参与者都是在从众心理的驱使下参与的，有一定的合理诉求，因此基本是可以化解的。

第二节　群体性事件的形成及其对社会稳定的影响

群体性事件与其他事物一样，也有其发生、发展和消失的一般规律，但它在萌发、发生、发展变化、结束四个阶段不仅表现形式不同，而且导致事件的性质也发生变化。

一、群体性事件的形成

（一）群体性事件形成的基本要素

群体性事件的形成，有以下四个基本要素：

1. 共同关心的问题

这里所说的共同关心的问题，主要是指群体性事件的参与群体有共同的愿望和要求，遭受危害、贬损、侵犯的情况相似，心理状态也基本相同。

2. 类似的思想情感

这种情感主要是在产生共同关心的问题这个基础上。外表的难以控制，内在的思想观念，形成了这样的特殊群体。

3. “领袖”、骨干人物的出现

一是前台“领袖”人物，公开发表意见，提出要求，出面“谈判”、交涉和进行组织领导等活动。有些还有分工或“专职”，在人群中有比较高的威望和影响。二是后台“领袖”人物，比较隐蔽，只是在背后出谋划策，常被称之为“军师”“高参”之类，其作用往往比前台“领袖”人物更大，是前台“领袖”人物的“主心骨”、决策人，但是，在一般情况下，他们不暴露于人群之中，行动比较诡秘，考虑问题比较周全。他们处于“二线”，隔岸观火，进退自如。这类人物，还常常出现于事件引发之后，群情激昂，接近于获得“成功”的后期阶段。在事件进行过程中，他们中有的人也可能陆续转入前台，有的则继续留在后台操纵事态的发展，静观事件的演变。

4. 恰当的时机和场合

选择恰当的时机和场合，也是引发群体性事件的重要条件之一。有了上面三个基本因素之后，为获取比较好的效果，顺利实现其既定的目标，还必须具有最好的时机和引发事件的场合。例如，利用有重要意义的日期，群众易于汇集的场所或者繁华的路口，有重要意义的广场，集市、庙会等等，突然发难，造成更大的影响和后果。再如，有些上访人员，常常选择重要广场、政府门前，突然发难，造成有关部门和人员措手不及，这都是经过周密策划、精心安排，在他们自以为最好的时机和最理想的场所进行的。

以上四种基本要素，是群体性事件形成的必要条件，必须同时具备，才能导致事件的发生，不然是很难出现群体性的统一行动的。

（二）群体性事件的形成过程

群体性事件的形成，与各种社会问题紧密相连。高增长伴生高犯罪，因安全保障问题使群众情绪不稳定；就业面临新问题，因没有经济来源而酝酿和发动群体性事件；贫富差距不断拉大，因经济因素导致群体性事件的发展和变化；城乡差别不断扩大，因“三农”问题使矛盾进一步激化。群体性事件形成的过程可以分为以下四个阶段：

1. 人群聚集

群体性事件的第一阶段，是许多人为某一感兴趣的问题而聚集到一起，并且发生直接的、面对面的接触和互动。由于共同关心某一热点问题，容易造成思想和情感的一致。而且此时人们的目光限制在狭小的范围内，不易接受其他信息，不去考虑相关的事情。这样就为集群犯罪行为的发生奠定了基础。

2. 刺激和暗示

当一群人聚集在一起，在探求事实真相和谋求解决方式的动机驱使下，注意力集中在共同关心的问题上，人们互相刺激和暗示，寻求对事件的了解和应付事件的对策。与此同时，个体易于接受他人的影响，流言开始占主导地位，个体因缺乏足够的信息和恰当的引导，不知不觉地就会在知觉、判断上表现出与多数人相一致的从众现象。人们变得特别敏感起来，极易接受别人的暗示，产生感情冲动和狂热。

3. 情绪感染

在人群密集的场合下，处于高度暗示状态的人们情绪极易受感染，致使人群达到狂热的状态。情绪感染是通过语言、表情、动作等方式引起他人相同的情绪的一种情绪模仿现象。情绪感染以两种方式进行:一是循环式感染;二是链锁式感染。情绪感染能够吸引和影响许多人,也许有些人原本是无动于衷的旁观者,但情绪感染的结果,使他们也由最初的好奇或兴趣,而深深卷入到人群的情绪激动和狂热行为之中。

4. 情绪爆发

情绪感染引起人们之间相互刺激、相互模仿,使情绪的激烈气氛迅速传遍整个人群,情绪的激烈程度急剧增强。由于群情激奋,愈演愈烈,逐渐使无组织的人群形成一个有共同意向、共同追求和共同态度的既松散而又紧密的集合体,热烈的气氛笼罩着整个人群,最后便导致情绪的爆发,引起狂热的冲动行为。

二、群体性事件对社会稳定的影响

具有某些共同利益的群体,为了实现某一目的,参与并形成有一定组织的集体上访、集会、游行、阻塞交通、围堵党政机关、静坐请愿、聚众闹事,由此向党政机关施加压力,破坏公私财物、危害人身安全、扰乱社会秩序并造成严重影响。近年来,群体性事件已经成为影响社会稳定最为突出的问题。

1. 群体性事件问题突出

一是重大群体性事件接连发生,涉及面越来越广。二是在一些群体性事件中,出现经济问题政治化的趋向。三是暴力对抗程度明显增强,处置中稍有不慎就有可能酿成流血事件。四是境内外敌对势力、敌对分子千方百计地插手、利用群体性事件,企图煽动、制造动乱。

2. 群体性事件扰乱秩序

当前我国发生的群体性事件,绝大多数属于人民内部矛盾,是由人民内部矛盾激化而产生的,它不是要推翻国家政权和现行社会制度,只是社会动态平衡中产生的一些波动。只要积极化解社会矛盾,完全可以把它控制在一定范围内并加以解决,不会导致整个社会的混乱。但是群体性事件如果处理不当,就会使矛盾进一步激化;如果超过社会稳定的阈值,就可能引起社会动乱,危及整个社会的稳定。从这一意义上说,群体性事件本身是一种反社会行为,具有很强的破坏性,可能造成社会动荡、人心涣散的不良后果。同时群体性事件相互感染的特征,可能会使非理性的冲动情绪在不同的群体间传递,严重时多起群体性事件聚集在一起,造成强烈的社会震荡,甚至动摇政权的合法性基础。

3. 群体性事件影响社会稳定

从近年的情况看,有的群体性事件发生时,极少数敌对势力插手其中,企图破坏社会稳定大局,或歪曲事实,或煽风点火,借机攻击我国社会政治制度,煽动人民群众与党和政府对立。对此,我们切不可掉以轻心,给敌对分子以可乘之机。

(1) 扰乱秩序是共性

随着群众法制意识的不断增强,群体性事件中发生违法犯罪的行为逐步减少,参与人员都能很好地掌握分寸,不越雷池一步,但其结果仍然表现为对公共秩序的扰乱,一些人甚至认为只有事情闹大了才有利于问题的解决,所以他们行动一致,虚张声势,尽可能地扩大群体性事件在社会上的影响力。

(2) 社会危害性

由于群体性事件主体是在特定环境下实施危害社会的行为,极易引起群众围观甚至参与,引发更大规模的群体行为,造成一定范围的秩序混乱,使社会生活不能正常进行。同时,如果事件不能及时妥善处置,往往诱发新的危害社会的行为,导致事态不断扩大、加剧,严重影响社会和谐稳定。

第三节 警用无人机在群体性事件处置中的应用

随着改革开放的不断深入,经济体制的转型和社会结构转型,社会利益格局的调整,新问题、新矛盾不断增多,我国群体性事件的发生次数和参与人数均呈上升趋势,参与人员常常达到了成百上千直至上万人。在处置群体性事件中,“人控”效果虽不会过多激化现场矛盾,但作战时间较长,实际效果不明显。但“物控”范围大,刺激性强,可能会引起群众反感,导致冲突升级。所以特警特别需要能适用于现场,针对性强,时效性强,又在可控范围内的装备。借鉴美军的定点清除、精确制导及“斩首战术”的运用,无人机进入了我们的视线。根据无人机在警务活动中的优势,鉴于现阶段社会治安群体性事件突出的问题,无人机在群体性事件处置过程中具备一定的可行性和有效性。在群体性突发事件的处置中,无人机可以快速抵达人群聚集上空,对目标区域进行全方位的视频监控,帮助指挥者全面掌控事态进程,锁定寻衅滋事的闹事人群。警用无人机在加装声控及空投装置后,还能对涉事人群进行政策宣讲,传递政府指导性信息，投掷相关宣传材料，发射催泪弹，用于驱散涉事人群，有效解决群体性突发事件处置中指挥难、监控难、取证难、宣传难、驱散难等问题。在群体性突发事件的处置中，公安机关作为党委政府的“刀把子”，长期处于处置群体性事件前沿，一旦处置不当，轻则影响警民关系，重则激化矛盾甚至加深影响社会稳定。因此，对于应对处置群体性事件必须采取有效举措，严之又严，细之又细。应用无人机处置群体性事件，作用明显。无人机在群体性事件前期侦查、中期取证调度、后期巡逻防控的有效使用，可以较好地规避矛盾进一步升级激化的风险。突发群体性事件可分为可控阶段和不可控阶段，可控阶段多是当事人的正当诉求的正常宣泄；不可控阶段多是事件本身升级或者是被部分别有用心的人或利益集团所利用。群体性事件的处理结果会给社会带来深远影响。由于现场取证难的因素，通常对事件直接当事人进行处理，而对参与者中的某些推波助澜的犯罪嫌疑人打击不够到位，所以一个事件过后的处理结果很难起到警示世人的作用。许多曾引起大面积的交通堵塞群体性事件，在后期处理中普遍存在取证难的问题。由于证据原因，虽然对事件当事人做了处理，但对冲击现场执勤民警的犯罪嫌疑人的处理不够全面。群体性事件的处理，除对事件本身的原因进行分析外，更要对操纵和利用群体事件的更深层次的人员或势力进行有效打击，做到处理公正、打击准确、宣传到位，这就对突发事件的取证工作提出更高的要求。我们可以使用无人机监视事件的发展过程，为指挥员提供现场的一手资料，可以通过现场视频获取犯罪证据，还可以对现场的违法苗头起到震慑作用，“不战而屈人之兵”应该是预防群体性事件升级的有效抓手。在发生群体性突发事件后，警用无人机飞抵目标区域上空，对目标区域进行全方位不间断的监控，为警方全面掌控事态提供了先决条件，警方可根据无人机拍摄的资料收集证据。挂载抛投装置的无人机，还能进行特殊物品的投送，如播撒传单，向地面人员传递信息；挂载声光吊舱，可以进行空中喊话，传递政府信息，或发射强光在夜间震慑和驱散人群。

一、在事件前期制作空中全景地图

在群体性事件前期，可以利用无人机制作群体性事发周边的空中全景地图，帮助警方快速熟悉地形、道路情况，合理安排警力部署，节约宝贵时间。无人机在处置群体性事件的前期就能充分发挥作用，通过飞行至群体性事件现场附近隐蔽而拍摄角度良好的空中地点进行现场信息采集，迅速将现场的音频视

频信息传输到后方的指挥中心。相较于警务人员亲自前往现场采集信息的方式,用无人机获取现场情况信息,可以有效避免警务人员采集信息时泄露身份导致采集受到群众影响,也可避免由于群体性事件现场的不确定性及突发性所造成的现场情况信息获取不准确等问题。无人机居高临下地获取现场信息,有利于指挥人员对于现场闹事人群人数规模进行相对准确的评估,并对其群体性事件的行动方式做出更为有效的应对处理。采集现场数据,迅速将现场的视频信息传送到指挥中心,跟踪事件的发展态势,供指挥人员进行判断和决策。很多情况下,街头的监控设备都会被不法分子破坏,或者没有监控设备,使我们无法了解事发现场的事件情况,而无人机机载摄像头则完全不受影响,到达现场之后能够迅速展开,还可以多角度大范围进行现场观察,具有不可替代的作用和一般监控设备无法比拟的空中优势。无人机飞抵目标区域上空对目标区域进行全方位不间断的监控,为警方全面掌控事态提供了先决条件。警方可以了解目标区域的事件发展情况,及时形成相应的决策,防止事态失控。2016 年 8 月,云南省保山市施甸县摆榔乡发生群体性事件,摆榔乡村民对该乡乡政府进行打砸,并致使多名乡领导干部受伤,到场维护秩序的公安民警也被打伤。为统一开展抓捕行动,保山市市公安局指示隆阳分局指挥中心对该乡某村进行航拍,合成该村全景图,分局指挥中心按要求合成全景图并标注了犯罪嫌疑人住所,为抓捕提供了有力支撑。

二、在事件处置过程中进行动态监控预警

在群体性事件处置过程中,利用无人机在主聚集点空中进行大空间、大规模人群的动态监控预警,根据事态发展和人员聚集点的变化,不受限于地面环境,快速到达指定地点,并通过 4G 实时视频传输,将画面投送至地面指挥部,为警方的指挥调度提供参考。当一些大型群体骚乱事件出现时,由于参加的人群众多,容易缺乏理智,现场很难控制。必要时(比如在媒介失灵的状态下)可利用无人机播撒传单(图 5.1),向现场群众传递有关信息,引导群众配合政府的施救行动,或驱散示威人群,投放驱散装备。如在民宅、厂房内发生劫持人质时,因周围的地理环境或建筑物位置,影响观察视野,这时可利用无人机的机动飞行能力,在恰当的位置进行悬停侦查,利用无线传输提供实时画面,为现场指挥员提供决策依据。又如交通工具被劫持时,车窗被遮蔽,而处置人员也暂时无法靠近时,可利用无人机飞临其上空,降落其车顶,利用其自身吸盘,固定于车

顶,利用悬挂平台的窥视软管,在车窗帘的缝隙,或前后挡风玻璃的一角,进行“窥视”,了解车内状况,为指挥员提供决策依据。面对因谣言而发生的群众聚集事件,无人机加装空投装置后,能进行特殊物品的投送,如播撒传单,向地面人员传递信息,达到辟谣效果。小型旋翼无人机通过加装高音喇叭,可以进行空中喊话,传递政府信息。也就是说,在正常媒介失灵的情况下,无人机可以暂时承担这一任务,及时地完成政府部门与群众沟通的任务,帮助社会度过这一危险期。无人机可携带高清数码相机、摄像机等警用设备,在某些特定的目标区域或者是由于某种原因而无法进行人员派遣的某些目标区域,警用无人机均可发挥重大作用。一般而言,小型的无人机以电力为动力源,噪声较小,不易惊动目标人物。而且体积较小且高空飞行,也具有较强的隐蔽性。当无人机携带高清摄像设备时,就可以实施侦查任务。为警方的下一步行动做好准备。警用无人机采集现场数据,迅速将现场的视、音频信息传送到指挥中心,跟踪事件的发展态势,供指挥人员进行判断和决策。如果事件进一步升级,出现打、砸、抢、烧等暴力行为时,而警方又暂时无法控制现场时,这时对行凶者进行取证、驱散、跟踪、抓捕就成为关键,利用无人机悬挂平台携带的有特殊气味的粉剂或水剂对其进行喷洒,在其逃离后,可用仪器或警犬对其进行气味跟踪,同时对施暴者及其行为进行近空拍摄,以弥补便衣民警无法靠近正常拍摄取证之不足。

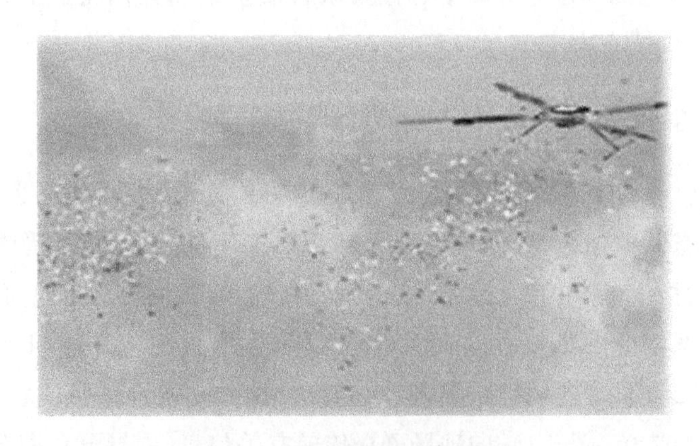

图 5.1 无人机播撒传单示例

三、开展空中监视巡逻,及时发布预警信息

利用多架无人机同时在多个分控点开展空中监视、巡逻,及时发布群体性事件预警信息。指挥部根据现场情况及时调整警力部署,将赶往聚集点的群众

分散阻隔至防控圈外，严格控制更大面积的聚集，防止事态发生升级的风险。无人机在群体性事件现场展开观测，不仅有利于事件的前期决策研判，对于执法人员在事件过程当中的处置行为，还可起到比执法记录仪更为便利且全面精确的作用。群体性事件中，由于参与的人员较多且情绪波动较大，在处置过程中极易出现由于当事群众情绪激动失去理智而与执法人员发生矛盾冲突，且通常在群体性事件中执法人员对扰乱社会治安秩序的组织领导者采取强制措施时会产生一定的肢体冲突，别有用心者往往以此通过媒体媒介对执法人员造成舆论冲击等不利因素。在这种情况下，仅仅只靠执法记录仪记录拍摄明显不够，执法安全无法保障。通过无人机从空中角度对事件处置过程进行拍摄，更为全面清晰且不易受到破坏地拍摄音频视频与执法记录仪相辅相成，可以充分保证执法人员正当执法不受侵害。而更为清晰客观角度的拍摄也有利于公安机关对隐藏在闹事人群中的幕后组织领导者进行进一步的责任追究。

四、利用悬挂平台空中喊话，传递信息

处置群体性事件的程序，一般先宣传政策，劝其散离，同时派警力温和劝导。但鉴于群众“从众”心理，现场散离效果并不十分明显，而且高音宣传是面向聚集的大众，并不针对制造群体聚集的少部分“中坚分子”，使其抱有“侥幸心理”，继续滞留现场，制造事端。这时，我们可利用无人机携带相应的悬挂平台(摄像与扩音设备)对聚集的中坚分子，飞临其上空，对其进行针对性宣传，甚至警告，可瓦解其心理防线，促使其散离。在媒介失灵的状态下播撒传单，向现场群众传递信息，或进行空中喊话(图 5.2)，传递政府领导讲话，表达警方意图。对有过激行为的人员采取空中视频取证，可以起到较好的震慑作用。

图 5.2 无人机空中喊话示例

五、在事态结束后开展不间断巡逻防控，防止二次聚集

在群体性事件的事态结束后，可以通过无人机在现场周边开展不间断巡逻防控，有效节省巡逻警力，并可能发现小规模集聚点，防止发生二次大面积聚集。在执法人员对群体性事件的处理初告段落以后，由于无法对人数较多的闹事人群整体进行相应的处置，如何对现场及剩余人群进行深入观察监控，防止其卷土重来，是对群体性事件处置中的又一要点。相较于人力观测的受限视野以及人力消耗，无人机可部分代替人力，对事后现场进行必要的观测和监控，在观测角度更为全面立体，获取信息更为细致精确的基础上，无人机的隐蔽性可让执法人员观测到更为隐秘的闹事人群活动，有利于防止事件处置之后又死灰复燃的情况。

六、无人机应对群体性事件应注意的几个问题

使用无人机应对群体性事件，可以进一步提升公安机关的处置能力。为此，应当注意以下几个问题。

1. 飞行器配备的问题

要注意无人机机型及挂载设备的专业化建设，特别是在长时间监视、图传等方面，要充分考虑环境对无人机的影响，设备要能够满足实战应用需要。

2. 飞手训练的问题

在执行群体性事件处置任务时，飞手既要迅速掌握地形、听懂指挥部指令，又要考虑指挥部视觉效果，这些都必须在日常训练中予以考虑。另外，针对高温、低寒等地区，以及复杂特殊环境，训练时就采取“两飞一地”的飞手配置，保障实战任务圆满完成。

3. 空地协调及视频传输保障的问题

在群体性事件的处置中，要与地面指挥部建立良好的沟通协调机制，按照指挥人员指令进行空中监视或巡航，并及时发现新情况并通知地面指挥人员，实时画面图传还需要与公安局科信部门等图传系统进行结合。

第六章

无人机在反恐处突方面的应用

回顾无人机的历史，我们不难发现，无人机为战争而生，更因反恐而出名，为处置群体性事件助力。由于其与生俱来的优势，无人机被越来越多的单位和人员所接受。

第一节　反恐处突中无人机应用的基本情况

以新疆为例，恐怖主义和分离主义不断蔓延，威胁着边疆稳定和国家安全，尤其是暴恐突发事件，容易造成大量无辜群众的伤亡。警用无人机的应用，从警务装备上进而从人和物的结合上大大增强了警方防爆处突的战斗力。

一、因地制宜，立足实战

乌鲁木齐市是新疆维吾尔自治区首府，地势起伏悬殊，山地面积广阔，城市面积为 14 216.3 km^2，乌鲁木齐市区属于南北条带型城市，城区平均海拔 800 m，山地面积占总面积 50%以上，北部平原开阔，但冲积平原不及总面积的 1/10，东部有博格达峰，海拔 5 445 m；西部有喀拉扎山、西山，东西最长约 190 km；南部有伊连哈比尔尕山东段（天格尔山）、土格达坂塔格等，城市最北端在头屯河下游距五家渠市 3.5 km 处，南至阿拉沟以南夏格泽山脊，南北最宽处约 153 km。因乌鲁木齐市地处内陆，离海较远，属于温带大陆性干旱气候，全年气候昼夜温差较大，城区三面环山，冬季平均温度达到－15 ℃左右，持续天数可长达 150 天。结合本地气候地理特点，当地公安机关不断创新，积极联系固定翼无人机厂家，制作专门应对新疆冬季气候的固定翼无人机低温锂聚合物电池，同时为提高多旋翼无人机在冬季飞行作战的性能，把 3 块低温电池放入电池保温存放箱并加上保温贴，为冬季飞行作战打下坚实基础。

二、苦练本领，贴近实战

当前，新疆处于暴力恐怖活动的活跃期、反分裂斗争的激烈期、干预治疗的阵痛期“三期”叠加的复杂严峻形势，针对乌鲁木齐市曾发生“7·5”“4·30”“5·22”事件，维稳处突成为公安机关首要重点工作，他们成立了警航大队，始终以“立足实战、实战引领、实战检验、服务实战”为目标，拓展思路，积极创新，努力提升专业技术本领。自2016年7月以来，不间断地开展各类型无人机实操培训，多旋翼无人机共计飞行训练326架次，飞行时间约2 730 min，固定翼无人机共计飞行训练112架次，飞行时间约1 470 min，地面考机训练约540 min，无人直升机共计飞行训练21架次，飞行时间约630 min，无人直升机地面考机训练约360 min；经过近半年的刻苦训练，90%的人员已具备多旋翼无人机操控能力，70%人员已具备固定翼无人机的操控能力，30%人员具备无人直升机操控能力。

三、整合资源，形成合力

目前，新疆采用无线网络为公网传输，视频通过3G、4G平台进行传输，无人机警航大队在理论学习的基础上，利用现有传输设备T6801背负式单兵及3G单兵设备，通过上网查资料，自购视频格式转换器，积极尝试无人机图传功能的改进创新，已实现T6801、3G、4G单兵设备与无人机互联互通，多旋翼无人机同时回传4路高清实时画面。此外，他们还积极探索无人机图像拓展功能，利用高清摄像设备拍摄多角度画面，经过后期制作形成全景图，现已完成对乌鲁木齐市区内重点地区、重点场所的全景图拍摄，共制作全景图31张，完成制作乌鲁木齐市周边重点区域矢量地图，共制作7张，覆盖范围105 km^2，为今后处置重要警情突发事件提供技术支撑。2016年5月25日凌晨3时15分许，乌鲁木齐市周边某看押场所10名看押对象袭警后脱逃。接到市公安局指挥中心警情通报后，特警指挥部立即下达指令，要求警航大队全员前往事发区域开展搜索侦查协助追逃工作。警航大队接到任务后，立即启动突发事件应急预案，携带六旋翼、四旋翼、CH906B无人直升机等设备器材立即赶赴任务现场。到达现场后，警航大队按照现场指挥指令，利用卫星地图查看中心现场周边地形地貌，案发现场向北1 km处为G30国道，向南3 km处为村庄农田，距农田13 km区域为戈壁荒漠，根据现场环境分析，对逃脱人员“北窜进城”和“南逃进

山”两种情况分别制定飞行航线，根据现场光线弱、盲点多、视觉效果差等情况，利用 CH906B 无人直升机挂载红外摄像头对可能存在嫌疑人区域半径 3 km 的范围进行航线规划密集扫描侦查，侦查面积约 28 km^2，有效排除嫌疑人在此区域的可能性。随后根据光照情况，更换可见光载荷，利用六旋翼、四旋翼无人机交替侦查。为扩大搜索范围，地面操控人员将地面站架设于车内，在车辆移动行驶中操作无人机，对公路两侧 3 km，纵深 5 km 的范围进行搜索侦查。此次行动中，警航大队共出动警力 13 人，车辆 4 辆，六旋翼、四旋翼、CH906B 无人直升机共起落 35 架次，累计飞行时长 14 h 15 min。通过空中交替式、不间断搜索侦查，对重点地区共搜索面积约 58 km^2，平均每小时搜寻 8.3 km^2，排除犯罪嫌疑人在此区域逃窜的可能，扩大追捕范围，节约了地面搜捕警力投入，以“零伤亡、零事故”历时 7 h 完成任务。

四、拓展思路，不断进取

一是警航大队在日常工作中加强自身学习，了解掌握固定翼无人机飞行原理，尝试突破无人机飞控距离限制，现已实现固定翼无人机半径 20 km 飞行科目训练并成功回传图像。二是他们主动思考如何利用好无人机平台，设想在前，谋划在先，主动联系无人机厂家购买无人机抛投、喊话、照明、变焦等功能模块，现已实现无人机抛投饮用水、气胀式救生圈、无线喊话、夜间照明灯功能。三是不断强化警航大队快反能力，开展无人机应急拉动演练，实现到达现场后，3 min 展开，4 min 起飞，5 min 传回实施图像，7 min 传回后台，如遇市区内发生多点突发事件，警航大队可采取多点侦查，多路回传现场实时画面，为指挥调度决策提供第一手情报。

第二节　无人机参与突发事件的处置

突发事件，是指突然发生，造成或者可能造成严重社会危害，需要采取应急处置措施予以应对的自然灾害、事故灾难、公共卫生事件和社会安全事件。暴恐案件、群体性事件，就是其中的突发事件。对于公安和特警而言，他们的主要职责就是应对突发的暴力事件和反恐事件，例如“3·1”昆明火车站暴力恐怖事件。在反恐处突等任务中，警用无人机的用处是比较大的。无人机参与突发事件处置，主要是辅助指挥、全程取证和空中处置等。

一、辅助指挥

近年来，突发事件、自然灾害事故的频发使公安应急指挥面临新的挑战，尤其是面对通信不畅、交通受阻等复杂条件时。能否在第一时间全面、准确地获取现场图像，是公安机关针对现场情况展开针对行动的关键因素。无人机空中飞行不受地面影响和远距离实时回传图像的特点，使之能够胜任这一任务，有效应对现场监测难、指挥难等一系列问题。2015 年 8 月 12 日，天津市滨海新区天津港一危化品公司仓库发生爆炸，由于现场存放了大量危险化学品，爆炸后产生大量有毒有害气体，直接对一线救援人员的生命构成严重威胁，传统的人工采集图像手段已无法有效开展。“8・12”特别重大火灾爆炸事故现场环境十分复杂，空气中到处弥漫着化学品刺鼻的味道，随时有再次爆炸的危险。特别是事发后 6 h 之内，指挥部还没有现场任何图像来进行决策研判。没有现场全景图像就无法进行科学有效的指挥决策，各级领导在指挥部急需了解爆炸现场内部的第一手情况。天津市滨海新区公安局第一时间利用“静中通”应急通信指挥车配备应急电台、无线图传设备、公安网络计算机、六旋翼无人机等全部装备，在天津港事故现场完成现场指挥部的通信指挥系统搭建，利用通信指挥车及无线图传设备对现场情况进行图像采集并通过卫星线路传送到总指挥部。从 8 月 13 日上午 7 时开始，每隔 3 h，深入爆炸现场最前沿，利用六旋翼无人机在爆炸核心现场上空进行航拍，通过图传设备，不断将现场情况和救援情况回传至滨海新区指挥部。8 月 13 日 10 时许，时任国务委员，公安部党委书记、部长郭声琨同志在滨海新区公安局指挥部利用航拍无人机视频指挥部署救援工作。8 月 15 日时任市委副书记王东峰同志到现场指挥部与武警、解放军相关领导利用“动中通”及无人机航拍画面部署救灾工作，开辟救援通道。8 月 16、22 日、25 日，时任市委常委、滨海新区区委书记宗国英同志多次到现场指挥部，通过无人机航拍图像部署救援处置工作。8 月 15 日市委常委、市政法委书记、副市长(时任市长助理)、市公安局局长赵飞同志利用“动中通”及无人机航拍画面部署救灾工作，同时利用卫星信道与市局指挥部进行工作部署。

二、全程取证

突发事件的取证，是一个共性的难题。突发事件，顾名思义即为突然发生

的事情，包含两层含义：一层是事件发生、发展的速度很快，出乎意料；另一层是事件难以应对，必须采取非常规方法来处理。采取何种非常规方法、何时采取是突发事件应对水平的关键所在。总之，需要有充足的现场信息资料做支撑。突发事件具有不确定性，可以是自然灾害也可以是群体事件。我国目前正处在经济社会转型期，各种矛盾凸显，群体性事件随时都可能发生。如果防控不当，对个人、组织乃至整个社会的危害将是毁灭性的。当大规模群体性突发事件出现时，由于参加人数众多，平视角度很难对核心位置的具体情况进行录像取证，且一旦发生冲突，处在核心位置的取证民警，往往很难在保护执法记录仪的同时保证其录像的稳定性。无人机空中监控，能够迅速开展多角度、大范围的现场观察，具有实时监控人员聚集、流向等方面的明显优势。尤其是针对有过激行为的人员，通过监控可以随时掌握情况，并跟进盯防，全程收集证据，为后期执法提供便利和依据。

三、空中处置

无人机在空中通过航拍视频、数据回传、照片对比分析，及时获取第一手资料，为处置工作提供参考依据。在处置突发事件中，可以通过更换喊话器、激光眩晕器、催泪弹、机械手等各类功能模块，无人机能够弥补人力的不足，到达警力无法深入的场所对事件进行处置。如处置大规模群体性事件或其他突发事件时，在无人机上装载高音喇叭，通过高音喇叭对现场人员进行疏散；处置持爆持枪、劫持人质等突发事件时，在无人机上装载激光眩晕器、烟幕弹、催泪弹等武器，配合地面警力进行处置；开展救援抢险工作时，可在无人机上装载通信中继台恢复网络通信、装载照明灯确保夜间照明、装载有毒气体分析仪检测事故发生地空气情况、装载机械手抓取救生物品对受灾群众进行救援投放、装载热成像仪对受灾人员进行搜寻。

第三节　警用无人机在反恐处突中的应用

恐怖主义活动是人类社会矛盾冲突的一种极端表现形式，具有极大的破坏性和暴力性，会给人民群众的安全造成极大破坏，国际社会和我国政府坚决反对恐怖主义，严厉打击各种恐怖主义犯罪。因此，对于反恐警察的要求越来越高，无人机的使用会给反恐警察带来传统手段不能比拟的优势。反恐警察在执行任务时，可操控无人机迅速起飞，迅速赶到现场勘查，先行将现场大致情况及时反馈给指挥中心。然后在无人机低空实施拍摄时，可将犯罪分子人数、规模、人员伤亡情况及时回传指挥中心，指挥中心根据无人机传回来的信息，迅速做出决策，对武警、特警、救护人员、消防人员等进行合理部署，在无人机不间断全方位对目标进行监控时，配合反恐警察进行精确抓捕工作。

一、提供反恐的尖兵锐器

在执行反恐任务中，无人机 5 km 的活动半径，大范围扫描可疑区域并向控制人员传送实时活动视频，并对目标进行精确定位。在防爆反恐行动中使用无人机，可以避免人员伤亡，减少负面影响；无人机部署灵活方便，可以不受地形、天气的影响全天候监视跟踪，甚至杀伤，增加反恐处突的灵活性；增强了对暴恐的突发情况的态势感知能力和对恐怖分子的威慑力。随着国内外反恐形势不断严峻，公安队伍面临着日益艰巨的突发性事件处置任务，警用无人机的应用为执行反恐处突任务提供了尖兵锐器。

二、推进反恐信息化建设

警用无人机作为处置突发事件警用装备的重要补充，是公安装备现代化的重要标志，也是现代警务发展的必然趋势。警用无人机在警务实战应用中发挥了重要的作用，广泛参与到抓捕、反恐、交通管理、大型活动安保、抢险、救援等警务活动中，是警用装备领域不可多得的重要工具，有助于不断推进的“科技强警”和公安信息化建设。

三、保障反恐全过程进行

当暴力恐怖事件发生后，警用无人机可以迅速前往涉案区域，对现场情况进行立体式全方位监控，进行不间断的画面拍摄，将嫌犯人数、现场情况实时回传指挥中心，有助于警方分析制定抓捕方案，实施精确打击，为反恐部署决策提供参考。

第四节　增加反恐处突的灵活性和对暴恐突发情况态势的感知能力

近年恐怖主义和分离主义不断蔓延，威胁着边疆稳定和国家安全，尤其是

暴恐突发事件，容易造成大量无辜群众的伤亡。使用无人机，可以增加警方反恐处突的灵活性和对暴恐突发情况态势的感知能力。

一、避免人员伤亡

无人机因反恐而出名，由于其与生俱来的优势，逐渐被越来越多的安全机关所接受。在反恐处突行动中使用无人机，可以避免人员伤亡，减少负面影响；无人机部署灵活方便，可以不受地形、天气的影响全天候监视跟踪，增加反恐处突的灵活性；增强了对暴恐突发情况的态势感知能力，和对恐怖分子的威慑力。最近几年，紫燕无人直升机就参与了新疆公安和边防部队的测试，获得了一致好评。

二、降低出警成本

使用无人机，不仅可以大幅降低出警成本，而且可以及时执行大范围的搜索和侦测任务，避免大规模警力的使用。比如在建筑或林木密集、夜晚和大雾等可见度低的环境中，可以迅速派出挂载红外探测装置的无人机搜索现场和定位，并对目标持续跟踪监视，引导后续赶来的警员。

第五节　反恐警务视角下无人机乱象的管控路径

由于其与生俱来的优势，无人机被越来越多的单位和人员所接受。对无人机的管控，是公安警务工作的重要内容。我们应当多管齐下，采取有力措施来治理无人机乱象。

一、健全法制，保障市场管控

对于无人机大市场的有效管控，法律法规是基础。国家相关部门应尽快在《民用无人驾驶航空器系统空中交通管理办法》的基础上健全、细化、完善立法。在处罚方面，目前大多数是针对无人机玩家以《中华人民共和国治安管理处罚法》处以罚款或行政拘留，不足以震慑违法犯罪行为。可以将无人机“黑飞”入刑，明确以危险方法危害公共安全罪定罪处罚。同时，在刑法、刑事诉讼法中要对生产商、销售商、购买人、走私者等有明文规定的具体情形和处罚标准，以立法促各项管控措施的具体落实和执行。

二、制定行业法规和条例约束

无人机市场的管控离不开完善详尽的行业法规和条例约束，目前《通用航空飞行管制条例》《关于民用无人机管理有关问题的暂行规定》并不健全。一些行业协会，如中国 AOPA 并不是国家公务部门，只能颁发培训合格证，无权发放驾驶证，还需要国家相关部门授权或完善相关法律法规；在具体执行中，行业协会应统一制定规范的驾驶员培训考核制度（学习、训练、比赛等），设定考证报名标准，参考机动车驾驶证管理，形成管理体系；政府相关部门应尽快制定完善的法规条例，明确无人机市场各项管理责任主体及业务权限，规范市场，明确权责，特别是无人机驾驶员的培训机构认证、驾驶证等级设定及发证机关的授权与落实；明确无人机分类管理：Ⅰ、Ⅱ 类（质量为 7 kg）以下机型只进行相关备案，包括实名登记、机型、操作技能、飞行理论与法规考核等，必须要通过公安机关的考核，拿到培训合格证；具体备案可到户口所在地或居住地派出所，进行警务平台登记。对于无人机的转让变更，双方必须到派出所备案；对于从业部门人员，要持证飞行，加大从业人员备案管理，特别是质量为 7 kg 以上机型必须考证。同时，加强配套管理，管理与服务并重，无人机玩家要购买飞行保险，规范无人机驾驶员保险行业，建立保险制度。

三、提升监管效能，实行倒查问责长效机制

对于无人机市场的管控，应加强行政主管业务部门审批和监管力度，对于不符合行业标准的生产厂家、无资质的销售商、代理商、无驾驶证的玩家等都要规范管理，执行到位，谁审批谁负责，出现问题形成责任倒查和追究问责长效机制。

四、构建打防管控一体化制度

无人机市场的管控离不开公安机关，在公安机关的具体管理中，符合生产资质条件和行业标准的生产商，行政部门审批后，也要到指定公安机关报备登记备案，制定法律法规，形成制度，加强源头管控；对于销售商，经相关部门获批后，仍然要到公安机关登记报备；对于购买者或玩家，在购买时必须实名登记，对于特定机型的无人机按规定在起飞前要通过网络申报或实地向公安机关进

行申报，通过后方能起飞。同时，在反无人机技术管控方面，应联合科技部门加大研发力度和技术攻关，比如对无人机捕捉器的研发等，通过发射电磁辐射干扰无人机飞行，驱离无人机或强迫无人机失灵坠落；要尽快研发出便捷实用的无人机遥控器定位设备，在反无人机侦查中，第一时间定位抓获到“黑飞”的无人机驾驶员。此外，简化考核和备案程序，提高便民效率。复杂的备案程序容易导致抵触，因此要简化审批程序，利用公安网络平台申请审批提高效率。

五、加大无人机“黑飞”的打击力度

对于违法违规生产、销售、走私或者是销售零部件，以供玩家自行组装的，以及随意“黑飞”危害公共安全的“无证、无备案”人员，要从严从重打击，并加大宣传力度，起到普遍性的震慑效果。

六、建立反无人机举报奖励机制

无人机市场的监管，仅仅靠国家职能部门的力量是远远不够的，要发动和联合社会大众共同抵制无人机市场乱象。对于违法违规生产、销售、购买、飞行的厂家和个人设立举报中心或通过随时报警的方式搜集情报信息进行打击，对于有效举报加大物质奖励与精神奖励力度。这种奖励机制要在行业法规制度中体现。

七、制定无人机研发生产国家标准

当前无人机市场亟待制定生产研发的国家标准，没有规矩不成方圆。由于缺乏国家标准，生产厂家研发无门槛限制，导致标准不一的无人机流入市场，给相关部门在打击管控方面带来巨大压力。在具体标准制定方面，主要把握两个核心要点：一是无人机机架号，统一编号、审批、生产；二是发动机芯片，统一千克标准设定和设置芯片技术标准。这样在后续管控中可以统一规范技术管控，对于超标的机器将形成预警指令，提高技术管控准确性和效率。

八、明确无人机适航标准与管控

对于轻微型无人机适航标准要明确规定并加大法治管控力度，特别是这种出于娱乐爱好为目的的轻微型无人机的飞行，相关部门应尽快出台明文规定和切实可行的管控办法。可以借鉴 FAA（美国联邦航空管理局）的管理制度，要求轻微型无人机的飞行可以不经FAA批准，但对其有具体限定：质量要低于25 kg，高度要低于122 m，周围无障碍物，运行始终在可视范围内，与有人航空器运行保持足够距离并不对其产生干扰，不能飞入机场8.046 7 km范围内，要远离人群。

第六节　无人机山地反恐作战实际运用

无人机在反恐作战中立下过赫赫战功，尤其是在山地反恐作战中，无人机能够利用承载的高灵敏度照相机和摄影机及时在山地复杂地形条件下，进行全方位、不间断的画面拍摄，获取第一手影像资料，并将所获信息实时传送回地面，供指挥人员进行科学决策和判断，实现对现场的快速处置，实施对暴恐分子的精确打击和有效追捕。对潜逃山区的暴恐分子，反恐行动中一般采用包围战术，首先派警力占领山谷的有利位置以阻止暴恐分子四处逃窜，再陆空配合缉捕暴恐分子。2015年，新疆阿克苏地区拜城县“9·18”事件的发生，为我们敲响了警钟。在未来的恐怖活动中，恐怖分子极有可能利用山地的有利地形，与警方进行较长时间的游击战斗。在拜城县“9·18”暴恐案件处置中，公安民警完成了范围广、历时长、难度大、任务艰巨的深山搜捕任务。在此期间搜捕队员出现了体力透支、摔伤、牺牲等危险状况，历经千辛万苦终于将剩余的暴恐分子围堵在山洞里，进行火力攻击，最终将其全部歼灭。在围捕、搜索、攻击逃匿的暴恐分子等工作中，无人机发挥了其独特的优势，起到了重要的作用，为指挥、后勤、医疗、通信保障做出了重要贡献，很大程度上提高了反恐作战效率，同时为队员安全执行任务提供了有利的条件保障。

一、收集、掌握反恐情报信息

公安机关的指挥中心是暴恐犯罪处置和指挥的神经中枢，但是情报信息的缺失给暴恐现场处置指挥和战术运用带来的艰难性和复杂性可见一斑。无论是乌鲁木齐市“7·5”事件，还是拜城县“9·18”事件，最大的漏洞就是对实时情报的掌握不足，倘若能够运用无人机的机载摄像装置，在到达现场之后迅速展开空中360°高清拍摄，实现对暴恐场景的全方位、立体化、实时监控，将暴恐现场暴恐分子的人数规模、伤亡情况、发展态势和逃跑路线等重要信息适时传送给指

挥中心采集现场数据，进行判断和决策，将缩短决策周期，减少决策失误。

二、集中优势警力，夺点控道

集中优势警力攻打要害，是缉捕战斗的原则之一。山地反恐战斗，缉捕暴恐分子的要害在制高点、交叉路口、山垭口和山间通道上。无人机高空作业，山地要冲一览无余，作战指战员能够及时掌握，能够避免我方防御部署被割裂陷于瘫痪的境地。因此，反恐力量在执行山地反恐战斗任务时，应集中主要警力，在无人机引导下，沿着便于通行的主要通道实施攻击，攻占通道两侧的制高点和位于通道上的山垭口、交叉路口等关键地形，并控制通道，令暴恐分子的防御体系瘫痪。

三、加强巡航警戒，防敌袭击

山地的复杂地形不仅便于我方反恐作战隐蔽地配置警力和武器，广泛实施穿插迂回，也给暴恐分子提供了袭击我方的可乘之机，或在我方必经之路进行伏击。因此，对于可能面临的暴恐分子的袭击，可以在我们可能遭遇袭击的部位，利用无人机加强巡航警戒，时刻警惕，绷紧预防袭击的"弦"，确保反恐作战任务顺利完成。在开进时，可以在前方、侧方和后方利用无人机巡航警戒，以防暴恐分子渗透袭击。

四、进行危险排查和目标锁定

暴恐分子在防御中往往会利用山地的特殊地形形成了地面、地下和高处多层立体防御体系。因此，在山地反恐作战中，必须打剿结合，攻占一地，搜剿一地，控制一地。在山地搜捕作战中，可以运用无人机的侦查功能，提前对未知区域进行前期的危险排查和目标锁定。利用人、机配合，"人休机器不休"的工作模式，全天 24 h 对指定区域进行搜索。白天采用空中巡查、地面搜捕的方式双管齐下，对逃匿在山区的暴恐分子进行追踪、搜索。夜晚可以搭载红外设备，在夜里实现继续搜捕工作，对可能藏匿在丛林里的犯罪嫌疑人进行扫描式飞行搜索，及时发现暴恐分子的踪迹。也可以搭载热成像感应装备，在夜里对地面运动中的人与动物进行明显的成像区别，能够分辨出野外和山洞口人或动物散发的温差，从而根据成像图片研判山洞或者废弃建筑屋内是否有人员以及人员活动情况。反恐作战中无人机的引入，从时间上既保证民警的休息时间，又保证了工作的效率;从战术上既消耗了暴恐分子的体能,又从精神上打击了对方,不给对方任何喘息的机会。

五、以空中喊话,进行心理施压

从拜城县“9·18”案件中抓获的暴恐分子吐尔洪的采访中我们得知,他们认为杀死人就可以殉职进天堂,被洗脑了才走向犯罪,而且在山中逃亡期间,飞机在头顶上飞,陆地也有搜捕力量,让他们十分恐惧。因此我们一方面可以通过无人机搭载扩音设备对暴恐分子可能藏匿的区域进行喊话,传达正确的舆论导向,以宣传教化的方式,劝其放弃抵抗,缴械投降,从心理上瓦解暴恐分子的防线;另一方面也可以通过扩音设备向山里居民传递有关信息,引导群众配合警方的反恐行动,实现警民联合共同反恐。

六、保持监控地区的数据传输

由于高山林立,通信信号盲区多,导致通信信号不能及时传递到指挥中心,致使决策滞后。无人机搭载的小型通信设备则起到了通信中继的作用,有的通过无线(Wi-Fi)、有的通过无线电波,防干扰比较好,对地面形成不间断的信号链接,使指挥系统能及时接收到事发现场的详细警情。

七、支援山地攻击

山地地形复杂,地势起伏大,隐蔽条件好,植被茂密,有利于隐蔽机动和突然发起攻击。因此,反恐作战应成纵深梯次部署警力,充分利用山地有利条件,沿多条路线,隐蔽接敌。有时,还应根据山地的地形特征,隐真示假,佯动欺骗,达成战斗的突然性。在搜捕过程中,如果发现恐怖分子占领了山顶、斜坡等有利地形或者所处位置不利于警方直接观察或者射击瞄准(山洞、石缝、树林)等情况时,此时我们可以利用无人机去吸引对方的注意力,或者将无人机飞向对方的头顶,占据有利位置,朝对方直接射击或者投放催泪弹、爆震弹等,为歼灭暴恐分子提供有利条件。

八、救助反恐队员

在地形复杂的山区,指挥室与一线队员通常会拉开很长一段距离,队员在搜捕过程中往往会因为恶劣的环境或者突发事情出现伤亡,若不及时得到救

治，就会危及生命，此时可以利用无人机第一时间将医疗用品等快速送到指定地点，为队员得到及时救助争取时间。

第七节　关于无人机用于反恐处突的思考

基于当前反恐维稳形势的严峻性、复杂性，深入实施创新驱动发展和科技强警战略，充分发挥科技引领支撑和服务实战的作用，我们应当对发展警用无人机的实战应用进行思考。

一、建立立体化治安防控体系

在反恐处突中，通过无人机空中侦查，建立“空中视频巡逻”体系。无人机可利用其优势，第一时间对边境的省道、国道周边等重点区域、重点场所实施“空中视频巡逻”，同时可在重大安保活动现场充当空中堡垒，依托3G、4G单兵图传、移动通信车，可第一时间将现场情况传回指挥中心，为扁平化指挥提供全方位、全过程支撑。

二、建立网格化侦查体系

“5·25”事件发生后，虽然对当时案发现场区域进行了大面积侦查，但由于无人机续航时间短、充电时间长等问题，无法在短时间内对大面积区域进行有效搜索。网格化侦查体系，可以对所搜索的区域进行网格化划分，责任网格落实到飞行小组，每个飞行小组对自己负责任网格进行巡逻侦查，可快速排除责任网格内的嫌疑目标，为后期的搜捕警力缩小搜索面积，节约时间。

三、提高无人机各项性能

针对不同气候条件，应加强与无人机企业的沟通，制作一套适用于不同地域的警用无人机，例如为新疆地区，制作低温高原型电池，保持无人机电池性能，延长续航时间；改进可见光与红外载荷模块，由于新疆冬季较长，积雪覆盖地域广，在模拟实战训练当中，假想敌藏匿于荒漠地带，假想敌衣物与地形环境相似，无人机在搜寻过程，飞行小组通过对该地区侦查，发现空中侦查分析难以快速有效地辨别嫌疑目标，给侦查搜捕带来困难。通过改进载荷模块，使可见光模块在巡逻该区域时可以有效自动辨认辨别目标，回传画面可将侦查发现的目标进行依次辨别或是遇到目标后进行高亮标注，为侦查辨认节省时间。警用专业性无人机，应当加强图像自动辨析功能，以科技代替人力，为警务工作发展提供有力的科技支撑，实现社会公共安全领域技术和水平的整体跃升。

第八节　警用无人机在反爆炸领域的应用

一直以来，涉爆类案件都是警务工作中极为重要的一个部分，而警用无人机实训与反爆炸学这两门课程又都是警务指挥与战术专业的专业课。搜排爆的哪些环节是可以让警用无人机参与进来呢？这个问题，需要我们探索和思考。

一、当前国内外爆炸犯罪及其特点

当前，爆炸恐怖犯罪呈现“取材便利，难以管控；突发性强，防范困难”的现状，这为警方的搜排爆工作带来了极大的困难。

1. 国际爆炸恐怖袭击活动特点

国际爆炸恐怖袭击活动的特点主要表现为：往往公开宣布对爆炸恐怖袭击事件负责；以制造社会恐慌为目的，采用人弹、车弹、连环爆炸的突然袭击方式危害公共安全；起爆方式主要为按钮开关控制电起爆，或定时、遥控等方法，爆炸装置类型简单化；爆炸地点偏好选在一个国家的政治经济中心，主要针对人流量较大的公共交通工具；爆炸时间一般选在上下班高峰时间通过杀死大量平民，制造出最大的社会恐慌效应。

2. 国内普通刑事爆炸犯罪的特点

国内普通刑事爆炸犯罪的特点主要表现为：以逃避打击为特征，爆炸装置种类繁多、起爆方式多元化，爆炸犯罪类型多样化。

二、警用无人机在爆炸物的现场处置中的应用

1. 爆炸物现场处置原则

爆炸物的现场处置，除了遵循“安全第一、专业化处置”的工作总原则外，还应遵守“不容置疑”“先搜爆后排爆”“先排爆后勘查”“排爆方法确保安全”“爆炸

装置严禁用水浸泡”等工作原则。

2. 警用无人机在爆炸物的现场处置程序

前期处置：现场封控、现场待命抢险救援、现场访问、现场预处置。

专业处置：架设频率干扰仪、现场观测、现场技术固定、现场搜爆、排爆准备、架设X射线探测器、现场实验、现场处置、转移处理、移交现场。

3. 警用无人机在爆炸物的现场处置中的可行性应用

（1）架设频率干扰仪

架设频率干扰仪，可使频率干扰仪处于有效干扰半径内。在距离疑似爆炸物十多米外架设频率干扰仪，能避免触发光控、声控、温控、接近开关等新型传感器类爆炸装置。为避免疑似爆炸物为遥控爆炸装置，在搜排爆人员架设频率干扰仪的过程中被引爆，我们可以先利用安装有频率干扰模块的无人机飞近疑似爆炸物，对遥控信号进行屏蔽，防止排爆过程中疑似爆炸物被遥控触发。

（2）现场观测

可利用警用无人机飞近疑似爆炸物，利用无人机的云台和摄像模块进行拍摄、观察。重点发现有无导火索、拉线或电导线，有无裸露的光控、声控、温控、接近开关等传感器探头，注意外包装的特点，估计疑似爆炸物的质量，必要时扩大警戒的范围。

（3）现场技术固定

利用无人机对现场进行近距离的拍照和录像，配合安全距离外的照相、录像、绘图、笔录等方式，对爆炸现场进行技术固定。

（4）现场搜爆

将警用无人机、人、犬、器材相配合，对现场周围进行全面的搜爆检查，确保现场范围内及外围不再有其他的爆炸装置。

（5）现场实验

可以用无人机对疑似爆炸物进行移动和跌落实验。在无人机上安装机械臂模块，用于拖动或勾起疑似爆炸物，若其没有发生爆炸，则在适当位置松开机械臂，让疑似爆炸物跌落，若没有爆炸则可进行转移。

（6）转移处理

不适合现场处理的，可安全转移疑似爆炸物。利用警用无人机将疑似爆炸物夹住，运输到防爆罐内，转移到安全地方进行处置。转移爆炸物时要注意：不能把城外的爆炸装置运送到城内，不能把室外的爆炸装置运送到室内。

(7) 防爆处理

在处理不适合转移的爆炸物时,需要在爆炸物周围放置防爆围栏与防爆毯。在此过程中要确保"时间最短、距离最远、人员最少"三原则。防爆围栏与防爆毯都需要人员进行近距离摆放,如果能够将无人机安装上机械臂,运输防爆围栏套住爆炸物,随后运输防爆毯盖住被防爆围栏包裹的爆炸物,就能在利用无人机摄像头精确定位的同时,达到无人员靠近爆炸物的目的。

第七章

无人机在搜索救援方面的应用

公安机关保卫国家安全、维护社会治安秩序，首先要对各类案件和事故做出快速高效的反应。无论是遏阻犯罪、抢救生命，还是追捕逃犯、减少人员伤亡和财产损失，每一分每一秒都是关键。然而，即便在通信网络发达、交通发达的现代社会，地理障碍和信息阻碍依然制约着警方效率的提升。与地面警力相比，无人机在快速寻找、定位犯罪嫌疑人及失踪人口方面具有成本低、效率高、效果好的优势。各类出警任务的偏重不同，比如航运警察、缉私警察、森林警察、铁路警察、交通警察等管辖服务范围广，且对机动性有较高要求，经常需要大范围巡逻和出警，搜索和跟踪监视嫌疑人目标，并及时取证。无人机最根本的特点是人不必冒生命危险，能够在高危区域执行任务，能够在复杂恶劣气候条件下或在有生物、化学作用的危害区工作，能够昼夜长时间连续飞行。在危险区进行灾情调查与评估以及救援指挥，人员往往无法到达或不能前往目标区域，这时无人机系统可显示其独特的优势。无人机系统具有实时性强、机动灵活、影像分辨率高、成本低的特点，且能够在高危地区作业。新技术的使用不仅仅是社会生产活动的必然趋势，也是加强警方战斗力的根本保证。

第一节　搜索遇险群众、被困群众的相关信息

警用无人机的搭载生命探测技术，可以利用相应的悬挂平台，应用于救援野营迷路者、受困的攀岩爱好者、跌落山谷的探险者等，可以在重大灾害的应对中、在出警时间的加快上、在具体的援救工作中大范围、快速度搜寻生命信号和生命迹象，可以极大地提高搜救的效率，减少人员的伤亡。

一、应对重大灾害

无人机能针对不同警种警务，衔接其应用侧重点，产生巨大作用。在一些

重大自然或者人为灾害中，无人机作用已经有所体现。比如在消防工作中，利用无人直升机进行火灾现场的火点查找以及火势研判，两架无人机不间断地更替作业，完成任务，为消灭火情提供完善精准的情报，无人机能够做出意想不到的贡献。在灾害发生后，警用无人机可根据基本信息对目标地区进行事先侦查，确定救援对象地理位置与目标情况，当地面交通工具无法开展救援时，警用无人机可以快速运输小型应急和急救物品，为后续救援工作提供了信息保障。无人机不受场地限制，灵活性比较好，可以预先到达救灾现场，为指挥部回传实时图像，提高救援队伍的后续救援效率。目前，美国休斯敦和迈阿密警察部门已将“鹰之影”新型无人侦察机纳入武器库，用于帮助警察寻找犯罪嫌疑人以及失踪人口。该无人机可在距离地面200 m的高空用热导相机进行拍摄，监视地面发生的一切，帮助警察在最短的时间内寻找到犯罪嫌疑人以及失踪人口。自然灾害具有突发性特点，灾害应急救援的关键是灾害发生后的快速反应。及时快捷的灾情信息对于及时制定救援策略，提高救援效率和质量起着至关重要的作用。

二、快速出警

警方快速做出反应缩短抵达犯罪现场的时间是提升办案效率的关键，而出警时间受到距离、交通、地理、天气等空间环境因素影响和地面交通工具的局限，警用无人机的使用将能帮助警方有效解决这些问题。多旋翼无人机动作迅速，起飞降落仅需数分钟，这为抢险救援工作争取了大量时间。中国幅员辽阔，地质灾害频发，在抢险救灾行动中，若受限于地形原因，车辆或人无法迅速到达现场，无人机具有抛投功能，将物资和其他物品抛投给受困群众，同时利用图传设备掌握现场第一手视频资料。搭载了高清拍摄装置的多旋翼无人机对受灾地区进行航拍，可提供一手的最新影像。以“紫燕”无人直升机为例，最高速度145 km/h，巡航速度110 km/h，从起飞到距离10 km外的案发地点仅需5 min，而且“紫燕”无人直升机能在－40～60 ℃的环境中，在高海拔、高湿、高盐、大风(七级)和雨雪天气等极端不利自然条件下顺利执行任务。可见，在地面警力无法迅速抵达和反应的地区，无人直升机都能高速到达现场，执行对现场警情的侦查、拍摄、识别、跟踪和一定程度的犯罪慑阻、抓捕任务，同时也能高速到达现场遂行救助任务，比如空投急需的药物和补给、绳索和救生圈等。2016年10月4日，新疆阿勒泰地区民警终于找到此前在景区失踪的广东游客任某的尸体，而距离任某的朋友报案已经过去了一个多星期。当时阿勒泰地区大雪封山，天寒

地冻，通信不畅，寸步难行，在地面上根本无法组织有力的搜索施救，导致任某无法获得及时的救援。试想，如果当时阿勒泰地区配备无人机挂载红外吊舱进行空中搜索，任某及时获救的概率将大大提升。2016年2月20日，金某锋（男，38岁，住江苏省江阴市某村）儿子金某辉因未完成寒假作业，被金某辉的母亲王某说了两句，2月20日19时30分，金某锋还看见儿子躺在床上。2月21日6时许，起床看见儿子金某辉（13岁，身高1.65 m左右，上身穿深灰色冲锋衣）不在家，以为是骑了一辆蓝黑相间的赛车到学校报名了，至2016年2月25日金某辉一直未回家，后家人到南闸派出所报案。警方对金某辉失联报立拐卖妇女儿童案，并开始搜寻金某辉，由于家长寻子心切，之后又到无锡市其他派出所报失踪人员，寻求媒体报道失踪的学生，金某辉失踪一事在当地有很大的影响。警方接报后，展开了大量的刑侦工作，通过走访群众了解到金某辉喜欢到住处凤凰山附近玩；查看沿路监控，没有发现骑自行车的少年离开住处10 km远的地方；网安没有发现金某辉常用QQ、网游等账号登录网络。综上所述，金某辉应该没有离开江阴凤凰山一带。凤凰山山高约100 m，长度约5 km，宽约500 m，为了尽快找到金某辉，警方动员50名特勤人员搜寻多日，因凤凰岭一带山坡较为陡峭、植被覆盖茂密，人员搜索困难且盲区很多，家长也认定学生在山里面。2016年3月6日，四架警用无人机外挂设备包括空中高音喊话机、30倍光学摄像机、热成像仪，开始了对凤凰岭一带可疑区域搜索。先用可见光摄像机距山林上空50 m高度对山林区进行扫描式搜索，实时将720P的高清画面传到指挥车上，民警与家长同时通过屏幕进行搜寻与研判。再用热成像仪对山林进行扫描式搜索，对山林中疑似活体进行测温与定位。又用无线装置将家长的召唤通过无人机上的高音喇叭传递到山林的每个角落。当天从白天飞到夜间，交替使用三种无人机进行搜寻，家长通过无人机传回的可见光与热成像画面看清了所有山林，也深感到公安民警是尽心尽力了，山林中没有搜寻到金某辉。三天后，在山脚下的水塘发现了浮出水面的少年尸体。此次公安机关应用无人机搜寻失踪学生过程中，有几条工作经验值得注意。一是飞行的高度以看清地面人体即可，一般距地面30～50 m，利用18倍变焦高清镜头，对疑似目标进行变焦拉近精准识辨；二是飞行速度按照回传画面，人工判读能同步即可，飞行速度为4～6 m/s；三是重点关注山林里能藏身的山洞与废弃房屋；四是做好空地信息共享，在实际搜寻过程中，发现一片林子中有个21.7 ℃的疑似点，这个点距离起飞点约1 km，为个确认这个温度点，警方派两名民警携带对讲机前往核对，但民警上山后很难找到这个疑似点，最后将无人机悬停在疑似点上空，民警以无人机的位置作为引导找到了疑似点，后确认为一只山羊。类似这种情形，可以给一路空中同步画面给地面搜寻人员，这样可以做到空地信息共享，提升搜寻的效能。在出现需要搜救的情况下，比如游客被困山中的情况下，普通的搜救势必会消耗大量的人力物力，搜救时期也偏长，但是运用无人机的话，会大大提高搜救效率，减少群众的生命财产损失。

三、执行救援任务

在执行救援任务中，可以向水上遇险群众投放救生衣(圈)，向落水人员投放自充气式救生圈；在孤岛地域定点投掷补给品或急救用品；在通信中断区域进行信号中继；对灾民进行高空喊话，安抚、疏导灾民；对夜间救援现场提供高亮度照明，为火灾现场高层建筑物被困群众投放救生绳索等，以便赢得救援时间。以往林区防火工作中，侦查火情主要依靠人力巡山，工作量大、条件艰苦、花费时间长、人力成本大、森林边缘死角难以顾及。发生火灾时就不能及时发现并扑灭，最终小灾变大灾。警用无人机可按预设航线对林区进行空中巡查，快速定位火点、确定火情，为消防救援队伍提供最佳撤离路径，并与互联网、卫星通信等手段相配合，实现多媒体通信保障。对已出现火情的地区，无人机挂载可见光和热成像设备，可随时执行火警侦查和火场探测任务，快速地查找热源，在灭火后查找余火，并定位坐标，将空中巡查获取的图像数据实时传回指挥中心，为现场指挥提供决策。在存放危险化学品的地区，随时可能发生突发事故，无人机可以实现科学勘查，减少人员伤亡。而且挂载灭火弹的无人机可以实施小规模灭火，尤其适合高层建筑物扑救。2016 年，在“3・2”甘肃省迭部县森林火灾扑灭现场，无人机发挥了重要作用，无人机拍摄火点周围的地形及环境并实时传输到地面指挥中心，引导消防人员到达着火点实施灭火，或定位着火点坐标后发给直升机，协助直升机进行水箱空投灭火。无人机发挥了观察哨作用，为火场清理工作提供准确信息，严防滚石、滑坡、塌方、倒树等引发安全事故。2016 年 2 月 19 日，浙江省金华市浦江县 3 名山间走失的儿童被找到了，在距离他们失踪三天三夜后幸运获救。从 16 日下午发现 3 名儿童失联，到 19 日 10 时 20 分左右孩子被找到，150 多支救援队在浦江县大畈乡建光村周边 110 多平方千米的大地上进行了 7 700 多人次的搜救。在失踪儿童疑似落水的错误判断下，村里水库的水放掉了一半，潜水员一次次下潜搜索，付出了极高的社会

成本。如果从一开始就派出无人机 24 h 不间断搜索，是否会迅速划清、排除和缩小搜索区域？是否还需要这么多人力物力？是否能更快地找回失踪的孩子们？这些问题，都是值得我们思考的。

第二节 巡查、监控和追踪违法犯罪行为

公安刑警主要的工作就是进行刑事侦查，负责刑事案件的侦破工作。无人机可以根据当前嫌犯所在位置，悬挂 3G 视频系统，立刻飞到事发地上空，对事发场景实施全方位监控，将现场图像同步传到指挥中心，调出嫌犯周围的空中全景影像，计算分析出一定时间内嫌犯可能逃窜的区域，并分析出在主要道路上设置卡点的合理位置，让指挥人员实时掌握动态局势，准确指挥、快速处置。比如森林区多发盗砍、盗伐和盗猎，还有违法采矿等隐蔽性违法事件，针对这些问题，可以通过无人机大范围巡查、监控和追踪违法犯罪行为。

一、空中巡查

一般而言，小型的无人机以电力为动力源，噪声较小，不易惊动目标人物。而且体积较小且高空飞行，也具有较强的隐蔽性。当无人机携带上高清摄像设备时，就可以实施侦查任务了。无人机携带高清数码相机、摄像机等警用设备，可以在某些特定的目标区域或者是由于某种原因而无法进行人员派遣的某些目标区域发挥重大作用，为警方的下一步行动做好准备。2016 年莫斯科—北京“丝绸之路”汽车拉力赛从莫斯科红场热情开跑，迎来长达 1 万多千米的全力拼搏、精彩冒险和纵情驰骋。在拉力赛(甘肃段)期间，公安部科技信息化局联合甘肃省公安厅科技信通处在敦煌赛段应用无人机进行现场航拍(图 7.1)，无人机航拍的图像实时传送到省公安厅“动中通”卫星通信车上，“动中通”卫星通信车再将现场图像传输至公安部指挥中心。

森林警察由于管辖区和服务范围主要为山川林地，交通非常不便，机动性差，由于树木和地形的阻碍，往往不能及时发现和追踪违法事件。地处偏远区域，接到报警也不能及时赶赴案发地点，尤其在天气条件不好的时候，无力在森林山地中追捕犯罪人员。而警用无人机可在第一时间到达，不但巡查覆盖面积大、巡查精度高，还可以超视距自动驾驶。

图 7.1　2016 年莫斯科—北京“丝绸之路”汽车拉力赛敦煌赛段航拍现场图像

二、定点监控

对于高危区域和特殊现场，普通的巡逻密度容易存在漏洞，给犯罪分子以可乘之机。利用无人机技术，地面大功率电能变送模块通过电缆供电给 100 m 高空的无人机，可实现警用无人机长时间滞空监控，无人机不间断地搜索发现地面可疑人员、车辆，将现场视频信息传送到公安机关指挥中心，一旦发现可疑情况出现，可在第一时间向指挥部门汇报并采取措施，提供强有力的空中情报保障。无人机可以对逃犯采取的各种逃跑方式进行跟踪、监视，也可以搭载红外设备，对夜晚逃犯进行监控，能够高清晰度实时回传巡查图像，可对躲藏在丛林里的犯罪嫌疑人进行扫描式飞行搜索。无人机将逃犯的逃跑路线提前通报警方，提高警方的抓捕速度与抓捕准确性。同样，火场上空，警用无人机可以把火场面积、轮廓、蔓延速度等数据实时传回地面指挥车或后台指挥中心。在火场清理和看守阶段，通过无人机搭载热感成像模块，可对火灾现场进行全方位、多角度实时监控，防止死灰复燃。我国陆地边界线全长 22 000 多千米，分别与 14 个国家接壤，其中有 2/3 的边境线是高山大漠。针对我国边境线出入境人流量大、走私偷渡等犯罪活动严重的情况，客观上要求边防部门执行任务的距离远、反应的速度快。传统的边防监控多以人工监控的方式进行，无人机减少了人力的浪费，提高了监控效率。

三、追捕嫌犯

当碰到嫌犯拒捕且出逃的情况时，可能由于某些原因警方无法立即组织警

力响应，这就带来了一定程度上的时间滞后。时间滞后越久，追捕犯罪分子的难度越大，将其捕获的可能性就越小。如果装备警用无人机的话，快速反应，应急机动性强，时间滞后可以大大缩短。警方在相应力量没有完全组织起来之前，完全可以先出动警用无人机，对逃犯实施实时监控，完成对目标逃犯的定位，并将相关信息和地形、人群数据传送回指挥中心，为警方的抓捕做好准备。同时，人机分离的安全性高。

第三节　进行火灾现场的火点查找以及火势研判

警用无人机快速升空到发生火灾的建筑物上方，实时传输空中全景视频，采集 360°的全景影像，为领导指挥决策、消防设施的部署、救援官兵的行动路线制定等提供全方位的数据支撑。无人机可以实现空中航拍，快速获取灾情信息，不但为领导指挥决策提供有力的依据，还能实现空中定投，及时将生活物资送给灾民。

无人机在救灾中发挥灵活机动的侦查优势，当发生重大事故时，无人机可以第一时间到达现场，将现场影像资料及时传回地面指挥中心，为指挥人员提供第一手情报。在消防工作中，利用无人直升机进行火灾现场的火点查找以及火势研判，两架无人机不间断地更替作业，完成任务，为消灭火情提供完善精准的情报。山林茂密地区，森林防火工作繁重，无人机能够为其做出意想不到的贡献。无人机可在第一时间航拍受灾区域，及时获取航空影像数据，实时将受灾情况传回指挥中心。江苏省靖江市德桥仓储有限公司曾经发生重大火灾事故，着火面积约 2 000 m^2。党中央、国务院对此高度重视，各级领导第一时间赶赴现场组织指挥事故处置。省厅共调集 192 辆消防车、950 名消防官兵、500 余名公安民警和 50 余名武警官兵全面参与事故处置工作，通过采取对着火的罐体进行火势控制、对着火点周围的罐体持续实施冷却、对着火区域周边用沙土等筑堤控制流淌火、组织突击队员在高压水枪掩护下冲进火海关闭输油阀门、集中警力和装备实施集群灭火总攻等有效措施，用一天时间就全部扑灭明火，保住了其余 136 个危化品储罐，避免了重大灾害和人员伤亡等事故的发生，保障了周边人民群众的生命财产安全。处置救援中，靖江中队 27 岁的消防战士朱军军英勇牺牲。1 500 余名消防官兵和公安民警奋战 18 h 不畏艰险夺取全胜。无人机空中全方位信息采集为成功灭火助了一臂之力。某公安局接到增援命令后，3 名警员携带两架警用无人机到达现场，火场外围的公路上站满了围观看热闹的群众。经过 10 min 的准备，从火灾现场 1.5 km 外起飞，对火场中心的不同方向进行视频实时监控，同时拍摄高清照片，从空中看起火点位于化工仓储公司中间位置，旁边有大量白色罐体，火灾现场浓烟滚滚，下部可见明火，腾起几十米高的黑色浓烟，烟柱散开高度大于 1 000 m。空中画面通过公安局 4G 指挥车传到指挥中心，同时将画面与照片转给现场消防指挥车，为指挥决策提供依据。一是测算着火面积达 2 000 m^2 左右；二是可以看清中心火场周边消防车的布置情况；三是可以用无人机对周围 2 km 范围的主要道路进行监控，给外围执勤民警疏导围观群众提供方便；四是测出火场中心点的温度达到177 ℃，在扑灭明火后，起飞无人机利用热成像仪进行测温，防止复燃。此次无人机参与特大型火灾的救援工作的时间长，进行了不间断多架次飞行，意味着现场要具备备用电池、充电设备和备用警用无人机。当天 12:30 到 20:00，德桥仓储火灾现场共有无人机十余架进行了各种目的的飞行，大致有三类：第一类为消防服务无人机，第二类为各路媒体无人机，第三类为民间猎奇人员的无人机。地面交警对来往的车辆与人员进行了管制，空中的小型无人机却无法管理，现场有柴油和汽油油品储罐 12 个，脂类、醇类危化品储罐 30 个。各种乱飞、“黑飞”给现场扑救带来很大的安全隐患，倘若无人机掉落后会引发次生灾害。作为空中监控飞行大部分时间只要将无人机悬停在 150 m 高度，离开明火点 300 m以外就可以将中心现场的情况观察清楚，没有必要离明火太近。现场的多架无人机，可以通过现场指挥部协调，让多架无人机数据汇总到指挥中心大平台，大平台又可将这些信息分享到省、部级指挥中心，这样可以大大提高空中信息的使用效率。以多媒体宽带网、数字集群通信、多旋翼无人机等新兴设备为基础，采用云计算、物联网等新兴信息技术手段，通过构建“消防战勤应急通信与监控”网络、“可视化消防救援指挥与管理”平台及移动端应用，满足智慧消防建设与可视化指挥救援、应急通信的战勤管理需求。应用的技术包括高空火灾监控技术、应急通信网建设和控制技术、消防多旋翼无人机多任务平台与地面供电技术等。通过增强城市安全管理、消防的智能化管理、分析和预警，实现科技成果转化和产业化，以达到建设平安城市与消防战勤管理网络化(互联网＋智慧消防)的要求。

一、消防应急救援现场的通信短板

目前，消防应急救援的现场指挥和管理仍存在大量改善需求：一是应急通信保障模式不完善。建立应急通信保障中心，将其作为跨区域应急通信保障的中枢节点，有效保障了部局指挥中心、前方指挥部、分指挥部、救援队之间的通信联络和指令下达，方便了各级指挥员的作战指挥，提升了现场指挥效能和通信质量。但这种新的保障模式由于还不被大家广泛认识和熟练掌握，也出现了一些新问题：当既定程序调整，需部局指挥中心临时与各救援队通话时，由于指挥控制权不明确，易造成通信混乱，出现争抢信道现象；搜救队通信员与指挥部通信时，有的不报告采用的通信手段，通话未完成就挂断电话，通话规则及用语不规范，影响通信效果；现有应急通信保障中心的视频、语音信道数量少，缺少备用通信信道，可靠性不足，一旦出现通信信道堵塞或故障，不能立即恢复，这些问题必须通过下一步的广泛运用来解决。二是警用无人机在消防的应用和创新需要进一步完善与整合。当前，我国消防救援队伍面临着日益复杂的灭火救援和社会救助形势，面对各类地震救援、抗洪抢险、山岳救助及大跨度或高层火灾等情况，传统现场侦查手段的局限性已日益凸显。如何有效实施消防预警和现场侦测，并迅速、准确处置灾情显得尤为重要。我国多旋翼无人机应用技术及系统解决方案的成熟运用，使得多旋翼无人侦察机平台结合视频、红外等监控及传送设备，通过空中对复杂地形和复杂结构建筑进行火灾隐患巡查、现场救援指挥、火情侦测及防控成为消防救援队伍新的选择。

二、国内外同类技术的对比

1. 美军后勤可视化系统

这个概念始于海湾战争并在伊拉克战争中得到检验的美军后勤“可视化”保障模式，真正由概略保障、模糊保障转变为适时、适地、适量的精确保障。其主要特点是信息化，而精髓是可视化。结合消防救援队伍的实际，借鉴美军后勤“可视化”保障模式的成功经验，可以对消防战勤保障模式的信息化发展方向进行积极、有益、超前的展望和探索。美军后勤“可视化”保障，主要是通过对数据、文字、图形和图像等保障信息的实时传递，实现保障过程中各项资源、各类需求、各种状态的动态可视，达到“部队需求可视化、资产物流可视化、投送力量可视化”的主要目的；它是美军后勤从工业时代转向信息时代的核心概念，也是美军后勤保障效率得以大幅提高的核心因素。该模式将自动识别技术、全球运输网络、联合资源信息库和决策支持系统等综合在一起，使得联合部队指挥官可以不间断地掌握全部后勤资源的动态情况，并全程跟踪、指挥调度、接收分发、调换补充当前战场实时出现的“人员流、装备流、物资流”，从而大大提升了后勤保障效率。在海湾战争中，美军后勤信息处理中心工作人员只有一千人左右，却使数万部队的输送，数亿美元的开支，以及几十万种不同型号、规格的装备物资的供应，得以顺利地进行。如果没有美军后勤可视系统的支撑，简直是不可想象的。

2. 国内无人机应用现状

经济建设的快速发展，使消防救援队伍所担负的灭火救援任务越来越艰巨。特别是近年来，在处置易爆易燃危险品火灾事故中，因消防员无法靠近或进入灾害事故现场，灭火救援工作面临着严峻的考验。针对这一难题，多旋翼无人机的应用无疑将带来大突破，在一定程度上也为消防救援工作提供了强有力的保障。

3. 无人机的组成及技术特点

消防多旋翼无人机的组成，一般由飞行平台系统、地面监控系统、电源供应系统和任务载荷系统组成。飞行平台由机架、飞行导航与控制系统、数据传输系统构成。根据消防应用的实际，以及负载能力和实现任务的不同，一个平台可以搭载不同任务载荷系统，实现多种功能。多旋翼无人机目前技术特点为可实现各类数据采集，包括高分辨率影像的实时采集，各类传感器探测仪的数据采集，例如生命探测仪、GPS定位、测温测距仪、可燃气体检测仪、有毒气体探测仪、复合式毒气检测仪等，并进行无线远程数据传输。

三、消防救援可视化指挥管理平台的使用

消防救援可视化指挥管理平台以大数据为支撑，基于地理信息系统引擎，结合物联网、云计算和超融合等技术，实现图上采集、图上共享、图上监测、图上分析、图上调度等功能于一体，体现了科学化、智能化、精确化。可视化指挥管理平台建设可依托空中应急通信网络的基础设施和信号传输系统，以及消防队伍内部现有的网络体系，以应急通信网络、无人机及信号回传设备、计算机及网络、通信、电子数据交换等技术为主要支撑，使之具备较强的联通性、协调性和

通用性，以此应对消防救援任务时繁杂多变的指挥管理和后勤保障需求。建立消防应急救援指挥可视系统，可快速定位、侦测火灾现场，调配救援人员和物资，提高救援指挥的时效性和准确性，促使消防应急指挥与救援向“实时化可视化指挥”的提升。其基本原理是通过无人机应急通信网以及各类视频和传感设备，回传各类火灾现场数据和图像，使现场指挥具备可视化信息和指挥的功能。

四、空中应急通信网络的建设

基于警用无人机的消防应急专网通信建设，是针对消防救援队伍灭火救援现场应急通信需求研发的最新专网通信装备和系统，该装备能够通过多旋翼无人机在灭火救援现场快速构建一个不依赖公众移动通信网络和交通状况的通信专网，由无人机组成基站，形成通信专网。具备机动灵活、展开迅速、协议标准、接口规范、应用便捷等特性，适合在各类灭火救援现场快速构建消防救援队伍现场通信指挥网络，保障现场音视频及数据通信的畅通，具有先进的机器调度网络架构。通过媒体，我们经常了解到消防人员为营救困于河道中央或孤岛中的受困人员，消防员身负绳索游向受困群众，其实此行为危险性很大，甚至有的消防员为此付出了自己的生命。但利用无人机携带相应的救援悬挂平台，将大大降低救援人员的危险性。救援悬挂平台是在无人机承重范围内，配备一个滚动线轴，线是用结实且自重较轻的线，如风筝线、钓鱼线。其中一端系在救援大绳上，另一端固定在线轴上，无人机飞至受困点后，由受困群众拉至身边固定，救援人员利用绳索迅速接近，进行援助。2016 年 4 月 3 日，某县公安局头站派出所接到报警称，头站镇一心村村民贺某放在树林带里的柴草垛失火。据被害人叙述，怀疑是邻居“放荒”时将其柴草垛引燃。“放荒”的地点有十几处之多，给勘查取证带来很大困难。由于正值春季，风大雨勤，不抓紧时间将现场证据固定，很容易使现场遭到破坏。据此，警方立即派遣无人机对现场进行拍摄，对当时距柴草垛起火点周边的全部“放荒”点进行空中拍照，并将所拍摄的照片及测量距离交给消防大队，同时结合消防大队现场勘查，及时做出认定，准确、快速地处理了失火案件。在火灾现场，通过搭载热红外镜头，可以快速判定着火区域，对火点进行定位，为指挥人员决策提供依据。通过热力感应图像，对森林火灾具有良好的预防作用。目前多旋翼无人机都采用稳定的系统，普通人稍加练习就能使用多旋翼无人机的机载图传设备可迅速、有效、全方位搜寻自然灾害中的遇难者和幸存者。2014 年 7 月，云南省怒江州福贡县多地发生泥石流灾害。当地驻军连夜启动应急救援预案，动用无人机开展搜寻失踪者、地质勘查工作，第一时间为偏远灾区送去救援物资，极大地提高了救援工作效率。从汶川地震、舟曲泥石流到鲁甸地震，利用无人机航拍获取灾区影像正在成为救灾测绘应急保障的重要手段。无人机的空中飞行优势，使得其在人员无法靠近的灾区救援中发挥了重大作用。利用搭载了高清拍摄装置的无人机对受灾地区进行航拍，提供一手的最新影像，对于争分夺秒的灾后救援工作而言，意义非凡。

第四节　进行空中流动喊话警报、人员疏导

自然灾害具有突发性特点，灾害应急救援的关键是灾害发生后的快速反应。及时快捷的灾情信息对于及时制定救援策略，提高救援效率和质量起着至关重要的作用。

一、空中喊话

在危险区进行灾情调查与评估以及救援指挥，人员往往无法到达或不能前往目标区域，这时无人机可发挥其独特的优势。无人机具有实时性强、机动灵活、影像分辨率高、成本低的特点，且能够在高危地区作业。在接到应急预警或防空预警后，警用无人机紧急起飞绕防空区域飞行，并传送应急防空警报短信至覆盖区域，进行空中流动喊话警报(图 7.2)、人员疏导。

图 7.2　空中喊话现场画面

二、进行航拍

搭载了高清拍摄装置的多旋翼无人机对受灾地区进行航拍，可提供一手的最新影像。多旋翼无人机动作迅速，起飞降落仅需数分钟，这为抢险救援工作

争取了大量时间。无人机最根本的特点是人不必冒生命危险，无人机能在高危区域执行任务，能在复杂恶劣气候条件下或在有生物、化学作用的危害区工作，能昼夜长时间连续飞行。

三、抛投物资

我国幅员辽阔，地质灾害频发，在抢险救灾行动中，若受限于地形原因，车辆或是人无法迅速到达现场，则可借助无人机抛投功能，将物资和其他物品抛投给受困群众，同时利用图传设备掌握现场第一手视频资料。

四、空中侦查

为及时掌握区域内整体人员的流动情况，可利用警用无人机对整个防空区进行高空航察；或对重点地区进行长达数十小时的 360°监控。针对夜间防空，警用无人机可搭载高亮度探照灯，对主要通道进行空中照明，防止踩踏事故发生。

第五节 发现毒品种植，超视距空中监视、取证和定位

无人侦察机可快速找到嫌犯，公安机关对偏远山区依托无人机进行高空侦查，对罂粟(图 7.3)种植区域进行巡查锁定和查处，严厉打击毒品犯罪，服务禁种铲毒工作，为确保“零种植”“零产量”发挥了重要作用。

图 7.3 种植的罂粟

一、禁种铲毒

毒品原植物种植者为了不被发现，更隐蔽地藏匿毒品原植物种植地点，确保原作物正常生长，其多在山区、林地、农田之中种植，除了接到举报外，执法人员很难发现毒品原植物种植位置和区域，而无人机可以发挥其低空巡查作用，利用无人机对山区、林地等复杂地形进行空中巡查，精确锁定种植区域，从而更好、更快地对其进行查处、铲除，有效地打击了违法犯罪行为。2013 年 12 月，广东省公安厅成功围剿广东陆丰市三甲地区制贩毒“第一大毒村”博社村。行动中，“鹰眼”无人机为广东公安提供了 84 个疑似制贩毒窝点精确的地理位置数据，在案件侦办工程中起到了关键性的作用。2016 年 5 月 18 日，江苏省徐州彭鹰空中巡查大队对邳州市土山、议堂等镇非法种植毒品原植物进行了无人机航测铲毒行动，共铲除非法种植的毒品原植物 1 150 余株，徐州市多家媒体对航测铲毒行动进行了跟踪报道(图 7.4)。

图 7.4　某公安机关禁种铲毒行动现场画面

二、空中侦查

2015 年，全国报告发生因滥用毒品导致暴力攻击、自杀自残、毒驾肇事等极端案件 336 起，查获涉案吸毒人员 349 名；破获吸毒人员引发的刑事案件 17.4 万起，占刑事案件总数的 14%。

毒品犯罪已经越发严重威胁社会治安和群众的生命财产安全，打击毒品犯罪一直是最危险的职业，从制毒、藏毒、运毒到交易，整个过程都非常隐蔽。制造毒品往往在偏僻、人迹罕至的地方，毒品植株也多种植在林木茂盛、交通不便的山林，大宗交易和转运也是选择远离郊区的地带，因此，无人机空中侦查搜索

便是一种更高效的手段。无人机携带热成像设备，可以发现隐蔽的生产活动，携带多光谱吊舱扫描获取数据分析，可以发现毒品种植，超视距空中监视、取证和定位，更能为及时抓捕嫌犯提供有力支持。

公安警务工作一旦要应用无人机来进行空中信息采集，侦查工作的效率就能大大提高。首先要掌握无人机的特点。无人机技术的发展，使得操作简单化了，但是它毕竟是个航空器，航空器有着不能带故障上天、零部件不能超过寿命、安全余度小、失事率大于有人驾驶航空器等特点。其次无人机操控员具备飞行员与机务员双重身份，操控的民警，平时要维护好无人机，要做好维护保养工作，飞行前按规程检查，做到航线、任务明确、空域情况知晓、电磁环境有所评估、各项性能参数心中有数，飞行时要严格遵守飞行手册。平时要多训练，出警才得力。警用无人机不能只成为当地公安机关科技强警的展品，要经常飞行于警务一线的上空，提供低空支援与空中信息采集，真正为一线民警插上科技的翅膀，利用制高点为警务信息采集提供方便。

第八章

无人机警务实战应用探索

无人机可以从空中完成特殊任务，且不易造成人员伤亡，在警务实战中优势明显。一是提前介入警务活动，快速反应能力就大大增强。在重特大警情中，警力到达现场的速度的快慢很大程度上决定了整个事态的发展。时效的重要性要求我们不断提升警力的反应速度，依靠传统手段在路面交通压力不断上升的今天是很困难的，无人机的快速反应体现在先于地面警力到达现场之前便能获取现场的图像情报信息。发生警情后，指挥人员通过地面站命令无人机按设定的飞行线路快速飞至现场上空，对地面进行搜索侦测并通过传回的视频图像信息进行分析研判，根据结果向地面警力提供情报支持，引导其到达现场或进一步部署警力。这种模式在一般的低风险警情中似乎作用不大，但是在社会治安状况愈加复杂今天，尤其是在发生严重案件和维稳处突中则显得意义重大。二是立体监控，提升侦查取证能力。随着我国社会的不断发展，犯罪手段日益多样化，复杂的局势要求我们从多方面来提升打击犯罪的能力。无人机具有快速、隐蔽和技术先进集成的优势，我们可以通过合理的运用，充分发挥其作用，来减少民警的人身危险，为搜集证据、追踪犯罪分子提供有效的支援。无人机快速反应的特点使无人机能在第一时间赶赴现场开展取证，同时最大化保持现场的原貌。无人机能从出其不意的角度对目标进行监控。例如在涉赌、走私、涉毒、偷渡和恐怖活动等案件的侦查中，涉案人员警惕性往往较高，且重要活动多在夜间进行，无人机可在空中适当的位置对目标进行持续跟踪，侦查人员可在较远安全区域根据传回的图像信息采取针对性的行动。无人机是各种先进技术的有机组合，有的装有热成像系统，有的还装有合成孔径雷达。前者根据热量来探测物体，保证无人机在夜间的观测能力；后者可全天候工作，能穿透风雪雨雾观测目标，甚至可以穿透覆盖物，有一定透视能力，这些都会为侦查取证工作带来有效的帮助。三是辅助指挥，应对重大突发事件。近年来，群体性事件、安全事故、自然灾害等事件的频发给公安指挥调度系统的应急反应能

力提出了新挑战，面对通信不畅、交通受阻等复杂条件，能否在第一时间全面、准确地获取现场图像，是进行分析研判及展开针对行动的必要条件。无人机飞行不受地面影响和远距离实时回传图像的特点使之能够胜任这一任务，有效应对现场监测难、取证难、指挥难等一系列问题。无人机的快速反应是无人机系统纵向能力的发挥，而辅助指挥则是横向的综合运用。无人机在突发事件中可以及时将各个时段的现场图像传至指挥中心或前沿指挥单元，实时了解事件现场的发展变化情况，以便采取针对性措施。同时，通过将无人机的数据链路接入既有公安通信系统，便可实现无人机情报信息的共享，进一步将情报信息推送至相关部门或上级单位，这具有十分重要的意义。四是遥感测绘，释放空间地理信息价值。PGIS是公安指挥调度的基础性工程，对地图内容的准确清晰有较高的要求。随着城市的高速发展，城市格局、街道分布和地面建筑等在较短的时间内就会发生巨大的改变。当前地理信息系统多采用卫星遥测的方式来收集地面信息，范围覆盖大，但卫星遥测受卫星所处轨道等因素限制分辨率提升较为困难。而无人机遥测虽不及卫星覆盖面积广，但对于城市公安机关所辖区域面积则足够，且成本较低、调用方便，由于飞行高度较低故分辨率高，可根据需求自由发挥。公安机关建立自己的地理信息遥测力量是一种发展的趋势，除了掌握无人机遥测技术外，还需掌握相应的地图接口，具备管理维护能力。从长期来看，保持PGIS地理信息的及时更新，建立警用无人机飞行数据库，实现与现有各类信息系统进行数据交换，能够为公安机关日常管理和各类警务实战活动提供全方位的空间地理信息支持。

第一节　警用无人机应用中存在的问题

目前，警用无人机缺少技术标准、装备配置、考核机构和飞行的管制和管控，应当引起我们的重视。

一、缺少技术标准

由于近几年无人机使用的迅猛发展，无人机从生产到销售，再到使用环节管理相对无序，警用无人机不同于普通的民用无人机，有些拍摄涉及保密内容，无线传输需要加密并使用专用频率。目前急需建立警用无人机技术标准，规范警用无人机生产、销售、使用等。

二、缺少装备配置指导

公安机关在无人机购置过程中，还处于探索、实验阶段，没有相应的无人机品牌选型指导资料，因此在机型的选择与民用无人机相近，二者技术性能和参数指标方面大体相当。但是警务工作与民用相比存在较大差距，如镜头的变焦能力、无人机的稳控能力，直接影响到空中取证的视频质量，因此公安机关应配置性能更加完善的专用无人机。

三、驾驶执照考核机构不明确

公安部 2016 年 9 月份新出台的《警用无人驾驶航空器管理暂行规定》中明确要求，无人机驾驶员应当取得警用无人驾驶航空器驾驶执照，但各地如何去考驾驶执照不明确，到哪里去进行专业培训、考核拿证不明确。目前执行任务的飞行员都没有经过专业培训机构培训考核，只是经过供货厂家短时间的培训，就开始执行飞行任务，存在较大的安全隐患。

四、飞行管制部门和管控空域不明确

公安部规定使用最大起飞质量小于或等于 7 kg 的警用无人机或在机组人员目视视距范围内执行任务，由使用单位负责人审批。使用最大起飞质量大于 7 kg 的警用无人机或在机组人员目视视距范围外执行飞行任务，向当地飞行管制部门提出飞行申请，经批准后才能组织实施。因此使用大于 7 kg 的警用无人机飞行还存在层级审批问题，需进一步明确规范。

第二节　无人机的警务实战机制

无人机在警务实战中的应用，可以极大地推动公安工作向高科技领域迈进，提升警用装备的技术含量。应当对实战机制、培训课程体系以及标准化体系建设进行研究。就实战机制来说，无人机用于公安实战，首先面对的就是为谁飞、怎么飞的问题，拍什么、怎么拍的问题，以及怎么用、用什么的问题。经过各地这几年的试飞摸索，从事这项工作的警用航空队公安民警逐步掌握了现有

机型的性能和特点，并据此制定了工作职责、相关工作的操作规程、设备管理规定和内务管理及考核细则等一系列保证相关工作开展的工作机制，已经初步形成了特有的战斗力。

一、无人机警务实战的基本要求

我国的警用航空队发展到现在已经拥有了无人机系统，不再是直升机一统天下。警用无人机作为警用航空装备，陆续出现了固定翼无人机、多旋翼无人机等。据悉，深圳、惠州、昆明、武汉、温州、潍坊、齐齐哈尔、襄阳、喀什等20余个城市公安机关使用专业无人机执行勤务。公安机关是特殊的政府机关，执行的任务很多具有隐蔽性，保密要求极高，任务内容不能随意泄露。比如在利用无人机执行任务时，数据、通信传输必须数据链化，才能保证内容的安全。因此，无人机的应用必须引起各级公安机关领导同志的高度重视，公安机关内部必须建立专业团队(警用航空队)，对警用航空队必须实行规范化管理。

1. 必须引起领导重视

警用航空队可服务于公安局所辖的下级公安机关各警种业务部门，主要包括刑警、特警、禁毒、技侦、交警等多个警种。由于每一警种需要采集的信息和警务任务需求都有所不同，因此需要采用不同类型和不同大小的无人机搭配使用，才能达到其综合应用的效果。一要重视无人机与公安业务的对接。目前绝大部分无人机仅作为单一的警用工具，功能有限，且孤立于公安成熟的业务系统之外，无法与公安业务系统形成有机统一的综合系统。因此，警用无人机须搭载可以和公安业务系统对接的应用模块和接口。通过深入分析无人机系统技术发展现状，并结合具体的警务工作实际需要，警用无人机与空中侦查、抢险救灾、交通管理等公安业务系统有着深度的应用空间，两者的深度融合无疑是一种发展趋势。二要重视警用航空队和无人机的结合。警用无人机是一项高投入、高科技、高效能的警务装备，必须严格按照科学的方式方法来运行维护。应当将无人机建设项目纳入城市智能管理系统总体规划，警用航空队应当严格把关、择优选拔、高标准建立。实战应用工作应当纳入年度重点工作，由公安局的常务副局长专门负责相关应用及保障工作。

2. 必须建立专业团队

目前，所谓的警用无人机，一般还处于以航拍为主的初级阶段，应用形式和应用场景非常简单。我们需要的警用无人机，应当通过搭载不同的任务载荷，具备编队作战能力，适应复杂条件下的作战任务需要。不仅要能开展空中隐蔽侦查，还要能开展反恐处突、森林防火、应急防空、禁种铲毒、大型活动安保、群体性事件处置等多种作战任务。一要组建警用航空队这样的飞行队伍。警用无人机建设是一项系统工程，要充分发挥无人机在警务活动中的功能优势，就要建立一支具有思想统一、明确分工、相互配合、技术精湛的无人机专业飞行队伍，为无人机的发展与应用奠定坚实的基础。组建一支以警务实战应用为目标的无人机飞行队，提升警务科技装备水平，满足新形势下警务工作的实际需要，提高警务服务质量和能力。人员配备按照一专多能、一人多机的原则开展，要求操作人员政治立场坚定、性格稳重、胆大心细、思维敏捷，具有一定侦查意识和较强的动手能力。最终形成一体化的无人机管理、运行与维护体系，最大限度发挥无人机飞行队在警务工作中的实战效能。公安机关配备无人机，组建警务无人机队伍，无疑是公安装备现代化的一次新突破，有效增强公安机关应对新形势下各类风险挑战的能力。无人机操控及实战应用是一项专业性很强的工作，需要专业民警娴熟掌握、配合默契、经验丰富，才能完美地完成警务实战任务，同时也对公安队伍管理和队伍素养提出了更高要求。警用航空队这样的无人机飞行队的组建，可以按照分步实施、逐步应用的原则分为三个阶段。第一阶段，完成无人机飞行队的机构组建，装备满足基础任务需求的无人机和对应的机载任务器材，开展人员培训，形成初步的应用战力，满足常见任务的应用需求。第二阶段，进一步装备先进的无人机和机载任务器材，培训、选拔优秀的无人机飞手和运维人员，建立起无人机飞行队的运维管理体系。第三阶段，深入总结和发掘无人机应用的经验、方法和数据，部署警用无人机运维体系管理平台，开展民用无人机的地方性管理与体系研究。二要掌握实战技能。公安民警不仅要能熟练驾驶无人机，掌握无线电通信、设备维护保养、故障发现排除等知识，还要熟悉公安信息化作战所需要的技能。从事警务无人机飞行的每个民警都应当经过严格培训，拥有专业主管部门颁发的操作资格证书，必须保证队伍和各岗位民警的稳定性，走职业化、科学化道路，才能为警队的快速反应、高质量完成任务以及飞行安全提供根本保证。三要进行资源配置。无人机飞行队的配置为星形结构，以市公安局为中心，配置主要装备和人员，有常用需求的专业警种和基层可配置基础装备和指定负责人员，飞行队整体协调（对口单位联络、设备管理、设备维护与维修、人员培训等）。基层人员负责自身设备的日常使用和维护，基层组织无法达成任务需求的，由飞行队派出人员和装备进行

支持。特殊空域及特殊任务飞行时由飞行队与对口部门单位进行沟通报备，获取飞行权限。

3. 必须规范化管理

为了满足综合应用和多功能任务的要求，无人机飞行队应包含多种飞行器类型，并且大小型号组合使用。相应的机载任务器材，其质量、体积、效能也各不相同。对于同样类型的任务，根据无人机的大小型号也要匹配对应型号的机载任务器材。一要明确飞行功能。飞行队的功能主要有以下几个方面：一是视频采集，对现场影像进行实时采集、远程回传，应用在现场侦查、取证等任务中。二是空中照明，为夜间地面行动、夜间搜救等提供空中支持，满足全天候应用的任务要求。三是空中广播，广播实时语音或播放录音资料，应用在抓捕、安保等任务中。四是空中监听，定向监听及区域范围内声音的拾取，应用在侦查、取证、安保等任务中。五是空中投送，快速投送医疗、救援等轻型物资，应用在消防、救援、安保等任务中。六是物品转移，快速转移疑似爆炸品、危化品等轻型物资，应用在反恐、安保等任务中。七是通信保障，扩大我方通信覆盖范围或者屏蔽对方通信信号，应用在反恐、抓捕等任务中。八是物理拦截，发现、跟随、驱离或捕获小型飞行器，应用在安保、反恐等任务中。九是热像检测，检测、分析人体或者物体的热源成像，应用在野外抓捕、侦查等任务中。十是其他组合功能，如与技侦配合，完成高空数据获取与精准定位，应用在野外及山区搜捕中。十一是无人机反制，使用信号罩保证特定区域的空域安全，使用信号枪，反制禁飞区域的无人机迫降或返回。更多功能以及功能的组合和变形，根据无人机技术和业务的发展逐步配置，同时在无人机的应用和方法上进行创新。二要掌握专业标准。警务无人机属于专业级无人驾驶航空器，它在续航时间、载荷质量、安全性和稳定性等技术指标方面有着更严格的标准。已经成熟应用的包括可见光航拍、热感成像、空中投掷、空中探照灯等基本功能。对案件和事件的侦查，对警力和勤务的科学调配，对现场态势的实时监控，对证据固定和事态回放的独特视角，对技术侦查和网络侦控的信号捕获都能发挥不可替代的作用。同时无人机系统的运行和日常维护都需要专业人员，通过专业工具和专业方法来进行。因此必须规范化管理，科学化运行。保证无人机系统及搭载平台安全可靠地工作，更好地突破地形、位置、气候影响及实战应用等限制，使无人机灵活、安全、高效地应用于社会治安防控、刑事案件侦查、反恐防暴处突、大型活动安保、交通管理巡控、抢险救援服务等警务实战。从遵守法律法规和禁飞规定、安全飞行要素、防止事故隐患、飞手责任监管等方面规范无人机的日常使用、管理、监督、维护、问责等环节，制定具体管理工作机制，加强维护保养，保证无人机随时“拉得出、用得上”。无人机技术发展迅猛，只有通过科学专业的方式进行警用无人机系统的建设，按照循序渐进的进度推进，才能从实际操作中汲取经验发现不足，从而进行及时的调整，避免不必要的浪费。三要统一规划管理。进行无人机飞行队的建设，可以规范、安全、系统地推进一线基层的发展，无人机系统在警务工作中的运用，不仅仅是飞行，其中还包括了大量的运维工作、研究改进、任务设计、技战法研究与应用等等，如果按照统一规划与管理，进行资源的整合，势必会让警务航空工作更有序发展。

二、无人机警务实战的工作机制

为了保证警务无人机能在警务实战中切实发挥作用，除掌握航空器本身的属性外，还必须探索服务警务实战的方式完善相关应用的工作机制。

1. 飞行任务的申请

飞行任务的提出，可由情报中心依据所在公安局党委的需要发起，也可由实战单位依据工作需要向所在公安局情报中心无人机飞行队提出。局党委发起的飞行任务，经飞行队对飞行任务进行规划后，填报“飞行任务审批表”，报情报中心领导审批通过后实施。实战单位提出申请，填报“飞行任务审批表”，由飞行队领导协助规划飞行任务，并对飞行可行性提出意见后，报情报中心领导审批。对上级发起或实战单位提出的飞行申请，无法规划飞行任务或无法完成飞行任务的，飞行队已经报情报中心领导审批通过的，飞行队应当书面说明情况。对未报情报中心领导审批通过的无法规划或无法完成的飞行任务，要做好解释工作，当面口头说明原因。

2. 飞行任务的审批

飞行任务由情报中心主要领导审批。情报中心主要领导应在“飞行任务审批表”中签署审批意见，并署名签署日期。情况紧急或执行特殊飞行任务的，经领导电话、口头确认，可先行执行飞行任务，待时间允许时，补报“飞行任务审批表”。飞行任务审批通过后，飞行队应就本次飞行任务召开飞行业务会，经飞行队领导确认具体飞行任务后，飞行队集体对飞行任务进行二次规划、设计、评价。确定具体飞行方案后，填报“航线规划表”“装备领取表”“飞行检查项目表”，并经队长确认后执行。

3. 飞行任务执行及装备领取

飞行队实行严格的出警审批制度，规范出警工作流程，明确警力调用权限、调派条件、调派程序和使用方式，明确飞行岗位的职责权限，确保指挥渠道畅通。接到飞行任务后，飞行队队长必须立即启动飞行准备流程，停止其他工作，并向全体队员通报情况，做好飞行动员，携带必要的无人机、设备和车辆按时到达指定地点，与有关单位做好协调对接。飞行队到达现场后，根据现场指挥员部署，组织开展飞行工作。飞行任务完成后，飞行队领导应当清点人员和装备，确认无误后组织有序撤离。飞控手、地面站、地勤、数据分析各岗位公安民警依据每次飞行任务确定的飞行方案，填报“装备领取表”，经队领导确认后，向设备管理人员申领填报领取的相应设备、器械。每次领取以装备箱为单位。设备使用完毕后经设备管理人员检查，设备管理人员向队领导确认设备归还情况。有损毁、损耗情况时，应在“装备领取表”中注明，必要时书面说明情况。飞行队在飞行任务结束后，应当及时对任务完成情况进行剖析并组织讲评，总结经验，汲取教训，提炼战法要点，将成功经验运用于今后的训练和实战。飞行队实行用警情况反馈制度。相关飞行需求单位在飞行任务完成后，应当及时向飞行队反馈无人机使用情况，飞行队应做好登记备案。

4. 数据采集和整理

完成任务后，按照申请飞行单位填报任务审批表内容，将视频或图片交给实战单位或带回市局进行下一步数据分析或上传“天网”图侦平台。重大任务应进行数据分析并制作分析报告，向实战部门或党委汇报。数据分析指定专门民警负责。该岗位民警应遵守保密工作“九个不准”“九个严禁”的相关规定。

5. 现场管理

执行飞行任务，飞行现场应由 1 名负责人统一协调、指挥；并安排专人负责维护秩序，设置明显的警戒标志，与飞行无关的人员应离设备 30 m 以外；发动机地面试车时，除地勤人员外，其他人员不能站在发动机侧面和前面；现场噪声过大或操作员之间相距较远时，采用对讲机或手语方式相互联络；无人机滑起和滑降过程中，与起降方向交叉的路口须有专人把守，禁止车、人通过；弹射起飞时，弹射架前方 200 m、90°夹角扇形区域内不能有人站立；飞机降落时，把降落跑道戒严，不允许车辆及行人穿过。

6. 飞行监控

执行飞行任务时必须明确各岗位民警的各自任务。在无人机遥控模式阶段，地面站每隔数秒通报飞行高度、方向，飞控手和地勤人员时刻观察无人机飞行状态是否正常；遥控模式何时切换到自主飞行模式，由地面站向飞控手下达指令；在视距内飞行阶段，飞控手须手持遥控发射机，时刻观察无人机飞行状态；在视距外飞行阶段，地面站通过飞行数据显示界面，监视飞行高度、发动机转速、机载电源电量、飞行姿态等参数，一旦出现异常，应及时发送遥控指令进行干预。

7. 应急预案

无人机飞行事故处置应坚持以下原则：以人为本，安全第一；统一领导，分级负责；科学评估，减少风险；严谨周密，反应迅速。无人机已起飞，在飞行途中由于无法预见的无人机机械故障、电子部件和软件故障、与空中飞行物体或地面建筑发生碰撞导致坠机但未造成第三方损失的，应采取以下措施：一是手动保护人员迅速切换手动驾驶模式，尽量控制无人机降落到无人区，将无人机损失和地面人员财产损失降到最低。二是地勤人员对无人机可能坠落的地区人员进行疏散，坠机后，地勤人员会同地面站人员查明坠机原因和损失状况。三是现场指挥员迅速报告市局指挥中心，市局指挥中心及时报告无人机飞行事故应急救援安全保卫指挥部总指挥和办公室主任。四是组织事故发生地公安分局和市局法制处、装备财务处等部门负责人与第三方就赔偿问题进行协商处理。

第三节　警用无人机队伍的组建

当前，随着我国社会不断发展，社会治安形势日益复杂，群体性突发性事件频发，重大活动安保任务日趋繁重。河北省张家口市公安局有针对性地组建无人机飞行队，效果比较好。在张家口市与北京市联合举办冬奥会和京津冀协同发展两大历史机遇下，营造和谐稳定的社会环境，公安机关任务更加艰巨，风险与挑战并存。特别是在维护公共安全、完成重大安保、保障应急处突、开展禁种铲毒及加强森林防火等方面都提出了更高的要求。为更好地适应社会形势发展和维稳工作需要，全面提升公安机关在维护公共安全、完成重大安保、保障应急处突、开展禁种铲毒及加强森林防火等方面的预警研判、立体化指挥和应对处置能力，张家口市公安局情报中心牵头开展无人机侦查队筹建工作。

一、认真谋划,高标准加快队伍筹建

1. 优中选优,组建无人机侦查队伍

张家口市的无人机侦查队伍,在机构设置上,隶属市局情报中心,系股级机构,人员6人,办公地点设在市公安局情报中心。在人员选拔上,市局政治部面向市直公安机关全体行政编制人员,采取自主报名、择优录用的方式,经过自主报名、面试、综合考查等环节,从市局机关、直属单位31名事业编报名人员中,择优选拔了5名具备航空航天技术、计算机应用技术专业知识、热爱无人机侦查工作、在现职岗位踏实肯干的人员。5名同志分别来自巡警、特警和禁毒支队,均有3年以上从警经历。同时,从市局情报中心选拔航院毕业、具有航空技术工作经验的情报岗位能手负责队伍的组建及管理工作。由此组成了1个机组,包括队长1名,飞控手、地面站、地勤及数据处理各1名,并即时开始了相关理论与业务培训。

2. 认真谋划,明确无人机侦查队职责任务

无人机系统是一个复杂的集航空、遥测遥感、通信、GIS(地理信息)、图像识别、信息处理于一体的系统。根据公安实战任务需要,无人机侦查队主要利用飞行控制、机体稳定控制、数据链通信、现代导航、机载遥测遥感、快速对焦摄像以及故障诊断等高尖技术,初步承担三项工作职能:一是重大活动及突发事件应急保障。负责完成现场视频及音频数据的实时采集与传输,服务指挥人员决策和指挥。二是服务禁种铲毒。负责低空航测,处理航测数据,判断出非法种植毒品物地块,计算出其地理坐标、面积,生成航测区域的评估报告,并建立数据库。三是服务森林防火。负责通过机载红外和可见光摄像机监测森林火灾,经过数据传输与技术分析,确定并定位火点。

3. 多方调研,确定无人机项目建设方案

无人机系统系城市智能管理系统建设子系统之一,项目建设纳入智能城市管理系统总体规划。该系统由无人机平台系统、自动飞行控制系统、GCS(地面控制站)、发动机系统、电源系统、弹射系统、降落装置、储运设备、数传系统等9部分组成。2015年4月23日,张家口市公安局党委委员、情报中心主任马惠林带领相关部门民警,会同筹建公司赴北京对拟定的重点无人机制造公司进行了实地考察。经前期项目论证及深入考察,最后决定采用北京观典航空科技股份有限公司设备,项目建设经费940余万元,包括设备采购、培训及日常运维费用。建设培训时间3个月。其中设备包括“禁毒者 A-7”型固定翼无人机2台（单价220万元,性能描述、技术参数见表8.1）;“H-6”型旋翼无人机2台（单价50万元,性能描述、技术参数见表8.2）;地面控制车（高顶全顺改装）和服务车（帕拉丁）各一部，全部设备于2015年8月份装备到位。

（1）固定翼无人机性能简介。“禁毒者 A-7”型固定翼无人机,采用燃油动力,巡航速度120 km/h,可连续飞行6 h。具有飞行高度高、速度快、续航时间长、观测范围大的特点,主要用于执行禁种铲毒航拍任务。其性能参数如表8.1所示。

表8.1 “禁毒者 A-7”型固定翼无人机性能描述和技术参数

序号	性能描述	技术参数
1	翼展	3 m
2	机长	2.8 m
3	机高	0.5 m
4	巡航速度	120 km/h
5	最大速度	150 km/h
6	续航时间	6 h
7	起飞质量	20 kg
8	飞行高度	对地500～1 000 m
9	任务设备	佳能5D Mark Ⅱ相机,24 mm焦距

（2）旋翼无人机性能简介。“H-6”型旋翼无人机,采用锂电池做动力,最大载重9 kg,可巡航飞行90 min。具有机动性、灵活性好,操作简单,作业精准的特点,主要用于重大活动安保、野外抓捕等工作。其性能参数如表8.2所示。

表8.2 “H-6”型旋翼无人机性能描述和技术参数

序号	性能描述	技术参数
1	外形尺寸	105 cm
2	续航时间	90 min(空载)
3	飞行高度	对地100～200 m(相对高度)
4	巡航速度	3～50 km/h
5	导航方式	GPS导航/北斗导航/GPS和北斗组合导航
6	任务设备	Gopro hero4摄像机(4K:3 840×2 160,1 080P:1 920×1 080)

二、创新模式，全方位开展业务技能培训

1. 加强政治思想教育，打牢爱岗敬业思想根基

针对无人机侦查队职能领域新、岗位技术新、人员年轻的特点，张家口市公安局情报中心应当从人员到位开始，对全体队员开展政治思想教育，提出“忠诚、勤奋、奉献、守纪”的队训，要求全体队员要以党员的“八条标准”严格要求自己，认真垂范。本着精益求精的态度，对工作坚持高标准，严要求，开拓创新，干一行、爱一行、钻一行，全身心地投入到无人机系统建设之中，潜心研究无人机系统功能，及时掌握工作技能，争取每位成员都能各展其能，各尽其才，最大限度地发挥自身优势，做好本职工作，打牢爱岗敬业的思想根基。

2. 开展业务技能培训，迅速掌握基本技能

2015 年 5 月 4 日，张家口市公安局情报中心开始组织开展系统培训，秉承“一切服务实战、迅速进入角色”的原则，联合承建公司研究制定了《无人驾驶航空器技术培训总体方案》。承建公司选派优秀的飞行队队长及经验丰富的操作人员对无人机大队全体成员进行培训。在领域新、时间紧、任务重的情况下，全体队员克服种种困难，放弃双休日休息，甚至晚上仍坚持训练。先后培训了发射机的安装与调试，模拟机的操作，模拟机的起飞、降落、四边形、对跑道、空中反应，航空理论，航空发展简史，飞机的构成、性能及稳定性、调试，无人机的构成及调试，流体力学，地面站的构成、调试及航线规划等 9 个科目。每一科目培训完成后均由授课老师对全体成员进行了小科目总结、考核。经过承建公司及无人机大队全体成员的共同努力，目前，无人机大队全体成员均很好地掌握了培训内容，考核成绩优秀，得到了培训老师的充分肯定。

第四节　警用无人机标准化体系建设

我国研制无人机已有 60 多年的历史，无人机研究在总体设计、飞行控制、组合导航、传感器技术、图像传输等领域积累了一定经验，具备了一定技术基础。近年来，一批新型无人机装备相继研制成功，国内无人机的整体技术水平不仅能够满足民用，而且逐步在行业应用中体现出巨大潜力。随着科技水平的高速发展，犯罪分子作案工具和手段也在不断更新，传统侦查工具已无法满足当前公安侦查破案的需要。实践证明，无人机在执行任务上，其机动性、适应性、安全性、维护费用等优势显著。目前国际上拥有的无人机，种类纷繁复杂，加之公安警务类无人机属于新兴产业，尚未有警务无人机一体化标准。随着公安部推行科技强警战略以来，改变了公安机关技术装备落后的局面，学习科技、运用科技在公安机关已越来越受到重视。我们应当结合已有无人机制造水平，根据无人机的搭载性能、管理和使用应制定相应的标准和规范，就警务无人机分类、飞控平台、挂载平台、公安管理平台等方面进行了标准化探究。

一、警用无人机机身分类及标准

警用无人机的任务特点要求其总体布局和飞控有专门的设计方案和良好的实用效果来支撑。故无论是传统的固定翼还是旋翼的分类方法都无法满足公安警务的实际需要。根据调查走访各大无人机厂商，结合目前可实现的技术和实战应用情况，将警用无人机分为半移动式巡防处突警用无人机、便携式警用侦查无人机两大类别，并设定了相关标准。

1. 半移动式巡防处突警用无人机

(1) 警务车载型

无人机在待命状态时与警车上方配套的起降平台固定，在执行任务时可自动飞离起降平台，进行自动跟车飞行、自主航线飞行或由警务人员进行人工控制，在任务完毕时可自动返航降落至起降平台并进行充电。无人机结构应具备一定的安全防护设计，以提高无人机车载起降的可靠性以及保护无人机附近人员的安全。同时，无人机还应具备一定的载重、续航、抗风及防雨能力。警务车载型无人机标准见表 8.3。

表 8.3　警务车载型无人机标准

指标	要求(小型)	要求(中型)
额定载重	1.5 kg	3 kg
最大载重	3 kg	6 kg
整备质量	≤10 kg	≤20 kg
最大翼展	≤1.2 m	≤1.7 m
续航时间	≥40 min(额定负载下)	
抗风等级	≥5 级	

（续表）

<table>
<tr><th>指标</th><th>要求(小型)</th><th>要求(中型)</th></tr>
<tr><td>飞行高度</td><td colspan="2">≥1 000 m</td></tr>
<tr><td>巡航速度</td><td colspan="2">≥10 m/s</td></tr>
<tr><td>任务半径</td><td colspan="2">≥4 km</td></tr>
<tr><td>航迹控制精度</td><td colspan="2">≤0.02 m</td></tr>
<tr><td>防护等级</td><td colspan="2">IP45</td></tr>
<tr><td>防护结构</td><td colspan="2">有</td></tr>
<tr><td>折叠结构</td><td colspan="2">不限</td></tr>
<tr><td>图传频段</td><td colspan="2">警方专用</td></tr>
<tr><td>飞控频段</td><td colspan="2">警方专用</td></tr>
</table>

(2) 派出所或警务站型

无人机应具备较高的载重、续航能力，以满足不同任务的要求。在警务服务站顶部架设无人机专业平台(需后期架设)，无人机可进行自主航线飞行或由警务人员进行人工控制，任务完毕时可自动飞抵返航点降落并进行充电。同时，无人机还应具备一定的抗风、防雨能力。派出所或警务站型无人机标准见表 8.4。

表 8.4　派出所或警务站型无人机标准

指标	要求
额定载重	3 kg
最大载重	6 kg
整备质量	≤20 kg
最大翼展	≤2.0 m
续航时间	≥50 min(额定负载下)
抗风等级	≥6 级
飞行高度	≥1 000 m
巡航速度	≥15 m/s
任务半径	≥6 km
航迹控制精度	≤0.02 m
防护等级	IP65

（续表）

指标	要求
防护结构	不限
折叠结构	不限
图传频段	警方专用
飞控频段	警方专用

2. 便携式警用侦查无人机

无人机应适合警务人员随身携带，可进行自主航线飞行或由警务人员进行人工控制，任务完毕时可自动飞抵返航点降落。同时，无人机还应具备一定的载重、续航、抗风及防雨能力。便携式警用侦查无人机标准见表 8.5。

表 8.5　便携式警用侦查无人机标准

指标	要求
额定载重	0.5 kg
最大载重	1 kg
整备质量	≤3.5 kg
最大翼展	≤0.8 m
续航时间	≥40 min(额定负载下)
抗风等级	≥5 级
飞行高度	≥1 000 m
巡航速度	≥8 m/s
任务半径	≥3.2 km
航迹控制精度	≤0.02 m
防护等级	IP45
防护结构	不限
折叠结构	有
图传频段	警方专用
飞控频段	警方专用

以上三款警用无人机的图传及飞控，均需使用警方专用加密频段，可抗目

前警方使用的无人机干扰仪。其定位系统,可在客户端平台上实时反映其工作情况,以达到公安机关统一监管作用。

二、警用无人机吊舱方案标准及分类

1. 红外热成像吊舱

红外相机支持标清视频输出,同时支持机载端原始数据存储和视频存储,可支持 4 倍数码变焦。红外热成像吊舱标准见表 8.6。

表 8.6　红外热成像吊舱标准

指标	要求
分辨率	640×680
像元间距	17 μm
波长范围	8～14 μm
图像输出时间	≤5 s
图像降噪	数字滤波
帧频	50 Hz
模拟视频输出	CVBS 50 Hz(PLA)/60 Hz(NTSC)
数字视频输出	伪彩数据 8bit BT656 和原始数据 16bit
变焦	4 倍数码变焦
数字视频功能接口	伪彩数据 8bit BT656 和原始数据 16bit
工作温度	－40～60 ℃
湿度	≤75%(非冷凝)
工作电压	12.5～22.4 V(3～6 s LiPo)
功耗	＜2.5 W
焦距	19 mm
控制精度	±0.02°
可控角度	俯仰＋60°、－160°;航向±160°;滚转±47°

2. 20 倍光学变焦吊舱

20 倍光学变焦吊舱支持 1 080P 高清视频录制以及 HDMI 高清视频输出、照片存储。拍照、摄像、变焦命令可由地面遥控执行,可根据实际需求进行拍摄。150 m 外可准确识别车牌。20 倍光学变焦吊舱标准见表 8.7。

表 8.7　20 倍光学变焦吊舱标准

指标	要求
视频压缩	H.264 MainProfile, Motion JPEG
分辨率	Full HD/1 080P(1 920×1 080)+Full D1(720×480)
帧率	支持 25/30/60 fps
码率控制	H.264 支持 VBR/CBR, MJPEG 支持 VBR
成像器件	1/2.8″逐行扫描 CMOS
有效分辨率	1 920×1 080
最低照度	彩色:0.1LUX 黑白:0.001LUX
快门速度	1/100 000～1 s
变焦	20 倍光学
焦距	F4.7～94 mm
光圈	F1.6～F3.6
聚焦	自动
水平视角	58.9°～3.4°
工作温度/湿度	−10～60 ℃/10%～70%RH
工作电压	10～50 V
功耗	12 V/0.5 A
控制精度	±0.01°
动作范围	俯仰±90°;航向±150°

3. 扩音吊舱

扩音吊舱是无人机搭载使用的扩音任务设备，将扩音器、对讲机深度集成为空中喊话装置，实现远程地对空喊话功能，信息通道通过警方专用频段，采用数字加密确保安全性，抗干扰强。扩音吊舱的标准见表 8.8。

表 8.8　扩音吊舱标准

指标	要求
总重	≤500 g
工作电压	11～25 V
通信距离	10～4 000 m

(续表)

指标	要求
典型工作高度	50～100 m(相对地面)
音量	飞行高度 50 m 时,地面音量≥60 dB
工作温度	−20～55 ℃
环境湿度	85%

三、地面站设计方案

地面站具有三维航迹规划,设置禁飞区、参照点,飞机参数实时监控,告警显示,同步记录飞行数据和视频画面,支持多种地图及坐标格式,支持网络数据分发与网络远程控制等功能。

1. 移动式地面站

移动式地面站主要分为手持地面站、箱式地面站、车载地面站,可与车载无人机、侦查无人机搭配使用。

2. 固定式地面站

固定式地面站主要为派出所或警务站无人机使用,系量身打造,与 110 指挥调度平台对接。固定式地面站标准见表 8.9。

表 8.9　固定式地面站标准

指标	要求
操作系统	LINUX,WINDOWS
防护等级	IP65
工作温度	−20～70 ℃
数据记录	实时记录及存储

四、警用无人机群组化监控管理平台设计

随着警用无人机逐步普及,公安机关需要一个量身定做的监控管理平台,依托机载 SIM 卡、GPS 定位等技术,可在软件上监控观测到全区所有警用无人机的飞行状况,还可进行飞行申报、飞行备案、远程指令控制等。

目前,警用无人机主要应用于特警反恐、治安巡防、刑事侦查、交通违法查

处、突发事件处置等领域，在使用过程中，缺少监管、申报环节，甚至存在“黑飞”情况。现就如何利用PGIS建立警用无人机监管平台做如下建议：

1. 基于PGIS打造警用无人机监管平台

PGIS作为警用地理信息平台，与普通民用地图相比，涵盖了众多警务信息。将警用无人机实时位置加入PGIS中去，监管部门可全面了解无人机的状况，是否违规使用，是否如实申报，都能一目了然。此外，一旦有突发状况，利用PGIS可以搜索到附近的巡逻车、警务人员，使其第一时间前往处置。

2. 加装“差分站”，让警用无人机在PGIS中“显身”

民用航空飞行器之所以能在航管雷达中显示，是因为装有二次应答机。但现有无人机是没有条件安装的。另外民用GPS精准度会有10 m误差，如与PGIS结合，10 m误差会对监管和调配影响颇深。

对此，一箭双雕的办法是可在省厅选址加装无人机“差分站”，一方面可在所有无人机上加装与“差分站”通联的SIM卡，通过蜂窝定位技术，省厅监管平台即可实时显示位置，达到监管目的；另一方面还可将GPS误差由原来的10 m下降到0.02 m左右，进一步提高飞行效率。

3. 开通警方专用通信频道，强化无人机信息安全

基于现有技术，PGIS主要在内网运行，无人机地面站很难做到即时内外网互通。加之PGIS数据更新快，如何让无人机地面控制平台在涉密信息不泄露的情况下即时跟进补充信息，也是目前警用无人机与PGIS结合的一大难点。使用警方专用通信频道，才能保证安全性、抗干扰性，同时避免受到反制系统反制。

此外，还需要用警方专用通信频道，前期需由公安机关科信处与无线电委员会沟通审批通信频道，在研发阶段将警方专用频道加入无人机通信模块中。另外让操作平台与公安机关科信处内网连接，一是解决内外网互通问题，二是为今后指令飞行控制模块预留端口。

第五节　多旋翼无人机警用的思考

多旋翼无人机适合在公安领域中发展应用，实用价值比较大。既能隐蔽地执行监控任务，又能冲进火海一探究竟，这不正是我们所需要的吗？多旋翼无

人机能够运用于我国公安侦查领域必将发挥科技强警的利剑作用，帮助我国公安技术再上一个台阶。

一、多旋翼无人机警用存在的问题

警用无人机应用正处于起步阶段，技术尚不成熟，性能稳定性有待提高，专业人才队伍缺乏，为适应各项警务工作的开展，仍需改进技术，建立健全相关制度。

1. 续航时间短

我们现在使用的警用无人机使用锂电池供电，电池容量低，高空作业周期短，一块电池的续航时间在 15 min 左右，如果执行远距离侦查搜索任务时往往需要频繁更换电池，且只配备两块备用电池，一架警用无人机的可供持续飞行时间在 40 min 左右，往往不能完整执行任务。受多旋翼无人机平台的动力分布影响，动力电池需对其所有机臂上的电机同时供电才能够保证飞机的正常飞行。因此，多旋翼无人机续航能力有限。

2. 功能单一

警用无人机多根据民用航空器改装，多用于航拍视频制作，在警务实战中应用较少，且受天气状况影响较大，恶劣天气及夜晚无灯照情况下无法起飞。为有效应用于实战，警用无人机可增强其功能研发，例如可配置红外夜视功能。

3. 专业操作人员缺乏

操作人员缺乏专业培训，大多是临时上岗，操作不够熟练，且无人机的后期保养维护等服务过于依赖制作方，造成对训练使用的顾忌，很多时候无人机成了不敢使用的摆设。

4. 飞行距离短，遥控器信号较弱

由于多旋翼无人机平台受遥控器技术条件的限制，多旋翼无人机的飞行半径较短。在环绕建筑物飞行时，无人机可能因为被建筑物挡住信号导致坠机。

5. 无人机失控后无法对其进行操作

多旋翼无人机在飞行时，螺旋桨两两相对相互抵消其作用力，从而达到飞行的平衡。无人机在空中飞行时，若其中有一个螺旋桨发生故障，则无人机动力就会失去平衡导致坠机，此时无法使用遥控器对其进行操作。若无人机下方为人群密集区，则后果不堪设想。

我们要紧密追随当前国内外的无人机发展前沿，结合当前警务实战化应用的特点加以思考研发，不断开拓创新，使警用无人机不断满足实战需要。

二、多旋翼无人机警用的独特优势

多旋翼无人机系统外形尺寸和载荷质量适中、滞空时间长、机动性强、部署灵活、系统简单，可在多种环境下使用。无人机作为操作平台可搭载高清数码镜头、长焦镜头、红外成像镜头、高音喇叭、机械手等设备，可执行不同的任务。

1. 视频远程传输，网络实时指挥

在发生重(特)大案事件时，现场往往情况复杂，短期内无法排除安全隐患，不宜部署大量警力进入现场。针对上述情况，可由无人机担任空中“鹰眼”，迅速部署无人机在现场周边起飞，对混乱区域进行监控实施视频无线图传，从而避免相关人员进入现场受到伤害。无人机作为独立的设备可以深入危险区域完成一系列复杂的侦查任务，也可以对现场情况不间断地拍摄，为警方提供第一手直观的宝贵资料。同时，指挥中心可根据无线图传随时掌握现场动态、从容调配警力、有效处置现场，“运筹帷幄之中，决胜千里之外”。

2. 空地结合

多旋翼无人机可以弥补地面装备因地形遮挡造成的作用距离受限和空中平台因能源无法补充续航时间受限的问题，是典型的空地结合装备。能够有效地提升在高原、山地、丛林、岛屿等复杂环境下的地面侦查、组网中继通信、要地警戒监视的能力。

3. 电磁监测

多旋翼无人机系统具有监测远、可灵活设置监测点、复杂环境下能够保证视距接收效果的优势，实现对无线电信号的空中监测，可用于对无线电信号搜索普查、监听监视、非法辐射源测向及辐射源定位。

三、多旋翼无人机存在问题的解决思路

1. 采用新型能源电池

2015 年，来自加拿大蒙特利尔的 EnergyOr 技术有限公司采用燃料电池的四旋翼进行了 2 h 12 min 续航飞行。此外，石墨烯、铝空气、纳米点这三项电池技术将成为未来电池世界的三大奇兵。

2. 可准备多架无人机相互交替使用

当无人机为指挥中心进行远程无线传输时，可多准备几架无人机做好起飞准备和参数设置，当第一架无人机达到返航时间后，第二架无人机可起飞进行替换，周而复始轮流飞行。

3. 架设天线增加接收信号强度，驱车跟随保持信号畅通

为增大拍摄距离，可对地面站架设增益天线，提高接收器信号。同时，还可考虑驾驶员乘坐汽车跟随无人机前行，以此保持无人机与遥控器的信号通畅。

4. 对无人机安装降落伞，尽量减少损失

多旋翼无人机在飞行时，需避免在人员密集场所飞行。在特定场合执行飞行任务时，可对无人机安装降落伞。当飞机失控坠机时立刻打开降落伞，以减缓无人机降落速度，为紧急疏散下方人群争取时间，尽可能将损失降至最低。

第六节　警用无人机的管控研究

我国无人机产业正处于快速发展时期，警用无人机的应用优势十分明显，当突发性事件发生时，能够快速飞抵事发现场开展工作，并能够对现场进行高质量视频采集以及实时音频采集，及时传送到指挥中心，供后方进行判断和决策。警用无人机日益成为整个公安业务系统的重要组成部分，也促使更多的资本进入了警用无人机市场。无人机技术的进步也为现代警务提供新的可能，目前我国公安机关存在的一些诸如警力配备不足、警用装备技术含量低、多警种协同作战能力弱等问题，都可以通过对无人机技术的应用得到改善。如何加强管理，确保安全，使警用无人机更好地为我国经济发展和社会进步发挥作用，是当前所面临的一个重要问题。

一、警用无人机的管控现状

警用无人机领域因其对无人机本身的续航时间、负载能力、安全性能等指标有着十分严格的要求，其监管难度比较大。我国的警用无人机大多数都是在民用无人机的基础上进行改装和升级，相较于一般民用无人机警用无人机具有性能更优越、安全可靠性更强、装载专业性设备、机密性更高等特征，但总体上还是缺少自己的行业标准和使用规范，这使得警用无人机的使用存在许多隐性风险。公安部特种警用装备质量监督检测中心范殿梁博士曾在相关采访中表示:“目前无人机产业的发展势头很猛,各地政府也扶持了很多企业上马无人机项目,市场上出现了大量低水平、缺乏技术特色和优势的无人机产品,尤其是技术问题以及行业标准、飞行管控等问题,面临进一步的突破。”由于警用无人机行业技术标准不明确,造成警用无人机在技术指标、功能用途、作战适应性等方面,难以形成严格统一的监管标准。一些产品性能没有经过实战考验的民用无人机进入各地警用装备采购中,给未来无人机在警务工作中的深度应用和管理带来隐患。同时,以电池技术为代表的技术瓶颈限制了无人机的有效载荷和续航时间,影响到无人机的实用性。此外,警用无人机目前依照民用无人机的飞行标准,对特种行业的使用产生限制。国家相关部门应该抓紧出台包括警用无人机选型工作办法、登记办法、外观涂装规范、身份识别编码办法、驾驶员培训和指导管理办法等,进一步规范使用,在发挥警用无人机强大作用的同时,保证飞行安全、空管安全。

国家对无人机管理非常重视,中央领导、国务院领导、军委首长对无人机管理工作都有重要的批示,形成了无人机部际联席工作机制。国务院中央军委空中交通管制委员会办公室组织起草了《无人驾驶航空器飞行管理暂行条例(征求意见稿)》;民航局依据有关法规制定民用无人机运行管理要求和相应适航审定标准,其他相关单位制定各系统国家无人机定型规章和行业标准;无人机研制生产基本条件和评价方法、身份识别规则、登记标志、飞行手册编写、人员培训等正由相关单位抓紧进行。加强对无人机的监管是法律法规赋予公安机关的职责,也是维护社会稳定、确保公共安全的现实需要。《低空空域使用管理规定(试行)(征求意见稿)》明确规定:“公安部门配合有关部门依法对通用航空器实施管理,负责违法违规通用航空器落地后的秩序和现场处置工作,配合对违法违规飞行的单位或个人进行查处;组织协调重大活动期间通用航空器的地面防范管控工作;协助军队进行空中违规查证。”《低空空域使用管理规定(试行)(征求意见稿)》明确了公安机关在低空管理联合执法中落地处置、违规查处、地面管控等方面的执法地位和作用。

二、健全警用无人机管控的法律法规

1. 加强管理和登记

警用无人机发展建设应以警务需求为首要考虑因素,统一筹划队伍组建、

购机选型，避免盲目建设、机型不合实际、安全存在隐患等问题。警用无人机作为警用装备，同时要遵循航空工作特点规律，实行相对集中的统一管理，由公安部负责制定“人”“机”准入和“运行”管理制度和标准，由省级公安机关负责本行政辖区内“人”的培养、“机”的登记、“运行”的管控。登记管理是实施无人机系统管理的基础，也是一切管理手段的基本依据。对警用无人机系统的登记，由公安部制定登记注册统一式样，并建立登记注册信息管理系统，配发全国公安机关统一使用。地市级公安机关负责受理辖区内警用无人机系统登记注册初审，通过数据系统报省级公安机关审批后，登记注册信息上传公安部备案。

警用无人机的登记信息管理采取三种方式。一是涂装和编号，喷涂在无人机外部，可直观辨认；二是识别标识，包括图形码和编号；三是身份识别编码，通过芯片集成或密钥插拔在无人机飞控系统，可通过读取设备来读取身份信息。对执行涉密或特殊任务的警用无人机还有特殊的规定。

建立警用无人机运行、管理、安全等工作机制，规范队伍组建、购机选型、登记注册、外观标识、人员资质、维护维修、飞行安全等工作。警用无人机管理工作由公安机关警用航空管理部门具体负责。未设定警用航空管理职能部门的，应设立警用航空管理部门或者由警务保障部门履行管理职责。

2. 进行专业培训

加强警用无人机飞行机组和维修保障人员专业培训，提高其专业素质和飞行安全水平。警用无人机专业人员包括飞行机组人员、维修人员和勤务人员。基于任务使用和专业素质，驾驶员是主体。各类人员经相应专业培训后，可兼任其他专业人员工作。

驾驶警用无人机的公安机关人员，应当依法取得警用无人机驾驶执照。考虑到航空器驾驶的难易程度，驾驶执照签署分为 A、B、C 三类。B 类执照持有者，可操作最大起飞质量小于或等于 7 kg 的警用无人机；A 类执照持有者除具有 B 类执照操作权限，还可驾驶起飞质量大于 7 kg 的警用无人机，也可担任警用无人机系统飞行教员；C 类执照持有者可操作无人直升机。在警务任务中，有特殊操作和使用环境限制的，如穿孔飞行、掠地飞行、室内飞行等，还需要经过专门培训，在驾驶执照上签注相应任务资质，方可执行特殊飞行任务。为确保警用无人机驾驶技能水平，须对培训机构实施培训资质管理。

3. 规范配套监控

在规范管理无人机的同时，应尽可能地发挥其反应迅速的优势。因此，警用无人机管理规定指出，使用空机质量小于或等于 7 kg 的警用无人机执行警务任务，由使用单位负责人审批。7 kg 的划分标准是根据国际民航组织通过飞行器动能伤害的理论值设定的，我国民航局有关规定和国家空管委的规定草案，也沿用这个标准。使用空机质量大于 7 kg 的警用无人机执行警务任务，参照《警用航空器使用管理暂行办法》执行。国家相关部门应抓紧出台警用无人机登记办法、外观涂装规范、驾驶员培训和执照管理办法、选型工作办法、身份识别编号办法和信息管理等规定。此外还需为警用无人机配套专门的监控系统，将驾驶员、无人机的相关信息登记到系统中，同时监控无人机的动态，实时获取飞行信息，并可远程限定飞机的不安全飞行，实现有效管控。

三、警用无人机管控的技术方案

探索采用基于 Internet 的大数据云服务网络技术，设计警用无人机飞行管控系统(本文以天峋创新科技有限公司研发的无人机云服务管控平台为例)。警用无人机管理管控系统，一方面能够实现对无人机的信息管理，另一方面能够监控警用无人机的飞行任务。飞行管控系统设计的总体目标设置包括：(1) 通过 Internet 云端服务技术，无人机发送其自身位置、姿态信息、任务载荷信息及其他传感器信息至云端服务器。(2) 通过连接 Internet 云端服务器，用户在监控系统中可实现无人机状态远程监控、历史飞行记录查看、飞行数据可视化展示等业务功能，实时查看警用无人机飞行位置和姿态。(3) 用户通过客户端连接 Internet 云端网络，实时查看警用飞行信息，可在远程客户端设定禁飞区、电子围栏等，根据无人机发送预定任务控制信息，限定警用无人机的飞行区域，实现安全飞行。(4)警用无人机根据服务器发送的控制信息，修正自身位置或者飞行姿态。

1. 警用无人机监控中心

警用无人机在执行出警任务时，监控中心可实时查看飞行和未飞行的警用无人机的所有状态，包括当前无人机所在的位置、当前执行的任务等。点击某架无人机可进入该无人机页面，若处于飞行状态，则可查看无人机规划航线、无人机自身状态、视频图像等信息；若处于未飞行状态，则可查看无人机的历史飞行记录、统计数据并进行记录回放。

系统具有高效的信息交互功能，在地图中可查看所有无人机的所在位置和状态，同时在列表中可以快速查找无人机，点击后在地图中可以快速显示该无

人机所在位置，实现快速查找和界面可视化交互。

用户可根据机型和不同状态对无人机进行筛选。对直升机、多旋翼、固定翼三种警用机型进行分类，同时每种机型下又分为实时飞行和未飞行两种状态，通过按钮可以对其进行筛选，决定是否在列表和地图中出现，帮助用户快速查看。

选择点击当前实时飞行的警用无人机后，可进入该无人机实时飞行的画面。实时飞行画面包括飞行参数信息、飞行轨迹图和视频图像。飞行轨迹图和视频图像点击扩展按钮后，可以单独在页面中打开，实现页面扩展。

2. 警用无人机飞行记录查看

飞行记录对所有警用无人机的出警记录和历史飞行数据进行统计，所有无人机在飞行结束后可将飞行记录上传到云端，用户可远程查看所有的无人机记录，按照现有的无人直升机、多旋翼、固定翼分为三类。点击某架无人机，可查看所有飞行的统计数据，如飞行距离、飞行时间、飞行次数等，并通过地图展示所有飞行的地理位置，点击可查看某次的飞行记录。

3. 警用无人机飞行轨迹回放

点击飞行记录列表中的某次飞行，可以查看该次飞行的飞行轨迹、飞机姿态等信息，同时可实现 3D 飞机姿态回放。

4. 警用无人机飞行记录 3D 界面回放

3D 界面可实现对警用无人机飞行记录的 3D 界面回放，包括飞机姿态、飞行信息、路线轨迹、立体地图展示等，可视化程度更高。在该界面，可以变换观察视角，将警用无人机飞行过程中的姿态和 3D 场景很好地展现出来。

第七节　公安院校无人机培训课程体系的构建

从无人机相关课程在全国高校的开设情况来看，国内航空类院校如西北工业大学、北京航空航天大学、南京航空航天大学等已开设无人机相关专业，培养无人机系统领域设计、制造和使用专业人才，但这些专业分散在各学院的相关学科，未进行有效整合。军事类院校如空军工程大学、军械工程学院、陆军军官大学等开设了无人机运用工程等专业，培养无人机领域的指挥、控制和维护人才，但还无法满足实际应用的需要。一些职业院校如天津现代职业技术学院、西安航空职业技术学院等开设了无人机应用专业，主要进行无人机飞手的任职培训，培训合格的人员可获得无人机驾驶员或机长的资格证书。然而，我们也注意到，公安类院校目前并未开设无人机相关的培训课程，系统化、专业化、实战型的培训体系更是无从谈起，无人机操控、研发相关方面的专家、人才也是十分欠缺的。无人机作为一种空中平台，它在警务领域的应用尚存较大空间。公安(警察)院校立足公安实战需求，依托无人机前沿技术，坚持“教、学、练、战一体化”原则，通过构建无人机警务应用实验室和无人机培训课程体系，将无人机教学和警务应用进行有机结合，提出以实践教学为重点，以打造高质量课程为基点，以培养警用“专、精、尖”无人机人才为目标的培养思路，力争教学培训工作达到理论与实践相结合，突出培养学生的动手能力和创新能力，不断为公安实战部门输出最具“实战力”的无人机专门人才。

一、课程设置的必要性

无人机在我国的迅速发展为警用无人机在公共安全领域的应用奠定了基础，进一步加强了公共安全“立体防控体系”的建设。以重庆市为例，重庆市公安局科信处、刑侦总队、禁毒总队、渝中分局等单位在2016年购置无人机并陆续投入使用，在使用过程中，专门人才的匮乏、硬件的维护与开发能力低下等方面的问题逐渐暴露出来。为推进公安改革和“四项建设”，作为人才培养摇篮、公安创新工作前沿堡垒、公安机关智囊库的公安院校应认真贯彻落实《公安高等教育发展规划纲要(2016—2020年)》，紧紧围绕应用型警务人才培养目标，充分利用校局深度共建平台，吸纳公安一线业务部门深度参与，共同构建无人机课程培训体系，培养尖端的警务高科技人才，推动“互联网＋”时代公安工作的深刻变革。从教学方面来看，开设无人机培训相关课程不仅可以让学员开阔眼界，对公安前沿的学科进展有所了解，还可以让学员将书本中的公式和定理运用到实践中，在巩固理论知识的同时提升创新能力、动手能力以及团队协作能力。

二、教学目的与课程设计

无人机培训课程体系将按照“填补空白、形成优势、突出特色”的发展思路，全力抓好无人机警务应用实验室建设，充分发挥人才聚集、学科交叉、技术领先的优势，深入开展理论研究和科技创新，提高科研水平和学生创新能

力。力求通过构建无人机培训课程体系来实现两个目标：一是服务学院本科教学，培养一流的“应用型本科人才”；二是服务公安实战需求，建成无人机公安应用技术研发基地，输出专门的无人机技术人才，以技术创新提升警务实战能力。

1. 教学目标

一是依托校局共建平台和公安智能化协同创新中心技术支持，建设特色无人机警务应用实验室，应用无人机警务应用实验室软、硬件条件提升学生实践能力、开发能力和解决问题能力。二是设计系统的无人机培训课程体系，建设完整的教学资料库。通过实施与警务应用发展相协调的无人机教学培训工作，开展无人机教育教学研究，不断向警务实战部门输出无人机警务应用类专业人才。三是探索前沿科技，加强学院科研创新，科研人员真正掌握无人机的飞行原理、操控技术，从法律层面分析管控难题，积极研究无人机相关产业的发展和警务应用新领域。

2. 课程体系构建

首先是积极创造条件，整合社会信息和公安内部信息资源，大力加强无人机警务应用实验室软、硬件的建设；开放实验室，在教学时间、空间和内容上给学员较大的选择自由，尽可能满足不同层次学生求知的需要。无人机警务应用实验室建成之后，可丰富学院学生的课外科技活动，培养学生的学习科研兴趣，提高学生创新实践能力，也可为学院参加大学生创新竞赛、公安技能大赛等活动提供硬件支持。其次，为更好满足公安工作新形势、新任务的需求，不断深化公安院校教育教学改革，强化学员知识应用能力、实践动手能力、岗位适应能力和创新创业能力，学院应与校外有实力的无人机企业、公安机关一线单位进行合作与交流，建立无人机校外培训基地，为学院提供技术支持和警务应用解决方案。再次，在课程设置的时间安排上，学院拟将无人机的操作与管控课程以学院素质拓展选修课的形式开设，开课学期安排在第四学期。考虑到警务化管理体制下公安院校教学实际情况和作息时间，拟按照“18＋X”学时来进行设计安排，其中，“18”为以理论教学为主的 9 周(每周 2 学时，晚上上课)，“X”为以实践教学为主，不少于 10 学时，包括每周三下午的教学例会时间(根据学员自由时间合理安排)和周末业余时间(学员自学为主)进行课外实践教学。为保证教学质量，生师人数比控制在 10∶1 以下为宜。最后，在课程体系建设期间，学院还需积极开展评价，不断优化课程理念，广泛开展教学跟踪，记录教学项目实施效果。开展课程考核评价，能够确保建设项目完结后的查漏补缺，观察整体效果的完成度，以便在总结中不断修订教学项目的总体实施方案，构建完成真正能够为警务工作所需的高层次技能型人才的无人机课程培训体系。

三、教学内容、教学方法与课程考核

不同类型的高等院校对于无人机实践教学的侧重点应有所不同。

1. 教学内容

在专业化、职业化、实战化为导向的公安应用型人才培养机制下，无人机培训课程体系的教学内容主要围绕以下五点展开：

(1) 无人机简介(发展史、类型分类、应用领域)；

(2) 无人机结构解析(主要组件)；

(3) 无人机的操控(关于飞行原理的理论知识＋遥控操作)；

(4) 无人机应用于警务实战的案例研究；

(5) 无人机相关法律法规与管控现状(欧美、中国无人机管理的相关规定)。

2. 教学方法

在教学方法上，应当加强实践教学方法改革作为无人机课程建设的重要内容，重点推行基于问题、基于项目、基于案例的教学方法和学习方法。选取近年重大典型案例作为教学素材，以案例教学法进行教学设计。授课教师要积极开发适用于辅助支撑课程实施的教学资源，如PPT(幻灯片)课件、多媒体影像教学资料、微课等资源，当然还可以通过技术联合实现网络资源平台的共享和开发。

3. 课程考核

在课程考核方面，考核注重过程评价与终结评价，以侧重学院实际操作能力的培养与考核，以考促学，激发学员协同创新思路的积极性。课程建设之初，平时成绩以“模拟飞行考核为主，实操飞行考核为辅”的考查形式，待课程体系完善后，逐步加大实操飞行考核比重。同时，设置加分环节，研讨无人机使用法律法规与管控相关问题。按照“优、良、中、及格、不及格”五级评定成绩，其中平时成绩占50%，学期考查成绩占50%，考核在及格及以上方可取得该门课程相应的学分。

四、教学实践环节设计

无人机的操控实训环节分模拟飞行和实际飞行两部分。从基础开始，通过

遥控飞行模拟器学习飞行能够极大地提高学员的飞行技术,还能给学员信息以学习新的东西,而不必担心摔坏飞机,遥控飞行模拟器本身就是件乐趣无穷的事。现在的遥控飞行模拟器都能够很好地体现飞行的原理和规律,可以规划任务、测试自动起飞和着陆特性等,所有这些都是在计算机上完成。构建一个较为逼真的虚拟环境,包括地形、天空、光照、物体,甚至大气等,仿真度高的训练环境可以增强受训者的沉浸感,增强训练效果。主流的航模飞行模拟软件包括选择无人机、直升机、战斗机等不同的机型,选择场地、飞行记录、训练模式、比赛模式、多人联机等。具体包括以下三个方面的实践操作:

1. 无人机组装与调试

提供无人机所有零部件,学员可以自己动手将所有零部件按照实验指导书组装成一架完整的无人机,通过组装让学员进一步了解并熟悉无人机的硬件构造与原理。(此部分内容可根据学员的基础和自身水平进行选做。)

2. 无人机模拟飞行

教师精心选择好一款适用于不同水平的专业级、高水平的飞行模拟器。该飞行器拥有世界级的物理引擎、照片级的飞行场景和大量可调整的参数,训练模式与比赛模式一应俱全,模拟器使学员迅速并简单地学会飞行和锤炼技术。实际教学中,教师可根据重庆地区地理特点,要求学员重点训练城市高楼、江河湖泊、森林高山等几个不同环境,允许学员利用周末业余时间在电脑平台上进行模拟练习。

3. 无人机操控

学生可以通过前期模拟飞行,练习技术,而后在无人机飞行专业场地内进行飞行,包括起飞前的检查,起飞后的简单维护与保养等。

在实践教学过程中,学院还邀请校外有关专家和学者,以开设专业学术讲座和第二课堂讲座的形式,介绍无人机警务应用动态、典型案例等,开拓学员们的专业视野,强化其素质教育,与此同时,创造条件,让学员带着问题“走出去”,到公安一线实战部门、到“实飞”场所、到研发公司去参观、调研无人机应用与管控工作的相关情况。

参考文献

[1] 罗颖，张敏，刘军．鹰击长空织就“天网”：无人机及其警务应用现状[J]．警察技术，2014(5)：54-62.

[2] 徐晨华．无人机系统在陆地边防警务工作中的应用探析[J]．信息化建设，2016(2)：24.

[3] 沈惠章．论保安企业家平等竞争市场环境的形成[J]．中国保安，2018(1)：131-132.

[4] 郭芳．复杂环境下四旋翼无人机定位研究[D]．天津：天津大学，2012.

[5] 高勇．精准定位警用无人机市场　争做行业市场领头羊：专访承德鹰眼电子科技有限公司顾问徐静[J]．中国安防，2016(8)：16-21.

[6] 董国忠，王省书，胡春生．无人机的应用及发展趋势[J]．国防科技，2006，27(10)：34-38.

[7] 冯建红，冯耀法．民用无人机该怎么飞[J]．方圆，2014(22)：52-55.

[8] 周钰婷，郑健壮．全球无人机产业：现状与趋势[J]．经济研究导刊，2016(26)：26-30.

[9] 胡中华，赵敏．无人机研究现状及发展趋势[J]．航空科学技术，2009，20(4)：3-5.

[10] 柯玉宝，车彦卓．如何规范化管理无人机[J]．机器人产业，2016(1)：16-21.

[11] 范忆平．民用无人机与人格权保护刍议[J]．华章，2014(6).

[12] 谢秋陆．无人机市场逾千亿　监管需落地[J]．中国经济信息，2015(8)：60-61.

[13] 郭太生．我国保安业发展的机遇与条件分析[J]．中国人民公安大学学报(社会科学版)，2002，18(3)：67-73.

[14] 张弘．中国保安业职业化的全面构建[J]．中国保安，2005(1)：28-30.

[15] 郭太生．我国保安业发展趋势展望[J]．中国保安，2005(9)：24-27.

[16] 冯冠强．保安服务业的立法构想[J]．广州市公安管理干部学院学报，2006，16(2)：30-32.

[17] 胡建亭．警用无人驾驶航空器的管理[J]．现代世界警察，2017(2)：16-17.

[18] 江俊敏．基于 SIMULINK 的 CDMA 信号对无人机系统的干扰仿真分析[D]．北京：北京邮电大学，2007.

[19] 沈惠章．大型活动的风险分析、评估及其控制[J]．中国保安，2017(1)：131-133.

[20] 吴强．警用无人机引发的现实思考[J]．中国人民公安大学学报(自然科学版)，2015，21(2)：29-32.

[21] 周勇，刘思．空天地一体化的移动测量系统在实景三维警用地理信息系统建设中的应用[J]．警察技术，2013(1)：35-38.

[22] 毕凯，李英成，丁晓波，等．轻小型无人机航摄技术现状及发展趋势[J]．测绘通报，2015

(3):27-31.

[23] 刘刚,许宏健,马海涛,等.无人机航测系统在应急服务保障中的应用与前景[J].测绘与空间地理信息,2011,34(4):177-179.

[24] 蔡杰,韦维.大学生创新创业人才培养体系的研究与实践[J].大学教育,2014,3(8):36-37.

[25] 付超.论警用无人机在高速公路公安交通管理中的应用[J].武汉公安干部学院学报,2016,30(2):25-29.

[26] 杨旭,胡建中,黎志伟.小型四旋翼无人机系统在基层派出所的应用[J].中国新技术新产品,2016(16):62-63.

[27] 林琦,虞悦.无人机在公安侦查中的应用与探讨[J].科技视界,2016(2):74-75.

[28] 赵晓轩,周利祥.无人机在公安业务中的应用[J].山东工业技术,2016(9):215.

[29] 林维望.无人机视频采集在公安交通管理中的应用[J].中国公共安全,2016(10):58-60.

[30] 范殿梁,李牧,邱日祥. 警用无人机应用与发展[J].中国安全防范认证,2016(5):17-20.

[31] 胡建亭,梁宏涛. 警用直升机的作用及在我国警务实战中的应用[J]. 警察技术,2015(4):4-7.

[32] 范殿梁. 警用无人机应用分析与检测[J]. 中国公共安全, 2016(7):47-49.

[33] 刘哲.小型无人机在警用领域的应用与造型设计研究[D]. 上海:东华大学, 2012.

[34] 李牧,范殿梁,邱日祥,等. 警用无人机检测需求分析[J]. 中国安全防范认证,2016(5):8-12.

[35] 徐静. 固定翼无人机在新疆暴恐事件处置中的应用[J]. 警察技术, 2015(3):88-91.

[36] 甄云卉, 路平.无人机相关技术与发展趋势[J]. 兵工自动化, 2009,28(1):14-16.

[37] 刘歌群. 无人机飞行控制器设计及检测与控制技术研究[D]. 西安:西北工业大学, 2004.

[38] 潘亮,王海珍.三维实景建模技术及运用下[J].影视制作,2016,22(2):47-51.

[39] 马旭辉.无人机管控须对症下药[N].中国民航报,2017-03-16(1).

[40] 罗德与施瓦茨中国科技有限公司.罗德与施瓦茨 ARDRONIS 无人机管控系统解决方案[J].中国无线电,2017(1):76.

[41] 曹洪.消费级无人机的安全管控[J].湖南警察学院学报,2016,28(6):116-122.

[42] 谢先哲,毛炎,严伟.打开工程监管另一双“眼睛”:国网浙江经研院京杭遥感开启无人机服务工程管控新模式[N].中国电力报,2016-12-28(8).

[43] 夏磊,齐鼎辉,李晖,等. 探讨结合“互联网+”的无人机旁站监控云平台设计可行性[J].河北企业,2016(12):252-253.

[44] 陈发清.警用无人机亟须制定标准规范飞行[N].深圳商报,2016-11-17(A02).

[45] 谢春艳.飞行监管对弈“自由”翱翔　无人机也要持证驾驶[J]. 消费电子,2016(10):

42-47.

[46] 李家杰.未来空管对无人机的监视与服务探讨[J].科技创新与应用,2016(27):22-24.

[47] 田凤,汤新民,李博,等. 无人机飞行计划管理系统研究[J].交通信息与安全,2016,34(4):104-111.

[48] 孙朝阳,李志斌,林松,等. 无人机航摄技术辅助特高压工程施工现场管控研究[J].北京测绘,2015(6):38-42.

[49] 黄志敏,熊纬辉. 轻微型无人机广泛应用带来的安全隐患及其管控策略[J].河北公安警察职业学院学报,2015,15(3):32-38.

[50] 章志萍.《外交事务》:无人机产业的发展和管控[N]. 社会科学报,2015-05-28(7).

[51] 于文胜. 无人机在陆地边境管控中的应用展望[J].武警学院学报,2015,31(3):18-21.

[52] 邹明普,邹磊. 无人机飞行管控系统的设计与实现[J].北京测绘,2015(1):75-79.

[53] 王骞. 无人机电力巡线项目风险管理研究[D].济南:山东大学,2014.

[54] 邹磊. 无人机飞行管控系统及其数据处理软件设计[D].长沙:中南大学,2013.

[55] 王俊敏. 面向新型无人机的高可用覆盖网模型的研究[D].南京:南京航空航天大学,2010.

[56] 刘成立,吕震宙. 无人战斗机研究综述[J].航空科学技术,2002,13(4):24-27.

[57] 沈惠章,范大裕.群体性事件预防与处置[M].北京:群众出版社,2009.

[58]《低空无人机无线电管控对策及解决方案研究》项目专家评审会在京举行[J]. 数字通信世界,2016(12):75.